Taschenbücher zur Musikwissenschaft

95

Taschenbücher zur Musikwissenschaft

Herausgegeben von Richard Schaal

95

Internationales Institut
für vergleichende Musikstudien
Berlin

Herausgegeben von Ivan Vandor

Heinrichshofen's Verlag

Wilhelmshaven

KURT UND URSULA REINHARD

Musik der Türkei

Band 1: Die Kunstmusik

Heinrichshofen's Verlag

Wilhelmshaven

CIP-Kurztitelaufnahme der Deutschen Bibliothek

Reinhard, Kurt:
Musik der Türkei / Kurt u. Ursula Reinhard. —
Wilhelmshaven : Heinrichshofen

NE: Reinhard, Ursula:

Bd. 1. Die Kunstmusik. — 1984.
   (Taschenbücher zur Musikwissenschaft ; 95)
   ISBN 3-7959-0425-0

NE: GT

Die Titelabb. ist aus der Handschrift Kaşf al-gumūm
va'l-kurab fi şarḥ ālat aṭ-ṭarab, A 3465. Bibliothek des Top
Kapı Saray in Istanbul.

©

Copyright 1984 by Heinrichshofen's Verlag,
Wilhelmshaven, Locarno, Amsterdam
Gesamtherstellung: Heinrichshofen's Druck, Wilhelmshaven
Printed in Germany
ISBN 3-7959-**0425**-0

INHALTSVERZEICHNIS

Band 1: „Die Kunstmusik"

1. KAPITEL

2. KAPITEL

3. KAPITEL

Band 2: „Die Volksmusik"

4. KAPITEL

VORWORT

Die Türkei liegt vor den Toren Europas, noch mehr, sie
ist seit den Reformen Atatürks sogar politisch zu einem
Land des abendländischen Kontinents geworden. Kulturell
jedoch ist oder zumindest war sie ein Teil der orientalischen
Welt. Auch musikalisch, weshalb es — schon aus räumlichen
Gründen — nahegelegen hätte, hier mit dem Studium außereuropäischer Musikstile zu beginnen. Die Vergleichende
Musikwissenschaft, in der zweiten Hälfte des vorigen Jahrhunderts als selbständiger Forschungszweig aktiv geworden,
hatte zunächst aber ganz andere Interessengebiete: die Musik
der „Naturvölker", aus der man Analogieschlüsse auf unsere
eigene vorgeschichtliche Situation zu ziehen suchte, die
Musik des Fernen Ostens, über die bereits aus dem 18. Jahrhundert Schilderungen vorlagen und über die in den Ländern
selbst schon manches geschrieben worden war, und schließlich das großartige theoretische Musiksystem der Araber, das
an antike Schriftsteller anknüpfte und für das Abendland

eine wichtige Vermittlerrolle gespielt hatte. Nach mehreren Jahrzehnten eifrigen Forschens und Untersuchens all der Klangbeispiele, die man inzwischen auf Phonogrammwalzen, Schallplatten und Tonbändern gesammelt hatte, ergab sich ein mehr oder minder vollständiges Bild der Musikstile etwa der afrikanischen Völker, der Indianer, der asiatischen Hochkulturen usw., ohne Kontur blieb aber die Volksmusik all dieser Hochkulturen und auch die Kunstmusik des großen Volkes vor den Toren Europas.

Zwar sind in der Türkei selbst eine große Anzahl von Büchern und Schriften im Laufe der Jahrhunderte geschrieben und gedruckt worden, in einer abendländischen Sprache wurde aber erst im Jahre 1922 ein großer Aufsatz von Rauf Yekta über die türkische Kunstmusik in der „Encyclopédie de la Musique" des Pariser Konservatoriums veröffentlicht. Die Volksmusik ging zunächst leer aus, wenn man von dem Aufsatz von Abraham und Hornbostel (1904/ 1922) absieht. Es folgten einzelne Aufsätze von Borell, (1922/23, 1928, 1936), von Farmer (1936) und von Panoff (1938). Erst im Jahre 1953 kam dann der Forschungsbericht Béla Bartóks über seine Reise nach Anatolien 1936 heraus. Alle früheren Erwähnungen, die schon bei Michael Praetorius beginnen und sich über Donado, Toderini, Stadler, Kiesewetter u.a.[1] fortsetzen, waren entweder nur Zerrbilder oder sahen die Türkische Musik lediglich als einen unselbständigen Teil der arabisch-persischen Tonkunst an, bzw. erschöpften sich in Schilderungen des äußeren Musiklebens, ohne auf Stilfragen einzugehen.

Erst in den fünfziger Jahren begannen Hoerburger, Oransay, Picken und Kurt Reinhard neue wissenschaftliche Forschungen und Sammelaktionen. Nach einer Zeit intensiver Untersuchungen erschien es schließlich sinnvoll, in der ersten, französischen Auflage des hier vorliegenden Buches, „Turquie" (1969), alle bisher vernachlässigten Fragen aufzugreifen und ein knappes, aber verhältnismäßig vollständiges Bild der türkischen Musik vorzulegen. Dabei konnten sich die Verfasser zwar auf eigene, seit vielen Jahren betriebene Forschungen im Lande selbst stützen, sie haben daneben aber in großem Umfang all die türkische Musikliteratur heranziehen können und müssen, die bisher erschienen ist. Eine Literatur, die auch viele ältere Publikationen aus osmanischer Zeit erschließt, die ihnen vorher aus sprachlichen Gründen nicht zugänglich waren.

Seit der Abfassung dieser Publikation im Jahre 1969 sind fast fünfzehn Jahre vergangen, in denen eine Reihe von Büchern und Artikeln zum Thema erschienen sind (vgl. Literaturverzeichnis). Jedoch ist noch keine größere zusammenfassende Arbeit über die türkische Kunst- und Volksmusik in deutscher Sprache publiziert worden. Kurt Reinhard, der sich dieses Projekt für seinen Lebensabend zum Ziel gesetzt hatte, ist 1979 gestorben, und es bleibt der Mitverfasserin des französischen Buches überlassen, dieser Aufgabe gerecht zu werden. Durch Ergänzungen im Text und in den Anmerkungen habe ich einen Teil der Erfahrungen und Forschungen der letzten fünfzehn Jahre, dank des Auftrages des „Institutes für Vergleichende Musikstudien und Dokumentation" und seines Direktors, in das Buch einarbeiten und es auf den neuesten Stand bringen können. Ich möchte darum hier allen türkischen[2] und europäischen Autoren danken, die durch ihre Abhandlungen und Lexika unsere Kenntnis der türkischen Musik erweitern halfen. Darüber hinaus bin ich allen Fachkollegen und Freunden Kurt Reinhards verpflichtet für ihren Beistand und die Ratschläge, die sie mir nach dem Tod meines Mannes gaben, voran Prof. Dr. Kuckertz, Prof. Dr. Hoerburger, Prof. Dr. Brandl, Prof. Dr. Baumann, Priv. Doz. Dr. Ahrens, Dr. Simon, Dr. Heide Nixdorff, Dr. Touma, Katharina Schaller, M. A., Dr. Erich Stockmann, Dr. Doris Stockmann, Wolf

Dietrich und Annemarie Born, und nicht zuletzt unserem türkischen Freund und Begleiter auf allen Forschungsreisen, dem Museumsdirektor Halil Baykız, sowie dem Mitübersetzer der türkischen Liedtexte Ergun Arkan.

EINLEITUNG

Die Musik der Türkei[3] ist Teil der in fast allen islamischen Ländern erstaunlich einheitlichen Tonsprache. Im Bereich der Folklore konnte sie viele Eigenarten bewahren, die als ursprünglich turkmenisch anzusehen sind, die Kunstmusik dagegen ist ihrem Ursprung nach zwar arabisch-persisch mit byzantinischen Einflüssen, hat sich aber im Laufe der Zeit zu einer sehr eigenständigen Gestalt entwickelt. Aufgrund der führenden Stellung, die die Türkei viele Jahrhunderte innehatte, prägte sie auch Musikstile anderer Bereiche entscheidend mit. Lange Zeit glaubte man, da die musikalische Fachsprache fast ausschließlich arabisch bzw. persisch war, nur an Zusammenhänge mit diesen Kulturräumen. In neuester Zeit versuchen jedoch mit Recht einzelne türkische Musikforscher[4] die tatsächlichen Fakten und Entwicklungslinien klarzulegen. Im gleichen Geiste will auch die vorliegende Abhandlung die türkische Musik, und zwar ihre folkloristische wie ihre künstlerische Komponente, als eine selbständige Kulturleistung dem Leser nahebringen, ohne dabei ihre vielfältigen Wurzeln, Beziehungen und Verflechtungen außer Acht zu lassen.

Bevor wir uns jedoch diesen Betrachtungen zuwenden, wollen wir uns einen kleinen Überblick über die allgemeine historische Situation verschaffen, um die genannten Zusammenhänge und Einflußnahmen auf musikalischem Gebiet recht ermessen zu können.

Die Turkvölker gehören zu den Mongoliden, ihre Urheimat liegt um das Altai-Gebirge und in der Mongolei. Als kriegerische Nomaden haben sie sich allmählich weiter aus-

13

gebreitet, namentlich nach Westen hin, so daß sich bald auch recht unterschiedliche Gruppen herausbildeten. Zu einer von diesen, den sprachlich abgrenzbaren Südwest-Türken gehören auch die Stämme, die bis in den Vorderen Orient vordrangen und dort heute die Türkei im engeren Sinne bilden. Sie hatten bereits im 6. Jahrhundert n.Chr. Kontakt mit iranischen Völkerschaften in Transoxanien, jener südöstlich des Aral-Sees gelegenen Landschaft, die uns heute unter dem Namen der Stadt Buchara bekannt ist. Ob schon zu dieser Zeit größere Teile der türkischen Stämme zum Islam übertraten, läßt sich nicht mit Gewißheit sagen. Wir dürfen aber sicher annehmen, daß dies doch bereits bei einzelnen Familien und Personen der Fall war, z.B. bei den türkischen Söldnern am Kalifenhof zu Bagdad, die dann auch mit der persisch-arabischen Kultur vertraut waren, im großen islamischen Reich herumreisten und hier und da sogar führende Stellungen einzunehmen begannen. Anders wäre es ja auch gar nicht vorstellbar, daß bereits in der frühen Geschichte und vor allem auch in der Kulturgeschichte des mohammedanischen Vorderen Orients Türken eine wichtige Rolle spielten, wie beispielsweise im 10. Jahrhundert Farabî und Ibn-Sina. Klarer zeichnet sich die Historie der Süd-West-Türken dann mit den Ogusen ab, die früher die herrschende Schicht des 552 gegründeten Osttürkischen Reiches gebildet hatten. Auch sie wohnten bereits im 10. Jahrhundert in West-Turkestan, wo sie dann zum sunnitischen Islam übertraten. Von hier begannen sie im 11. Jahrhundert ihren Vorstoß nach dem Westen, und zwar unter Führung der Seldschuken, einem nach Selçuk (um 1200) benannten Herrschergeschlecht, dessen Name dann auf das weiter vordringende Turkvolk überging. Bereits 1055 wurde Bagdad erobert und eine Schutzherrschaft über die Kalifen errichtet. Der Sieg von Malazgirt, einer Stadt nordwestlich des Van-Sees, über die Byzantiner (1071) öffnete den Seldschuken endgültig den Weg nach Syrien und Kleinasien. Obwohl das nun von Turkestan bis Anatolien reichende Großseldschukische Reich bereits Ende des 11. Jahrhunderts wieder zu zerfallen begann, hielten sich im Westen die Rum-Seldschuken bis 1307. Man nannte diese so, weil sie das bisher oströmische Gebiet besetzt hatten[5]. In Konya, ihrer Hauptstadt, errichteten sie ein Sultanat. Hier und in den weiteren Zentren Kayseri und Sivas entfaltete sich in wenigen Jahrhunderten eine außerordentlich hohe und verfeinerte Kultur, deren Zeugnisse vor allem auf baukünstlerischem Gebiete noch heute allgemeine Bewunderung hervorrufen. Aber auch die anderen Künste blühten in dieser Zeit, man denke nur an die mystischen Dichter, vor allem an Celâleddin-i Rumî, den Begründer des Ordens der tanzenden Derwische, der *mevlevi*.

Neben dieser friedlichen Kulturentfaltung ging aber die zum Teil kriegerisch durchgeführte Türkisierung Kleinasiens weiter. Während dieses Prozesses verschmolzen die ogusisch-seldschukischen Bevölkerungsteile und die immer weiter zuwandernden Turkmenenstämme allmählich mit den bereits sehr vermischten, inzwischen gräzisierten Ureinwohnern Anatoliens. Das dauerte auch noch an, als seit 1243 vorübergehend Mongolen einzelne Teile des Landes beherrschten, als sich verschiedene selbständige türkische Fürstentümer bildeten und als schließlich, nach dem Untergang der Seldschuken (1307) und dem Zusammenbruch der mongolischen Ilchane (1327), die Osmanen das eigentliche Türkische Reich errichteten. Das osmanische Reich führte seinen Namen auf seinen ersten Sultan Osman I (1288–1326) zurück. Mit ihm begann dann die riesenhafte Expansion, die im 16. Jahrhundert ihren Höhepunkt erreichte. Das türkische Gebiet erstreckte sich nun von den Grenzen Österreichs und von Südrußland bis vor die Tore Indiens und über die arabische Halbinsel und fast den gesamten Norden Afrikas. Hierbei interessiert uns vor allem die Einverleibung der schon vorher mohammedanischen Gebiete, da diese eine so erstaunlich einheitliche Kultur und auch Musikkultur ausgebildet haben, auf die nun Türken einen nachhaltigen Einfluß auszuüben imstande waren. Zwischen 1516 und 1519 wurden durch Selim I Syrien, Ägypten, die arabische Halbinsel und Algerien erobert, später kamen der Irak (1534) und Tunesien (1574) hinzu. Zentrum dieses weiten Gebietes war das schon vorher (1453) eingenommene Istanbul. Hier war auch ein geistiger Mittelpunkt entstanden, nicht zuletzt, da sich die türkischen Sultane jetzt häufig auch als Kalifen bezeichneten, d.h. die Würde eines geistlichen Oberhauptes aller sunnitischen Mohammedaner für sich in Anspruch nahmen. Es ist sicher falsch, angesichts dieser machtpolitischen Konstellation die Türken nur als ein Eroberervolk sehen zu wollen, wie es lange Zeit geschehen ist. Die osmanische Oberschicht hat es vielmehr auch verstanden, alle geistigen Strömungen, alle künstlerischen Stile, die sich in den Einzelkulturen des großen Reiches fanden, miteinander zu verschmelzen, sich gegenseitig befruchten zu lassen und oft unmerklich vielen Erscheinungen den Stempel des Türkischen aufzudrücken. Gewiß waren auch schon vorher viele Schritte zu dieser Integrierung getan, ihre Vollendung erfuhr diese aber zweifellos erst, als Jahrhunderte friedlichen Beieinanderwohnens in einem gesicherten Reich die letzten Voraussetzungen dazu geschaffen hatten. Welche anteilmäßige Bedeutung die Wurzeln, das Arabische, Persische, Byzantische und Türkische bei ihrem Zusammenwachsen nun tatsächlich gewinnen konnten, wird kaum je zu klären sein. Insbesondere nicht auf musikalischem Gebiet. Daß hier aber der türkische Beitrag wesentlich höher ist, als man bislang annahm, daß er vielleicht sogar ausschlaggebend werden konnte, wurde schon eingangs erwähnt, kann aber kaum oft genug gesagt werden.

Da jedoch vor allem auch die einheitliche Religionsform der vorder-orientalischen Länder für diese Kultureinheit verantwortlich zu machen ist, da geistliches und weltliches Leben hier kaum zu trennen sind, bedarf es neben dem soeben gegebenen knappen historischen Abriß auch noch einer Überschau über die Entwicklung des Islam.

Mohammed, der Sohn einer angesehenen aber verarmten Familie, um 570 in Mekka geboren, wurde mit fünfundzwanzig Jahren durch Heirat zu einem wohlhabenden Kaufmann. Seine auf weiten Reisen gesammelten Erfahrungen und ein wacher Geist ließen ihn früh religiösen Problemen nachgehen. Um 610 erlebte er innere Stimmen und Gesichte, die ihm seine Berufung zum Propheten übermittelten und die sich dann auch häufig wiederholten. Diese Offenbarungen Gottes wurden teilweise bereits zu Mohammeds Lebzeiten als Suren aufgeschrieben und — nicht chronologisch, sondern nach abnehmenden Längen geordnet — zum Koran zusammengestellt. Ehe Mohammed aber einen größeren Anhängerkreis sammeln konnte, mußte er seine Heimatstadt verlassen und 622 nach Medina umsiedeln. Dieses Hidschra genannte Ereignis wurde später allgemein als die Geburtsstunde der neuen Religion angesehen und zugleich auch als Beginn der islamischen Zeitrechnung. Es gab aber auch jetzt noch zahlreiche Schwierigkeiten zu überwinden, zumal der Prophet gleichzeitig als Staatsmann zu fungieren suchte. Da waren widerstrebende Stämme zu besiegen, mußten andere Propheten ausgeschaltet werden, galt es, die äußeren Formen und inneren Glaubensvorstellungen des Islam zu festigen, des Islams, dessen wörtliche Bedeutung „Eintritt in den Stand des Heils" jetzt immer mehr als „Ergebung in den Willen Gottes" aufgefaßt wurde. Schließlich gelang es Mohammed 630 Mekka wieder zu besetzen und die Kaaba zum sichtbaren Zentrum der neuen Religion zu machen. Die Kaaba, ein würfelförmiger Bau, in dessen Innenraum sich ein heiliger Stein befindet, war auch vorher schon von arabischen Stämmen verehrt worden.

In die monotheistische Religion, die nur den einen Gott Allah kennt, sind Glaubensvorstellungen auch der Juden und Christen eingeflossen, wie Paradies, Hölle und Jüngstes Gericht. Es gibt aber keine Sakramente, keine besonders eingesetzte Priesterschaft, dafür aber die uns fremde Lehre, daß der Mensch ganz ohne Einfluß auf sein Schicksal sei, jenen speziell mohammedanischen Fatalismus einer völligen Unterwerfung unter den Willen Gottes. Von den fünf Grundpflichten des Islam interessieren uns, weil sie musikalischliturgische Erscheinungen zur Folge haben, die fünf täglichen Gebete (*salat*) und der Fastenmonat Ramadan (türkisch: *ramazan*). Von weiteren Riten sind aus gleichen Gründen einige Feste zu nennen: das Opferfest (*kurban bayramı*), das Zuckerfest (*şeker bayramı*) und der Geburtstag des Propheten (*mevlût*). Die erst nach Mohammeds Lebzeiten beginnende Beschränkung der rechtlichen und sozialen Stellung der Frauen muß hier ebenfalls erwähnt werden, da sie das Verbot jeglicher öffentlichen Musikausübung der Frauen zur Folge hatte.

Die Einheit der religiösen und weltlichen Führung (Kalifat) blieb nach des Propheten Tod nicht nur bei den vier „richtig geleiteten" Kalifen (632—661), sondern mehrere Jahrhunderte hindurch erhalten, so daß, als die Türken ihre Macht über den gesamten Vorderen Orient ausdehnten und auch geistigen Einfluß zu nehmen begannen, bereits ein gefestigtes Reich mit einer einheitlichen hohen Kultur vorhanden war. Dieses Reich war dank seiner inneren und äußeren Kraft schon sehr bald zustandegekommen. Bereits unter dem zweiten und dem dritten „Nachfolger", den Kalifen Omar I (634—644) und Othman (644—656) erstreckte es sich über die gesamte arabische Halbinsel sowie über Palästina, Mesopotamien, Syrien, Persien, Ägypten und

Teile Nordafrikas. Diese Machtfülle konnte aber manche Rückschläge nicht verhindern, ebensowenig wie die Glaubensspaltung, die sich zur Zeit und durch den vierten Kalifen, Ali (656—661), einen Vetter und Schwiegersohn Mohammeds, vollzog. Es bildete sich jetzt die Gruppe der Schiiten, die nur Ali und seine Söhne als rechtmäßige Nachfolger des Propheten anerkannten, viele Glaubensregeln viel strenger handhaben und sich, wenn auch in viele Sekten untergliedert, bis auf den heutigen Tag halten konnten. Sie umfassen aber nur 8 % aller Mohammedaner, deren Mehrzahl sich Sunniten nennt, d.h. Anhänger der *sunna,* der neben dem Koran als vorbildlich anerkannten Überlieferung über Leben und Reden Mohammeds.

Unter den schiitischen Gruppen spielen in der engeren Türkei die Alevi die größte Rolle. Ihnen nahestehend sind die *kızılbas* (Rotkopf) oder *çıra söndüren* (Kienholz-Auslöschende) nach einzelnen Bräuchen ihres eigenartigen Ritus, in dem u.a. Brot und Wein verwendet werden. Die Alevi haben auch durch ihre Vorstellung der göttlichen Dreieinigkeit und den Glauben der Inkarnation Gottes in ihrem größten Heiligen Ali verwandte Züge mit dem Christentum. Man trifft sie noch heute in einigen Teilen Anatoliens, vor allem im Taurus und im Osten der Türkei. Die Musik ist ein wichtiger Bestandteil ihres Zeremoniells. Das Gleiche gilt für die meisten Derwischorden, die sich innerhalb der Mohammedaner gebildet haben. Wir werden später von der kritischen Haltung des orthodoxen Islam gegenüber der Musik zu reden haben, gleichzeitig aber auch von der Förderung, die sie durch die verschiedenen Orden erfahren hat. Als wichtigste dürfen da die sunnitischen *mevlevi* und die schiitischen *bektaşi* gelten. Beide lebten in Klöstern (*tekke*) unter Leitung eines *şeyh,* wirkten aber zugleich nach außen. Anhänger aus der Bevölkerung hatten Zutritt zu den Klöstern, wo sie einen guten Teil ihrer Bildung empfingen.

So waren auch die religiösen Tänze des im 13. Jahrhundert von dem Mystiker Celâleddin-i Rumî gegründeten *mevlevi*-Ordens der Öffentlichkeit zugänglich, und die 1357 gestifteten *bektaşi*-Klöster hatten einen engen Kontakt zu der militärischen Elitetruppe der Janitscharen. Sie wurden mit deren Vernichtung im Jahre 1826 aufgelöst, und obwohl sie im geheimen weiter existierten, verloren sie an Bedeutung. Die Tanzenden Derwische, die *mevlevi* dagegen existierten bis 1925. Ihr musikalisches Erbe aber lebt weiter, es wird uns später noch eingehend beschäftigen.

1. KAPITEL

Überblick über die Geschichte der türkischen Kunstmusik

In den Anfängen ist die Geschichte der türkischen Kunstmusik zugleich die Geschichte der vorderorientalischen Musik schlechthin. Wie uns die einleitend besprochene politische Geschichte lehrt, waren ja viele Turkstämme bereits, ehe die Seldschuken nach Kleinasien einwanderten, zum Islam übergetreten. Dabei blieb es nicht aus, daß sie auch auf musikalischem Gebiet Einfluß zu nehmen begannen daß sie einen guten Teil der geistigen Kräfte beisteuerten, denen die ersten Reflexionen über das Phänomen der tönenden Welt zu danken ist. So waren sicherlich drei der führenden Männer Türken, die bisher meist als arabische oder arabisch-persische Musiktheoretiker betrachtet wurden: Farabî und Ibn Sina im 10. bzw. 11. Jahrhundert und Safieddîn im 13. Jahrhundert. Die beiden ersteren sind vor allem als Philosophen bekannt geworden. Farabî, der in Bagdad, Aleppo und Damaskus wirkte und als früher Mystiker betrachtet werden muß, erschloß den islamischen Denkern aristotelisches und neuplatonisches Geistesgut. Eine ähnliche Vermittlerrolle, mit sogar noch größerem Einfluß, hatte auch der in Buchara geborene und als Arzt in Isfahan tätige

Ibn Sina inne, dessen medizinische Schriften lange Zeit Gültigkeit behielten. Während beide sich mit der Musik bzw. deren Theorie also nur am Rande beschäftigten und sie in ihr philosophisches Weltgebäude einzubeziehen suchten, widmete sich Safieddîn ausschließlich der Musik. Er lebte zunächst am Hofe des letzten Kalifen von Bagdad, trat dann nach der Eroberung Bagdads (1258) in die Dienste des Mongolenherrschers Hulagu und ging später mit dessen Familie nach Isfahan. Als die neuen Herren ihre Macht verloren, sank auch Safieddîns Stern. Er endete 1294 im Schuldturm. Über seinen Beitrag zur Erweiterung des Tonsystems, der sich in zweien seiner drei erhalten gebliebenen Traktate niederschlug, werden wir ebenso wie über die theoretischen Auslassungen Farabîs und Ibn Sinas an späterer Stelle (S. 194ff.) zu sprechen haben. Hier ist nur ein Faktum von besonderer Wichtigkeit, daß nämlich Safieddîn als erster eine türkische Melodie, eine Gesangsübung, in Buchstaben-Notation (wie die Griechen) aufgezeichnet hat, ohne daß wir uns allerdings eine rechte Vorstellung von ihrer tatsächlichen Gestalt machen können.

Wir haben naturgemäß auch keine Vorstellung von der Musik der religiösen Orden, deren wichtigster, die *mevlevi* (die sog. Tanzenden Derwische), im 13. Jahrhundert von dem Mystiker Celâleddin-i Rumî gegründet wurde. Hier würde uns die musikalische Situation deshalb besonders interessieren, weil die *mevlevi* gerade auf die Einbeziehung der Musik in das Zeremoniell besonderen Wert legen, weil durch sie die Musik überhaupt erst recht gefördert, kultiviert und weiterentwickelt wurde. Was heute von dem reichen Repertoire der letzten siebenhundert Jahre erhalten geblieben ist, ist nämlich verhältnismäßig jungen Datums. Was wir aber sehr wohl kennen, sind die Begleitumstände, der Rahmen dieses Zeremoniells, dessen wichtigste Bestandteile, die Gesangs- und Tanzweisen, lange verklungen sind.

Es ist überhaupt interessant — und das gilt in gleicher Weise beispielsweise für das chinesische Altertum wie für das europäische Mittelalter —, daß die ältesten Aufzeichnungen über Musik rein philosophisch reflektierender Art sind und daß man die eigentliche Substanz der Musik nur theoretisch systematisierend zu erfassen sucht, daß man ihre Gestalt aber nicht festhalten will, vielleicht auch nicht kann. Die traditionellen oder auch bewußt geschaffenen Melodien weltlicher bzw. geistlicher Funktion werden über Jahrhunderte nur mündlich überliefert. Welche Verwandlungen sie dabei durchmachten, können wir nur ahnen, wobei wir sicher damit rechnen dürfen, daß kultische Musik, deren magische Kraft man nicht zerstören will, die geringsten Veränderungen erfahren hat. Dennoch werden die Gestalten der Musik immer ein wenig mit dem Gewand der Zeit umkleidet, in der man sie erstmals aufschreibt. Das aber erfolgt wahrlich sehr spät, im Bereich der türkischen Musik — wir werden es noch näher betrachten — vor nicht einmal 200 Jahren. Und daß man dann nur noch das notieren kann, was lebendig geblieben ist, versteht sich am Rande. Musikgeschichte muß sich also hier wie dort zunächst nur mit den zeitgenössischen Beschreibungen des Musiklebens, mit der Nennung von Namen, mit Biographien und theoretischen Auslassungen begnügen, der Kern und das Wesentliche, die Musik selber, bleibt ihr verschlossen. Fassen wir aber Musikgeschichte so eng, daß wir mit ihrer Hilfe in jedem Falle etwas über das klingende Phänomen an sich erfahren oder noch exakter, die musikalischen Werke kennenlernen wollen, so bleibt uns nur etwa der Zeitraum der letzten 400 Jahre, und auch der nur mit dem Vorbehalt, daß er aus seiner ersten Hälfte Kompositionen nicht in ihrer originalen Niederschrift, sondern nur aus zweiter Hand zu präsentieren vermag.

Wir wollen hier aber wenigstens doch noch ein paar Namen nennen, Namen von Musikschriftstellern und Musikern, die uns aus der Zeit zwischen dem Wirken der vorhin erwähnten Theoretiker und den frühesten — wenn auch indirekten — Belegen für einzelne musikalische Werke bekannt sind. Da erscheint um 1400 die theoretische Abhandlung eines Yusuf bin Nizameddin aus Kırşehir, einem Ort in Zentral-Anatolien, eine Generation später verfaßt Hızır bin Abdullah für Sultan Murad II. (1421–1451) eine ähnliche Schrift, und zwar jetzt sogar in türkischer Sprache. In etwa die gleiche Zeit fällt die Entstehung eines weiteren, Mehmed II, dem „Eroberer", gewidmeten theoretischen Werkes, die „Wahl der Tonarten" des Abdülaziz. Da dieser einer aserbeidschanischen Familie entstammt, dürfte er Türke gewesen sein, und wenn wir dem zustimmen, müßte hier auch sein Vater, Abdulkadir, genannt werden, der sonst gemeinhin als der bedeutendste persische Musiktheoretiker bezeichnet wird. Er war Hofmusiker, stand aber auch in Diensten Timurs und anderer, und hatte im übrigen ein reich bewegtes Leben. Rauf Yekta berichtet, daß Abdulkadir in einem seiner verloren gegangenen Bücher auch eigene Kompositionen aufgezeichnet habe. Im übrigen sind aber einige lange Lieder, sog. *kâr*, mündlich überliefert und dann wohl später niedergeschrieben worden, man hatte diese Aufzeichnungen aber lange Zeit geheimgehalten, damit sie nicht in unrechte Hände gerieten; nur Rauf Yekta will sie einmal nach unendlichen Mühen haben einsehen dürfen. Von den mündlich überlieferten, angeblich von Abdulkadir stammenden Stücken, hat man inzwischen eine Reihe allgemein zugänglich gemacht. Es soll sich aber nur eine einzige Melodie, von Abdulkadir selber aufgeschrieben, erhalten haben. Nachdem Kiesewetter und Fétis sie falsch übertragen hatten, bietet Rauf Yekta eine im rechten *usul* stehende Transkription, die aber auch keinen vorteilhaften Eindruck hinterläßt, da die Weise mit ihren monotonen Sequenzen allzu unprofiliert und vereinfacht erscheint. Die musikschriftstellerischen Interessen Abdulkadirs scheinen sich in seiner Familie vererbt zu haben, denn auch sein Enkel Mahmud verfaßte noch ein Traktat mit dem Titel ‚Sinn der Tonarten".

Wenngleich in der nicht-europäischen Musik der Schöpfer viel mehr hinter dem Werk zurücktritt als im Abendland und oft namentlich in Vergessenheit gerät — im Gegensatz zu den Dichtern — häufen sich dann seit dem 15. Jahrhundert die Namen der Persönlichkeiten von denen wir wissen, daß sie musikalische Werke geschaffen haben. Vielleicht dürfen wir auch von manchem Dichter annehmen, daß er die Weisen zu seinen Texten selber schuf, doch es hilft uns nicht weiter, da uns eben nur die Worte erhalten geblieben sind. Ja, sogar die Schöpfer weltberühmter Melodien, wie die Komponisten der ersten *mevlût*-Fassung des Dichters Süleyman Çelebi (gestorben 1421), (vergleiche Seite 127f.) sind für uns anonym geblieben. Andererseits wissen wir von Komponisten und ihren Werken, und doch gingen letztere im Laufe der Zeit verloren, so etwa die Hacı Bayram Veli's, des Gründers eines Derwisch-Ordens (gestorben 1429), der Verse des Mystikers Yunus Emre vertont hatte. Ähnlich war es bei seinem Schwiegersohn Eşrefoğlu (gestorben 1469), der Gedichte und die Weisen dazu geschaffen hatte. Man rühmte sie als die schönsten Beispiele religiöser Kunst der Zeit.

Dennoch ist nichts von ihnen auf uns gekommen. Allerdings dürfen wir hier und auch ganz allgemein hoffen, daß in den noch nicht vollständig eingesehenen oder gar publizierten Manuskriptsammlungen im Laufe kommender Jahre manches ans Tageslicht kommen kann, was bisher als verschollen galt oder noch gar nicht bekannt war. Das trifft auch für den letzten Musiker-Komponisten des 15. Jahrhunderts zu, den wir hier erwähnen wollen, für Şeyh Vefa (gest. 1490), der meist religiöse Gesänge geschaffen hatte und durch die Schönheit seiner Stimme beim Vortrag innerhalb des Freitags Zeremoniells in der Moschee berühmt geworden war. Er lebte noch zur Regierungszeit Bayazit II. (1482–1512), dessen Sohn, Prinz Korkut, besonders musikinteressiert war. Letzterer ließ sich eigens einen persischen Musiker kommen, um von ihm zu lernen. Er erfand angeblich ein neues Instrument, vor allem aber komponierte er sehr eifrig. Seine Melodien soll er in einer Buchstaben-Notation aufgezeichnet haben. Eine davon, ein dreiteiliges *peşrev* ohne ausgeprägte Ornamente, vermittelt Rauf Yekta, ohne allerdings die genaue Quelle anzugeben.

Obwohl auch der Bruder des Prinzen Korkut, Sultan Selim I., sich für seine Hofkapelle Musiker aus Täbris in Aserbeidschan kommen ließ und damit sein Interesse an der Musik bekundete, ist das 16. Jahrhundert keineswegs mit einem blühenden Musikleben gesegnet. Darum sind auch nicht allzu viele Namen von damaligen Komponisten bekannt, und die „Gastspiele" von Musikern aus Paris, die François I. geschickt hatte, um Sultan Süleyman (1520– 1566) zu erfreuen, führten auch zu keiner entwicklungsgeschichtlich bedeutsamen Episode. Dennoch sollen dabei zwei, dann später als französisch bezeichnete Rhythmen entstanden sein, die wir später näher betrachten werden. Zu Zeiten des gleichen Sultans lebte auch Sinaneddîn Yusuf (gest. 1565), ein berühmter Kanzelredner und religiöser Sänger. Er galt als einer der besten Komponisten islamischer Musik, u.a. eines — natürlich auch verlorengegangenen — *mevlût*. Im Gegensatz zu ihm hat sich von dem Schaffen eines anderen Predigers, des Hatip Zâkirî Hasan Efendi (1545–1623), mehreres erhalten, zunächst mündlich überliefert, dann notiert und heute noch lebendig. Hasan Efendi ist in der ganzen mohammedanischen Welt bekannt und vielenorts singt man noch immer seine religiösen Lieder, u.a. auch ein vom Minarett herab anzustimmendes Morgengebet. So haben wir mit diesem Meister erstmals eine Komponistenpersönlichkeit vor uns, die durch ihr Werk zu uns zu sprechen vermag, und von der wir uns deshalb auch ein wirkliches Bild machen können. Wenn man so will, ließe sich behaupten, erst mit Hasan Efendi beträten wir gesicherten Boden in einer türkischen Musikgeschichte. Sicher ist zumindest, daß wir erst hier mit Stil- und Entwicklungsuntersuchungen beginnen können, da die Möglichkeit der Zuweisung eines überlieferten musikalischen Werkes zu einem bestimmten Menschen die Voraussetzungen dazu schafft. Dennoch können wir hier keine Stilgeschichte bieten, einmal aus Mangel an Raum, zum anderen, weil die Zuweisung und Erfassung des kompositorischen Materials wegen der Jahrhunderte währenden allein mündlichen Tradition noch in den Anfängen steckt. Wir wollen jedoch den Hintergrund der Zeiten ein wenig erhellen, in denen die Komponisten und Musiker gelebt und gewirkt haben und die kulturellen Zusammenhänge ein wenig beleuchten.

Die relative Spärlichkeit musikhistorischer Daten aus dem 16. Jahrhundert ist zweifellos vor allem eine Folge der Kriege, mit denen Hof und Volk beschäftigt waren. Erst mit Murad IV. (1623–1640) begannen die Künste wieder aufzublühen, obwohl gerade dieser Herrscher als tyrannisch geschildert wird und selbst noch Feldzüge unternahm. Wie nahe dem grausamen Kriegshandwerk aber doch auch die Welt der Töne war, zeigt jene von Demetrius Kantemir überlieferte und von Rauf Yekta wiedergegebene Geschichte, derzufolge Murad IV. eines Musikers wegen die Hinrichtung unter den Kriegsgefangenen nach der Einnahme Bagdads einstellen ließ. Da hatte nämlich einer den Sultan zu sprechen begehrt. In der Bitt-Rede, die er vorbrachte, nannte er sich selbst Şah Kulu[6], d.h. Sklave des Herrschers, und bat, ihn doch am Leben zu lassen, weil er noch erst die letzte Tiefe der Musik erreichen wolle. Wenn er in der göttlichen Kunst vollkommen geworden sei, dann werde er mehr besitzen als das Reich des Sultans. Danach sang er zu eigener Instrumentalbegleitung so überzeugend von dem Triumph Murads über Bagdad, daß der Fürst in Tränen ausbrach und den Gefangenen bat, weiterzusingen. Schließlich nahm er ihn nach Istanbul mit, wo Şah Kulu, wie er jetzt genannt wurde, seine in der Heimat komponierten Stücke einführte und auch sonst Einfluß auf das höfische Musikleben nahm.

Unter Mehmed IV. (1648—1687) traten dann besonders viele bedeutende Komponisten in Erscheinung. Einige seien hier wenigstens kurz erwähnt. Den vermutlich ältesten von ihnen, Mevlevi Yusuf Dede (gest. 1669), holte der Sultan ins Saray. Vorher war er Anführer der Flötenspieler im *mevlevi*-Kloster zu Istanbul-Galata. Küçuk Imam (gest. 1674) hat zahlreiche religiös-musikalische Werke hinterlassen, die Bekanntschaft mit manch anderem Werk der Zeit danken wir Albert Bobovsky (1610—1675), der als Sklave an den Sultanshof verkauft worden war und dort 18 Jahre unter dem Namen Ali Ufkî als Musiker gewirkt hatte. Er hat eine handschriftliche „Sammlung von Musik und Wort" (Mecmua-i sâz ü söz)[7] hinterlassen. Von den Vertonungen des Mustafa Dede (gest. 1683), der wie zahlreiche Musiker und Komponisten dem *mevlevi*-Orden angehörte, ist bis heute ein bestimmter Zeremonialgesang der Tanzenden Derwische erhalten geblieben. Zu den Dichterkomponisten der Zeit gehört Aziz Mahmut Hüdayî. Einen Teil seiner mystischen Gedichte vertonte er selbst, andere wiederum wurden von seinen Schülern in Musik gesetzt. Heute kennt man nur noch vier Hymnen von ihm, im übrigen aber auch wissenschaftliche Werke.

Der wohl berühmteste Meister im dritten Viertel des 17. Jahrhunderts ist Hafiz Post (gest. 1693). Er erfreute sich der besonderen Wertschätzung Mehmed IV. Seinen Beinamen Post erhielt er darum, weil er aus Gründen der Bequemlichkeit stets sein Sitzfell *(post)* mit sich führte. Er war zwar auch Kalligraph und Dichter, das Schwergewicht seines Schaffens lag aber zweifellos auf musikalischem Gebiet, hat er doch mehr als 1200 Werke komponiert, von denen nur ganz wenige erhalten blieben. Er schrieb auch weltliche Melodien und vor allem Weisen zu Volksdichtungen, von denen wohl noch viele anonym bis heute weiterleben. Von den Kunstkompositionen ist heute ein Lied vom Typ des *yürük semai* und in dem beliebten *makam rast* noch häufig in Radio und Konzertsaal zu hören. Man kann sich des Eindrucks nicht erwehren, als habe dieses Lied gewisse europäische Einflüsse aufgenommen, bedenkt man aber, daß der vermutete Überlagerungsstil bei uns erst im 18. oder 19. Jahrhundert herrschte, so wird man sein Urteil nicht nur revidieren, sondern vielleicht sogar daran denken müssen, daß sich in der Türkei möglicherweise ganz unabhängig ein Stil entwickelt haben dürfte, den wir aufgrund seiner scheinbar dur-funktionalen Haltung ganz zu unrecht in diesem Sinne erleben und in eine Abhängigkeit zu bringen versuchen.

Nicht minder bekannt wurde Buhûrizade Mustafa Itrî (1640–1711), der aber um einige Jahre jünger gewesen sein dürfte als Hafiz Post und bis ins nächste Jahrhundert hinein lebte und darum nicht nur Zeitgenosse von Mehmet IV. war, sondern von fünf weiteren Sultanen. Er entstammte der Familie eines reichen Weihrauchhändlers, daher sein Beiname, denn *buhur* heißt Weihrauch. Schon als junger Mensch lernte er die Musik der *mevlevi* kennen, in deren Kloster er später eintrat. Ähnlich wie sein vermeintlicher Lehrer Hafiz Post interessierte er sich für Kalligraphie, auch war er gleichzeitig Dichter. Er vertonte aber nur selten seine eigenen Gedichte, sondern die anderer Meister und war bereits unter Mehmed IV. weithin bekannt. Obwohl er keine besonders schöne Stimme hatte, musizierte er oft vor dem

Sultan, der ihn seines musikalischen und seelenvollen Vortrags wegen schätzte. Als Itrî wieder einmal ein neues Lied gesungen hatte, ließ ihn der Herrscher einen Wunsch äußern. Er bat, ihm die Oberaufsicht über die Sklavenhändler zu geben. Dabei ging es ihm aber nicht um die Sache selbst, er wollte vielmehr die Möglichkeit haben, von den Sklaven deren heimatliche Volksweisen zu hören und sich aus ihrer Mitte stimmbegabte Leute auszusuchen, die er dann in seiner neu eingerichteten Schule ausbildete. Es war aber gar nicht so einfach, sein Schüler zu werden, denn Itrî soll ein komplizierter und sehr empfindlicher Mensch gewesen sein. Einen Ausgleich für die Einsamkeit seiner künstlerischen Persönlichkeit fand er in der Liebe zur Gärtnerei, an die man heute noch durch die von ihm gezüchtete und nach ihm benannte Mustabey-Birne erinnert wird. Von seinen angeblich tausend Kompositionen sind nicht allzu viele, vermutlich nur 27, erhalten geblieben. Eine der bedeutendsten davon ist seine Vertonung des *na't,* eines Lobgesanges auf den Propheten, das stets das Zeremoniell der Tanzenden Derwische einleitet.

Der Umstand, daß sehr viele türkische Komponisten einem der Derwischorden angehörten und daher in ihrem Namen auch die Bezeichnung *derviş* oder *dede* führten, brachte es mit sich, daß man ihre Kompositionen oft nicht auseinander halten konnte. So schrieb man vor allem dem Derviş Ali Sirügânî (gest. 1714) viele Werke zu, die sich dann schließlich doch als einem der berühmten Dede zugehörig herausstellten. Dennoch gibt es doch 30 Melodien, die wirklich von Derviş Ali stammen, der im übrigen etwa 600 Lieder komponiert haben soll. Einer seiner Zeitgenossen, der aus einer rumänischen Familie stammende und von uns schon einmal zitierte Prinz Demetrius Kantemir (auch Kantemiroğlu, 1673–1723) ist darum von außerordentlicher musikhistorischer Bedeutung, weil er eine Notation entwickelt hatte, mit deren Hilfe man — im Gegensatz zu allen früheren Versuchen — Melodien nicht nur in ihrem tonlichen Verlauf, sondern auch rhythmisch fixieren konnte. Kantemir war ein allgemein sehr gebildeter Mann, der sich auch für die musiktheoretischen Zusammenhänge interessierte. Er hat ein „Buch der Wissenschaft von der Musik" hinterlassen und als wichtigstes Werk eine Sammlung von über 350 Instrumentalstücken in seiner Notenschrift.

Nâyi Osman Dede (gest. 1732) mag hier erwähnt sein als einer der vielen Komponisten, die — wie eben vermerkt — einem Orden angehörten. Diese Zugehörigkeit ist in seinem Namen zweifach ausgedrückt, einmal durch den Titel *dede* und dann durch die Berufsbezeichnung „Flötenspieler" (*nayi*). Osman war nämlich Anführer der *nay*-Spieler im Haus der *mevlevi* in Istanbul-Galata und später sogar Kloster-Vorsteher. Es gab aber auch bedeutende Musiker, die keinem Orden angehörten, ja sogar Fremdgläubige wirkten an der Weiterentwicklung der klassischen türkischen Kunstmusik mit. Unter letzteren ist an erster Stelle Zaharya Efendi zu nennen, dessen genaue Lebensdaten nicht bekannt sind. Er wirkte unter den Sultanen Ahmed III. (1703–1730) und Mahmud I. (1730–1754), war gleichzeitig ein reicher Pelzhändler und daneben auch Kalligraph, Dichter und Musiktheoretiker. Von Geburt Türke war er doch orthodoxer Christ, was darum sicher nicht verwundern darf, weil damals in Istanbul zahlreiche Griechen ansässig waren; Zaharya komponierte daher auch viele Hymnen für den griechisch-katholischen Gottesdienst. Am bekanntesten wurden aber viele weltliche Lieder (*beste*), die so schwer auszuführen sind, daß man sie gerne zu Prüfungen von Gesangsschülern benutzte. Am Ende seines Lebens trat Zaharya zum mohammedanischen Glauben über und führte danach den Namen Mir Cemil. Schon früher aber durfte er auch am Hofe auftreten, ein schöner Beweis für die große Toleranz vieler türkischer Herrscher.

Die Zeit, von der hier die Rede ist, die erste Hälfte des 18. Jahrhunderts, ist eine der kunstsinnigsten in der türkischen Kulturgeschichte überhaupt. Die Jahre von 1718 bis 1730 nennt man Tulpen-Zeit (*lâle devri*). Nach langen harten Kriegsjahren war jetzt endlich einmal die Möglichkeit zur Selbstbesinnung gegeben. Man eröffnete Schulen, übernahm manche Neuerungen aus Europa, mit dem man zuletzt vor Wien so engen Kontakt genommen hatte, erschloß das Land durch Wege und Brückenbauten, förderte Kunst und Wissenschaft. Sultan Ahmed III und sein Großwesir Damat İbrahim Paşa waren all diesen Dingen gegenüber sehr aufgeschlossen, man feierte in den Tulpengärten am Bosporus (daher der Name der Zeit) großartige Feste und ließ auch das Volk daran teilnehmen. Es ist darum ganz natürlich, daß man ab jetzt mehr als früher auf die Musik des Volkes zu hören begann.[8] Die Kunstmusik öffnete sich stärker ihrem Einfluß, man übernahm einzelne Elemente der Folklore und erreichte dadurch eine immer breiter werdende Wirkung der Musik überhaupt. Im Gesang und Instrumentalspiel der Klöster und in jenem Zwischenreich zwischen der klassischen Musik und der Folklore, im Schaffen und Stil der Volksdichter (*âsık*), trafen und vereinigten sich die beiden großen Lebensströme türkischer Musik.

Von den vielen Komponisten dieser blühenden Zeit mag nur noch ein weiterer genannt sein: Eyyûbî Bekir Aga (etwa 1685 bis wahrscheinlich 1759), von dessen Werken sich nur ein geringer Teil erhalten hat. Einigen liegen Texte des berühmten Dichters Nedim zugrunde. Unter Mahmud I. kam Bekir Aga zu großem Ruhm, nicht zuletzt seiner schönen Stimme wegen. Von ihm wissen wir auch, daß er die eben geschilderte Synthese aus Kunst- und Volksmusik in seinen religiösen und weltlichen Werken zu verwirklichen suchte.

Obwohl die Revolutionswirren des Jahres 1730 die *lâle devri* beendeten, blühten die Künste unter Mahmud I. fast

unverändert weiter. Dieser Sultan beteiligte sich sogar selber
aktiv an der Musikausübung. Er soll ein großartiger Mensch
und ein guter Musiker gewesen sein und hat einige Kompositionen hinterlassen.

Der als Musiker bedeutendste Sultan war allerdings dann
erst Selim III (1760—1808, Regierungszeit 1789—1807). In
seiner Zeit erreichte die türkische Musik ihre höchste Blüte.
Zahllose Musiker und Komponisten wirkten unter seiner
Schirmherrschaft, das Saray war eine einzige Musikschule.
Der wohl größte Zeitgenosse, Ismail Dede, wurde von ihm
in den höchsten Rang erhoben und durch Geschenke be-
lohnt. Die eigenen Kompositionen des Sultans, von denen
etwa 30 Lieder erhalten blieben, zeigen einen durchaus
selbständigen schöpferischen Stil. Wie sehr ihm die Kunst ans
Herz gewachsen war und wie weit er sie über die Staatsraison
stellte, zeigt folgende Anekdote: Der am Hofe wirkende,
sehr begabte Komponist Hacı Sâdullah Ağa (1730—1807)
hatte sich in die Lieblingssklavin des Sultans verliebt. Intri-
gante Höflinge hinterbrachten dies dem Sultan, der den
Künstler zwar sehr liebte, ihn aber dann doch um seines
eigenen Ansehens willen ins Gefängnis werfen ließ. Hier gab
der unter der Trennung von der Geliebten und unter der
Ungnade des Herrschers leidende Komponist all seiner Liebe
und seinem Schmerz in einer Melodie Ausdruck, zu der er
einen neuen *makam*, den Melodietyp *beyâti-araban*, erfunden hatte. Freunden, die ihn insgeheim besuchten, sang er
dieses Lied mit gramvoller Stimme vor, so daß sich ihre
Augen mit Tränen füllten. Als sie nun an einem späteren
Abend vor dem Sultan musizierten, machten sie eine un
erwartete Pause, und nach der Stille erklang dann eine bisher
nie gehörte Melodie. Als feiner Musikkenner wurde Selim
III. sofort aufmerksam, und er fragte, von wem diese Weise
sei. Der die Aufführung leitende Sänger antwortete ihm
voller Ehrfurcht, daß dieses neue Lied von Sâdullah Ağa
stamme. Daraufhin hörte sich der Sultan das Konzert zu

Ende an. Dabei erkannte er dann die große Liebe und Not des Meisters. Er verzieh ihm und erlaubte ihm sogar die Heirat mit seiner Lieblingssklavin. Und noch ein anderes, trauriges Ereignis charakterisiert den Musiker-Kaiser Selim. Als, nachdem er schon abgesetzt war, die Männer erschienen, die ihn dann ermordeten, soll er sich zunächst mit einer Flöte verteidigt haben.

Von weiteren Komponisten, die am Hofe Selims III. tätig waren, seien nur noch genannt Tanbûrî İshak (1745—1814), Tanbûrî Mustafa Cavus (etwa um 1745), Hamamîzade İsmail Dede (1778—1846) und Şâkir Aga (1779—1841). İshak spielte nicht nur *tanbur*, sondern auch *keman*. Der Sultan schätzte ihn so sehr, daß er sich jedesmal, wenn İsak erschien, als Ausdruck der Verehrung von seinem Sitz erhob und den Komponisten grüßte. Als sich İshak einmal verspätete und von dem Oberaufseher des Harems getadelt wurde, schalt Selim diesen mit den Worten: „Diener deiner Art finde ich tausende, aber einen zweiten İshak kann ich nicht finden". Während sich von diesem Komponisten viele Werke erhielten, kennt man von Mustafa Çavus nur noch 36 Lieder, die bereits — im Gegensatz zu den Werken mancher anderer bedeutender Meister — in einem eigenen Heft der türkischen Klassiker-Reihe 1948 herausgegeben wurden. Unter ihnen befindet sich das bis heute berühmte *şarkı* im *makam hisar puselik*, das mit den Worten beginnt: *„Dök zülfüne meydane gel"* (*„Schüttle* deine Locken, komm auf den Platz[6].

Die beiden zuletzt genannten Komponisten sowie Şâkir Aǧa und Dede Efendi lebten auch noch am Hofe Mahmud II., der der Musik ebenfalls sein besonderes Augenmerk zuwandte und selber feinsinnige, berühmt gewordene Lieder geschrieben hat. Ihm gefielen die Werke des Hamamîzâde İsmail Dede, der meist kurz Dede Efendi oder Dede genannt wird, besser als die des Şâkir Aǧa. Dieser grämte sich natürlich darüber und beschloß, einen neuen *makam* zu erfinden und vorzutragen. Er veränderte den *makam eviç* durch Hinzufügung einiger melodischer Wendungen, zu dem dann so genannten *ferahnâk*, der allerdings bereits, ohne schon den Namen zu führen, von Abdulkadir (14. Jahrhundert) gebildet worden war. In diesem vermeintlich neuen *makam* schrieb Şâkir Aga dann zwei Lieder und übte sie mit zwei Musikern für ein späteres Konzert ein. Dede Efendi hatte trotz aller Geheimhaltung von dem Plan erfahren und vermochte sogar eine Übungsstunde zu belauschen, so daß er wahrnahm, um welchen *makam* es sich handelte. Er komponierte daraufhin ebenfalls ein Lied in diesem Melodietyp, und als der Herrscher eines Abends einen lange nicht gespielten *makam* hören wollte, schlug Dede *ferahnâk* vor. Das verwirrte den ahnungslosen Şâkir Ağa, aber er mußte trotz seiner Einwände auf Befehl des Sultans mit der Aufführung beginnen. Er sang dann sein Lied mit seiner unvergleichlich schönen Stimme, darauf folgten Dede Efendis Lied und schließlich das zweite Lied seines Rivalen. Mahmud II., dem das Musik-Duell Spaß gemacht hatte, gefiel auch diesmal die Komposition Dedes besser.

Hamamizade İsmail Dede ist heute noch einer der bedeutendsten Meister der türkischen klassischen Musik. Er schuf mindestens sieben neue Makame. Von seinen mehr als 500 Werken haben sich etwa 268 Kompositionen erhalten, darunter einige westliche Musik imitierende „Walzer". Seinen Beinamen erhielt er, weil sein Vater in Istanbul ein Bad (*hamam*) besaß. Er genoß eine vielfältige musikalische Ausbildung, unter anderem im *mevlevi*-Haus von Istanbul-Yenikapı, wo er später Dede wurde. Als er bereits berühmt war, holte ihn Selim III. an den Hof. Er hatte zahlreiche Schüler, widmete sich nach des Sultans Ermordung und dem Regierungswechsel sehr intensiv seinem Schaffen und dem Erlernen des Flötenspiels, wurde aber schließlich doch an den Hof Mahmud II. gerufen, unter dem er dann besonders fruchtbar wirken konnte. Da der Nachfolger des Sultans,

Abdul Mecid I., jedoch keinerlei Interesse an künstlerischen Dingen zeigte, bat Dede Efendi ihn um Urlaub. Einem seiner Schüler klagte er: „Des Spielens Süße ist entflohen". Er ging dann mit einigen Freunden auf Pilgerfahrt und starb während dieser in Mekka. Daß er an einem hohen Feiertag, dem *kurban bayram,* geboren und am gleichen Opferfest gestorben ist, mag manchem wie ein Hinweis des Schicksals auf die überragende Bedeutung des Komponisten erscheinen.

An dieser Stelle müssen zwei Musiker und Theoretiker genannt werden, die für die weitere Entwicklung der türkischen Musik zum Teil von großer Bedeutung wurden. Der ältere Abdülbâki Nâsır Dede (1765—1820), komponierte mehrere Hymnen für das *mevlevi*-Zeremoniell, vor allem aber hinterließ er ein wichtiges auf kaiserlichen Befehl verfaßtes Traktat „Studium und Forschung" (*Tedkîk ve tahkîk*), in dem er u.a. neue Makame systematisch erfaßte. Ferner entwickelte er eine Notation, die aber nie recht zur Anwendung kam, da sich inzwischen die praktischeren Vorschläge des anderen, hier zu nennenden Musikers durchgesetzt hatten, die Notenschrift des Hamparsum Limonciyan (1768—1839), über den später einiges Näheres auszuführen sein wird.

In diese, die Regierungszeit Mahmud II. fallen noch zwei musikgeschichtlich außerordentlich wichtige Ereignisse. Die Vernichtung des Janitscharen-Korps im Jahre 1826 bedeutete zugleich das Ende der alttürkischen Militärmusik *mehter,* und auch die bewußte Einbeziehung der abendländischen Musik in das Leben des Hofes einschließlich der Berufung Giuseppe Donizettis zum kaiserlichen Kapellmeister mußte starke Einschränkungen und Wandlungen der bis dahin weitgehend eigenständigen Entwicklung mit sich bringen. Über beides werden wir weiter unten noch einiges hören.

Gelegentlich waren es auch Nicht-Türken, die die Tradition hochhielten und weitergaben. So der in Istanbul geborene Armenier Nikogos Ağa, dessen Lebensdaten von 1836 bis 1885 geschätzt werden. Er war Schüler von İsmail Dede und als er seinen Unterricht, bei dessen Schüler Dellâlzade fortsetzen wollte, nahm er ihn erst an, nachdem er richtig türkisch gelernt hatte. Nikogos war ein kompositorischer Neuerer und bezog Elemente westlicher Musik in seine dennoch dem klassischen Stil verbundenen Lieder (şarkı) mit ein. Er spielte auch *tanbur,* und die Fabel weiß davon zu erzählen, daß eines Tages, als er mit Freunden in den Wäldern am Bosporus weilte und Laute spielte, Wölfe und Vögel schweigend verharrten. Als er aber geendet hatte, begannen die Nachtigallen wie aus einem Munde zu singen und ahmten seine Melodien nach, als ob sie sterben wollten.

Der besonderen Wertschätzung Mahmud II. erfreute sich Kazasker Mustafa İzzet Efendi (1801–1872) ein Bauernsohn aus Tosya. Er war in einer Koranschule ausgebildet worden, und als er in einer Moschee sang, hörte der Sultan seine schöne Stimme und ließ den 18-jährigen in die kaiserliche Musikschule bringen, wo er weiter ausgebildet wurde, um dann am Hofe zu wirken. Zumal er auch als Kalligraph Bedeutendes leistete — in der Hagia Sophia hingen zum Beispiel vier große Schrifttafeln von seiner Hand mit den Namen der ältesten Kalifen — wurde ihm der höchste Rang für Bedienstete des osmanischen Reiches, *kazaskerlık* verliehen. Unter seinen Zeitgenossen verband sich mit seiner Person das Bild eines ganz weißhaarigen Mannes in einem prächtigen Theologenrock aus schwerem indischen Stoff, sitzend auf dem Kissen eines mit Edelsteinen besetzten Lehnstuhles.

Auch in den weiteren Jahrzehnten des 19. Jahrhunderts begegnen wir vielen Komponisten. Das hängt zum Teil natürlich damit zusammen, daß man jetzt immer mehr dazu übergeht, seine eigenen und auch fremde Werke zu notieren und so der Nachwelt zu erhalten. Die daraus sich ergebende Fülle von Namen hier ausbreiten zu wollen, kann nicht unsere Aufgabe sein. Es wird sogar schwer sein, eine gerechte Auswahl zu treffen, wie überhaupt nur die wichtigsten zu nennen. Selbst auf die Gefahr hin, den einen oder anderen noch als bedeutend zu bezeichnenden Meister zu übergehen, sei der Versuch gemacht, wenigstens ein paar Komponisten — stellvertretend für viele andere — aufzuführen. Beginnen wir mit Dellâlzade İsmail Efendi (1797—1869), der als der bedeutendste Komponist des 19. Jahrhunderts gilt. Er war Schüler des großen Dede Efendi, der ihn sehr schätzte und ihn auf seine, schon erwähnte Pilgerfahrt nach Mekka mitnahm. Dellâlzade war zunächst Müezzin im Saray, es kam aber zu intrigantem Gerede, als er sich in die ältere Schwester eines anderen Hofsängers verliebt hatte, woraufhin man ihn verjagte. Da er sich außerhalb des Hofes dann aber als Werber für ein, nach Vernichtung der Janitscharen neu aufzustellendes Heer verdient gemacht hatte, holte der Sultan ihn zurück, und unter dessen Nachfolger wurde er in seinen letzten Lebensjahren sogar noch oberster Gebetsrufer. Seine hinterlassenen Lieder vom Typ der *beste* werden als besonders wertvoll bezeichnet. Darüber hinaus komponierte er mehrere Konzertzyklen (*fasıl*), in denen alle Lieder und Instrumentalstücke im gleichen Makam stehen müssen.

Wenn wir als nächsten Tambûrî Büyük Osman Bey (1816—1885) erwähnen und daran denken, daß auch er — wie die meisten — in Istanbul geboren ist, so wird uns zugleich erneut deutlich, welch außerordentliche Bedeutung die osmanische Metropole vor allem auch auf kulturellem Gebiet besaß. Sie war nicht nur Zentrale, sondern der eigentliche und fast einzige Lebensraum für Künste und Wissenschaften. Und für den musikalischen Bereich muß besonders auf die kaiserliche Musikschule Enderun hingewiesen werden, aus der so viele ausgezeichnete Musiker hervorgegangen sind und der auch Osman Bey angehörte. Er war zunächst Sänger, widmete sich nach dem Tod seines Vaters, der Lautenist gewesen war, dann aber auch selbst dem *tanbur*-Spiel und der Komposition. Dem Hofe diente er jedoch weiter als Sänger. Von seinen zahlreichen Werken sind die instrumentalen *peşrev* besonders hervorzuheben, von denen sechzehn erhalten sind. Eines davon, bzw. dessen Anfang, bringt unsere Transkription einer Hamparsum-Notation auf S. 72f. und ein anderes, vollständiges wird auf S. 148ff. besprochen.

Kulturelles Zentrum war nicht allein der Hof des Sultans, es gab daneben viele andere Stätten geistiger Regsamkeit, sei es in den Klöstern oder in den Häusern hochgestellter Persönlichkeiten. So stand z.B. Zekâi Dede (1824–1897) im Dienste des Generals (*paşa*) Mustafa Fadıl bis zu dessen Tod im Jahre 1875. Er war der Sohn eines Geistlichen (*imam* = Vorbeter und *hafiz* = einer, der den Koran auswendig weiß), hatte großen Ehrgeiz und war selber mit 19 Jahren *hafiz*. Er wurde dann Musikschüler von İsmail Dede. Erst nach dem Tode seines Paschas, mit 60 Jahren, wurde er noch Leiter der Trommlergruppe in einem *mevlevi*-Kloster und danach *dede*. In dieser Spätzeit entstanden seine schönsten Kompositionen. Außergewöhnlich an seinem Lebensgang waren zwei Reisen nach Ägypten, die er im Auftrage seines Dienstherren unternahm. Dort studierte er — das erste Mal 1848 — die arabischen Makame und weitere Stileigentümlichkeiten, um mit diesen Erkenntnissen bereichert nach Hause zurückzukehren und die fremden Anregungen zu nutzen. Weitere Verdienste erwarb sich Zekâi dadurch, daß er einen Teil der Werke seines Lehrers Dede Efendi aufschrieb.

In der Reihe der Komponisten auf dem Herrscherthron ist Abdülaziz (1830–1876, seit 1861 Sultan) der letzte. Er schränkte im Zusammenhang mit der Verkleinerung der Hofhaltung auch die bislang aus Staatsmitteln unterhaltene Musikschule ein, dennoch konnte sich die hier auch gepflegte westliche Musik weiter in den höheren Gesellschaftskreisen ausbreiten. Das Nebeneinander alttürkischer und europäischer Praktiken spiegelt sich auch im Schaffen des Sultans wieder. Er schrieb zahlreiche *beste,* von denen allerdings viele verlorengingen, und auch Stücke im abendländischen Stil. Dabei griff er auf folkloristische Elemente, z.B. auf den neugriechischen Tanz *sirto* zurück. Wie stark trotz all solcher Akkulturationserscheinungen die Kraft des eigenen Musikschaffens geblieben war, zeigt das Werk von Persönlichkeiten wie die des Hacı Arif Bey (1831—1885). Man kennt über tausend Stücke von ihm. Die schönsten stehen im *makam kürdili hicazkâr,* und an Rhythmen bevorzugt der Künstler gerade die typisch türkischen asymmetrischen Muster *aksak* und *katakofti.* Im übrigen lobt man die fröhliche, leichte und tänzerische Haltung seiner Lieder, die aber doch auch einer geheimen Melancholie nicht entbehren. Hacı Arif diente drei Sultanen, nahm aber immer wieder nach gewisser Zeit seinen Abschied, um andernorts seiner Kunst zu leben.

Die 1839 begonnene Einführung westlicher Verwaltungsmethoden und Gesetzgebungen, eine *tanzimat* genannte Reform, die um 1880 abgeschlossen wurde, hatte auch auf kulturellem Gebiet zu einer entscheidenden Wandlung geführt. Als breiter Strom ergießen sich nun europäisches Gedankengut, künstlerische Leitbilder und wissenschaftliche Erkenntnisse in die türkische Geisteswelt. Man beschäftigt sich mit griechischer und französischer Literatur, man lädt fremde Musiker ein, spielt Klavier und vieles andere mehr. In dieser Art war auch eine der wenigen berühmt gewordenen Komponistinnen ausgebildet, Leylâ Hanım (1850—1936). Sie lebte als Tochter eines General-Arztes zuerst im Schloß, ging dann mit ihrem Vater auf Reisen, und so konnte es kaum ausbleiben, daß die meisten der 200 Lieder, die sie komponierte, westlichen Einfluß zeigen. Die Texte schuf sie sich vielfach selber, für die Volksmusik hatte sie ein offenes Ohr, und doch wurden ihre Werke nie recht populär, möglicherweise, weil die Melodien, von denen die meisten im *hüzzam makam* stehen, nicht leicht zu singen sind.

Die Aufgeschlossenheit dem Westen gegenüber führte gleichzeitig auch zu einer gewissen Selbstbesinnung, zu einer Beachtung auch der eigenen im Volke wurzelnden musikalischen Kräfte. Viele Komponisten schreiben darum jetzt in leichterer gefälligerer Art. So etwa Santuri Ethem Efendi (1855—1926), der erst Geige, dann aber vornehmlich *santur* gespielt hatte, der Volksmusik in seine Kompositionen, darunter Tanzformen wie die rumänische *longa* aufnahm, dem man 1948 eine kleine Monographie widmete und der einen tragischen Tod erleiden mußte, als er in seinem Bett verbrannte.

Bei Şevki Bey (1860—1890) zeigte sich dieser neue Geist in einer Ablehnung der oft allzu verkünstelten *divan*-Dichtung. Er wählte sich lieber einfachere Texte, las sie viele Male durch und vertonte sie dann oft in kürzester Zeit, manchmal sogar während der Heimfahrt auf einem Bosporus-Dampfer. Daß ihm die von ihm benutzten Texte nicht gleichgültig waren, zeigt sein Wunsch, sie einmal alle unter dem Titel „Liebesandenken" oder „Fruchtbare Natur" gedruckt zu sehen. Dies konnte dann einer seiner Freunde verwirklichen. Man hat Şevki Bey gelegentlich mit Schubert verglichen, nicht nur, weil ihm ein ebenso kleiner Lebensbogen vom Schicksal zugedacht war, sondern auch, weil er eine Fülle von Liedern (über 500) geschaffen hat und weil diese trotz aller Feinheit allgemeinverständliche Züge tragen. Es verwundert darum auch nicht, daß seine Kompositionen in den Programmen der Musikschulen und Rundfunkanstalten einen so außerordentlichen breiten Raum einnehmen.

Als letzter „Klassiker" gilt Lem'i Atlı (1869—1945), obwohl auch er nach einer strengen Schulung allmählich eigene Wege ging. Er nutzte neue Rhythmen und vermochte seinen Melodien einen sehr charakteristischen Ausdruck zu geben. Seine Annäherung an die Folklore machte ihn selber bald zu einem typischen Volks-Dichter-Sänger *(âsık)*. Sein erstes, mit 17 Jahren geschriebenes Lied wird heute noch oft aufgeführt. Zwei kleine Anekdoten machen den Menschen Lem'i Atlı ein wenig deutlicher.

Zwei Frauen stritten sich, welcher von ihnen der Komponist ein bestimmtes, berühmtes Lied gewidmet habe. Der lächelnde Chronist meint, vielleicht habe er es, ähnlich dem Schalk Nasrettin Hoca, beiden Frauen, nur zu verschiedenen Zeiten, zugedacht. Einer anderen Geschichte zufolge soll der Komponist einmal ein Lied für einen Pascha geschrieben haben. Als dieser ihm zur Belohnung ein goldenes Zigaretten-etui schenkte, hatte der Meister, wie öfter nur einige Para in der Tasche, was ihn zwang, die großherzige Gabe prosaischer Weise gleich zu Geld zu machen.

Vielleicht sollte man aber Tanbûrî Cemil Bey (1871—1916) als den letzten großen Vertreter der klassischen türkischen Musik bezeichnen. In ihm vereinigen sich noch einmal alle Kräfte der Tradition, und doch ist er dem Neuen gegenüber aufgeschlossen. Er ist ein Erzmusikant, der sich auf vielen Instrumenten zu Hause weiß. Die noch in den zwanziger Jahren vom Istanbuler Konservatorium durchgeführten Schallplattenaufnahmen Cemil Beys mit Improvisationen, eigenen und fremden Werken und auf allerlei Instrumenten, gehören zu den schönsten Klangdokumenten der türkischen Kunstmusik. Er liebte auch die Volksmusik, wofür eine hübsche Begebenheit charakteristisch ist. Ein Freund wollte ihn zu einem Ringkampf mitnehmen. Er ließ sich dazu erst überreden, als er erfahren hatte, daß während der Veranstaltung auch Oboe und Trommel gespielt würden.

Die Weisen, die er dann abends hörte, gingen ihm hinterher gar nicht mehr aus dem Kopf, er pfiff sie immerzu vor sich hin und begeisterte sich während des anschließenden Besuches in einem Weinhaus immer mehr für diese Musik. Beide Freunde beschlossen, sich zwei Oboen anfertigen zu lassen und das Spiel zu erlernen. Als sie nach einer Woche die Instrumente hatten, gingen sie zu einem berühmten Meister, einem Zigeuner und begannen die Studien. Und es dauerte nicht lange, da blies Cemil Bey glänzender als sein meisterhafter Lehrer. Er hatte auch den rechten Weg gewählt, nämlich erst einmal, während alle Löcher der Oboe zugedeckt sind, einen schönen, glatten und ununterbrochenen Ton bilden zu lernen.

Tanbûrî Cemil interessierte sich ebenfalls für Musiktheorie und schrieb ein entsprechendes Werk. Er gehörte ja auch in die Zeit, als man begonnen hatte, mit neuzeitlichen Methoden die Grundlagen der türkischen Musik zu erforschen, klarzulegen und weiteren Kreisen, Laien wie Künstlern und Wissenschaftlern, nahezubringen und pädagogisch zu nutzen. In diesen Kreis von Persönlichkeiten, die selber meist gute Musiker waren, gehörten und gehören Suphi Ezgi (1869—1962), Rauf Yekta Bey (1878—1935) und Sâdeddin Arel (1880—1955). Der älteste dieser Dreiergruppe, der Arzt Suphi Ezgi schrieb ein fünfbändiges Theoriewerk „Nazarî Amelî Türk Musikisi". In Zusammenarbeit mit Arel und dem Physiker Sâlih Murad Uzdilek hat er neben vielen Details und der Darbietung wichtiger Quellen ein modernes 24stufiges Tonsystem erarbeitet, von dem später noch die Rede sein wird. Darüber hinaus hat er ältere mündlich tradierte Werke rekonstruiert und selber im klassischen Stil komponiert. Der zweite dieser drei großen Künstler und Theoretiker Yekta Bey hat die erste wissenschaftliche Arbeit über die klassische türkische Musik 1913 geschrieben (veröffentlicht 1922). Weiter war Yekta eng mit der 1912 gegründeten Musikschule Darülelhan verbunden. In diesem Institut sollte vornehmlich europäische Musik gelehrt werden. Es gelang Rauf Yekta jedoch, der sich die Erneuerung der türkischen Musik zum Ziel gesetzt hatte, unter Mithilfe der beiden oben genannten Freunde, die Einrichtung einer türkischen Abteilung zu erreichen, die dann 1926 in das Städtische Konservatorium Istanbul übernommen wurde. In diesem Konservatorium wurde dann ab 1924 die Klassikerausgabe herausgegeben, an deren Verwirklichung die drei Wissenschaftler beteiligt waren. Arel hat das große Verdienst, zwei Bibliotheken mit kostbaren Manuskripten und Büchern aufgebaut zu haben, von denen die erste in den Wirren von 1922 in Flammen aufging. Die Bestände der zweiten sind jetzt in der Istanbuler Universität und in dem İleri Türk Musikisi Konservatorium. In seinem bekannten Werk „Türk Musikisi Kimindir" („Woher stammt die türkische Musik?") zeigt Arel den Ursprung und die Wurzeln der Musik seiner Heimat auf und fordert, daß sowohl die Kunst- als auch die Volksmusik in reinster Form vermittelt und abgegrenzt werden müsse gegen die allgemein gängige städtische Unterhaltungsmusik. Darum komponierte er auf der Höhe seines Lebens nur im strengen klassischen Stil, während er in seiner Jugend europäisch geschrieben hatte. In späteren Jahren änderte Arel seine Meinung und kam zu der Einsicht, die Zukunft der türkischen Musik liege in der Verbindung der türkischen Musik mit europäischer Mehrstimmigkeit. Um die europäische Musik in seinem Land bekannt zu machen, gründete er im Istanbuler Konservatorium, in dem er fünf Jahre Direktor gewesen war, neben der türkischen auch eine Abteilung für westliche Musik. Er organisierte auch Orchester- und Chorvereinigungen und zog eine Reihe berühmter Komponisten und Wissenschaftler heran. So hoffte er, die Voraussetzungen für eine Synthese zwischen türkischer und europäischer

Musik zu schaffen, die er erstrebte und die er selber in seinen Kompositionen zu verwirklichen trachtete. Es wären noch viele andere Komponisten zu erwähnen, die eine Verbindung mit dem westlichen Musikstil suchten und suchen. Der Raum erlaubt es uns aber nicht, hier weiter auszuholen. Jedoch werden wir wichtige Informationen noch in anderen Kapiteln nachtragen.

Am Ende dieses knappen Überblickes über die türkische Musikgeschichte mag noch — um gleich einem möglichen Vorwurf zu begegnen — noch einmal vermerkt sein, daß wir hier mit Absicht fast nur Musikerpersönlichkeiten kurz skizziert und in ihre Umwelt und Zeit eingeordnet haben, daß wir vor allem keine Stil-Geschichte geboten haben, weil — wir sagten es schon — einmal das gesamte Material an Kompositionen noch keineswegs auch nur annähernd erschlossen ist, so daß ein abschließendes Bild über die jeweiligen Zeitstile noch gar nicht entworfen werden konnte, und zum anderen ist es vielleicht zu abendländisch gedacht, wollte man auch bei der türkischen Musik auf alle Fälle eine rasch vorwärts eilende Entwicklung erwarten. Sie ist im Grunde gar nicht vorhanden. Auch hier wandelt sich zwar alles, aber in einem viel langsameren Tempo. Das ist eine Eigenheit aller außereuropäischen Hochkulturen. Traditionsverbundenheit und Bewahrenwollen stehen hier höher als der Glaube an fragwürdige Segnungen des Fortschritts. Es ist also sicher verständlich, wenn wir auch darum auf die in unserer Musikgeschichtsschreibung übliche — im übrigen aber oft auch anfechtbare — Gliederung nach Stilepochen verzichteten. Was sich an Unterschieden findet, bedingt durch die funktionelle Verschiedenheit von Gattungen, durch wechselnde Landschaften, Menschen und auch Zeiten, wird zum Teil wohl aus unseren nun folgenden speziellen Betrachtungen deutlich werden.

2. KAPITEL

Grundlagen der türkischen Kunstmusik

Primär melodische Grundhaltung

Die türkische Musik ist einstimmig. Das gilt nicht allein für die Volksmusik, die ohnehin in großen Teilen der Welt jeglicher Mehrstimmigkeit entbehrt[9], sondern vor allem für die Kunstmusik, die sich damit wieder als typisch vorderorientalisch ausweist.

Einstimmig ist die Kunstmusik zwar auch noch außerhalb des islamischen Einflußbereiches, so etwa im China der letzten Jahrhunderte. Hier im Vorderen Orient jedoch ist sie dazu „primär melodisch". Dies muß vielleicht ein wenig erläutert werden[10]. Eine Melodie als die eine der drei Hauptkomponenten des Musikalischen überhaupt, d.h. von Melodik, Harmonik und Rhythmik, kann sowohl melodisch als auch „klanglich" angelegt sein. Primär klanglich ist sie, wenn sie, wie im Abendland, den Hörer stets eine bestimmte Harmonieabfolge innerlich miterleben läßt, wenn sie sich stets nur auf den festgefügten lapidaren Tonstufen eines gleichbleibenden Klanggefüges bewegt. Letzteres ist im ostasiatischen Raum der Fall, wo die meist pentatonischen Melodien nur wie die Auseinanderziehung eines Fünftonklanges wirken. In einem solchen Musikstil muß es nicht zu tatsächlicher Mehrstimmigkeit kommen, wie es etwa in Indonesien dennoch der Fall ist, die Melodik unterscheidet sich durch ihr Wesen in jedem Falle von der des Vorderen Orients. Sie ist instrumental konzipiert, während in islami schen Ländern die Melodik ihren rein vokalen flexiblen Charakter niemals verleugnen kann, wo sich naturgemäß ausgeprägte selbständige Mehrstimmigkeit von alleine verbietet. Die Beschränkung auf die beiden Elemente Melodik und Rhythmik bedingt es ferner, daß vorderorientalische Melodik viel feingliedriger ist, daß sie mangels jeglicher Bindung an ein immanent klangliches Gerüst feinste Tonstufen, ja irrationale Intervalle, die nicht der Obertonreihe angehören, einbeziehen kann. Vorderorientalische Melodik lebt daher aus ihrer reichen Ornamentik, aus ihrer — wie es ein analoger Begriff aus der bildenden Kunst trefflich wiedergibt — aus ihren Arabesken.

Die Einstimmigkeit wird allerdings scheinbar verleugnet, sobald mehrere Menschen zusammen musizieren, singen oder spielen. Was wir dann erleben, nennt man Heterophonie[11]. Sie wirkt wie die Überlagerung mehrerer Varianten der gleichen Melodie und kommt tatsächlich auch so zustande. Nirgendwo außerhalb Europas hält sich der Musiker oder Sänger sklavisch an die überkommene, vielleicht sogar von einem Komponisten aufgezeichnete Melodie. Er darf sie hier und da ein wenig verändern, darf sie ausschmücken oder glätten. Und wenn das mehrere gleichzeitig tun, so wird aus der idealen Linie einer Melodie eben vergleichsweise ein mehr oder minder breites Band. Trotzdem bleibt solche Musik immer noch linear, bleibt primär melodisch, zumal die sich ergebenden Mehrklänge weder beabsichtigt und logisch geordnet sind, noch vom Ausführenden oder Hörer überhaupt gehört bzw. als ein nicht lineares Gebilde empfunden werden. Zweifellos ist die Heterophonie sogar eines der Mittel, die Melodie weiter zu ornamentieren, sie reicher zu gestalten[12].

Sie dient also dem vielleicht unabdingbarsten Gestaltelement der türkischen Musik, ihrem Hauptpfeiler, dessen

Bedeutung einheimische Musiker heute merkwürdigerweise häufig gar nicht mehr recht erkennen. Man begegnet nämlich nicht selten dem Einwand aus dem eigenen Lager, daß die vorderorientalische Tonkunst bedauerlicherweise der Mehrstimmigkeit entbehre, daß sie darum der abendländischen Musik an Wert unterlegen sei und man bestrebt sein müsse, eine Synthese der beiden gegensätzlichen Stile zu schaffen. Ob das vollauf gelingen kann und wird, steht hier nicht zur Debatte, die Zukunft wird es lehren. Vergessen sollte man aber nicht, daß es keinesfalls um eine Veredelung des einen durch das andere geht, daß vielmehr die türkisch-vorderorientalische Musik mit ihrer Bevorzugung des Melodischen ebenso ein in sich Vollendetes darstellt wie die harmonische Musik des Westens. Eine Diskussion um das Problem der Harmonisierung der türkischen Musik ist übrigens nicht neu. Mögliche Für und Wider zitiert bereits Rauf Yekta[13], ohne selbst gegen die Europäisierung aufzutreten, obwohl er weiß, daß jede akkordische bzw. mehrstimmige Gestaltung der türkischen Musik den Verlust ihres melodischen Reichtums nach sich ziehen muß. H. Sadettin Arel dagegen ist überzeugt, daß die Synthese zwischen europäischer Mehrstimmigkeit und türkischer Musik einen großen Gewinn bringen wird.

Tonsysteme

Wenngleich man also zahllose feine Tonstufen verwendet, um die Melodien ständig in neue Farben zu tauchen, sie immerwährend zu kolorieren oder — mit dem griechischen Terminus — zu chromatisieren, hat es nicht an Versuchen gefehlt, die Fülle der Tonerscheinungen in bestimmten Systemen zu erfassen. Dies ist ein historisch legitimes

Anliegen und begegnet uns in allen musikalischen Hochkulturen, dennoch darf der Wert, bzw. die Aussagekraft der sogenannten Musiktheorie nicht überschätzt werden.

Gerade im vorderorientalischen und damit auch im türkischen Bereich dürfte die Kluft zwischen Theorie und Praxis besonders groß sein. Niemand wird bezweifeln, daß zunächst einmal der Sänger da war, daß er entsprechend seinem Können und seiner Phantasie seine Weisen immer reicher auszuschmücken begann, ohne sich einem System zu beugen, und daß erst dann die Philosophen daran gingen, die lebendigen musikalischen Gestalten zu zergliedern, zu klassifizieren und zu systematisieren. Sie fanden dabei viele Gesetzmäßigkeiten und sie errichteten musiktheoretische Lehrgebäude, die oft rein spekulativ waren und gewissermaßen zum Selbstzweck wurden. Daß sie aber vielfach der Praxis weder gerecht wurden, noch diese beeinflussen konnten, wurde entweder nicht zugegeben oder als unerheblich abgetan. Wir meinen hier vor allem die erstellten Tonsysteme, die — für sich allein betrachtet — oft als menschliche Denkformen Bewunderung abzwingen, nicht aber die mehr beschreibenden Abhandlungen über musikalische Formen, über die sog. Melodietypen, die Makame, usw. Hier ist uns die ältere türkische Musikliteratur außerordentlich nützlich, erfahren wir aus ihr doch wirklich Entscheidendes über Strukturerscheinungen und Aufführungspraktiken.

Wie schwer es ist, in ewigem Fluß befindliche musikalische Erscheinungen in Regeln zu fassen, lehren die zahllosen Theorieschriften und seit über tausend Jahren mitgeteilten Systeme zur Musik der islamischen Länder, lehren die Werke der ersten Gewährsleute, eines Farabî oder Ibn Sina, ebenso wie die Schriften aus jüngster Zeit. Gerade die älteren Philosophen als Kronzeugen für frühe türkische Musikverhältnisse aufzurufen, erscheint ein wenig gewagt. Einmal wirkten diese zu einer Zeit, als die Türken ja noch gar nicht im eigentlich vorderorientalischen Raum lebten, und zum anderen muß es zweifelhaft bleiben, ob die betreffenden Musikschriftsteller Türken waren oder nicht. Diese heikle Frage soll hier nicht gelöst werden, sie ist im Grunde auch unerheblich, da es sich bei all solchen Erörterungen ja ohnehin mehr oder minder allgemein um die Musik des gesamt-islamischen Raumes handelte. Die neue Religion hatte auch ein großes weltliches Reich geschaffen, die Kultur wurde von den Gebildeten getragen, die meist unabhängig von ihrer Nationalität im Sinne einer überregionalen Geisteswelt wirkten, die die ideellen Güter im gesamten Weltreich verbreiteten und nicht zuletzt gerade auch die erstaunliche Einheitlichkeit des Musikstiles in früheren Jahrhunderten förderten.

In jedem Falle war das zu lösende Problem ein akustisch-mathematisches. Die zahllosen feinen Tonstufen konnten ja nicht willkürlich fixiert werden, sie mußten sich aus naturgesetzlichen Reihen ablesen lassen, d.h. man mußte sie auf einfache Tonverhältnisse, wie die leicht hörbaren und einstimmbaren reinen Quinten bzw. Quarten, zurückführen können, die man nur aneinander zu reihen hatte[14]. Führt man diese Verfahren konsequent bis zu einem bestimmten Punkte durch, so ergibt sich allerdings bald ein „Schönheitsfehler" in dem System der Tonverhältnisse, der den orientalischen Theoretikern gewissermaßen sehr gelegen war und den schon Pythagoras erkannt hatte. An ihn und andere antike Musiktheoretiker, vor allem an den großen Vermittler Boethius, knüpften die ältesten vorderorientalischen Denker ohnehin zunächst an. Mit dem „Schönheitsfehler" ist das Phänomen gemeint, daß eine Reihung von zwölf Quinten zu einem Ton führt, der von dem aus sieben aneinandergehängten Oktaven sich ergebenden Wert nur um weniges nach oben abweicht, um das sogenannte Pythagoreische Komma, das etwa einem Achtelton entspricht, bzw. 24 Cents be-

trägt[15]. Diese — man möchte fast sagen — „magische"
Größe wird zwar selbst niemals als selbständiger Tonschritt
verwandt, sie ist auch für die nüancenreiche vorderorientalische Melodik zu klein, sie dient aber dazu, andere feine
Intervallwerte zu schaffen. So führt sie, von dem Halbton
der reinen Stimmung mit seinen 90 Cents (vgl. Anm. 17)
abgezogen, zu dem Wert 66, d.h. zu einem etwas zu großen
Viertelton, andererseits läßt sich aus ihr durch Addition,
ein größerer Halbton mit 114 Cents ableiten. Diese und
noch manche anderen Werte lassen sich nun in ein System
einfangen, zu Tonreihen vereinigen, die in etwa dem entsprechen, was der orientalische Musiker von eh und je tatsächlich angewandt hatte und noch anwendet.

Es dürfte den Leser nur ermüden, wollte man all die verschiedenen Vorschläge eines Jahrtausends hier ausbreiten,
sie sind ja ohnehin oft nicht sehr voneinander verschieden,
und viele bleiben zudem doch nur Theorie. Die wichtigsten
Stationen der Entwicklung einer islamisch-türkischen
Musiktheorie dürfen hier vielleicht aber doch kurz mitgeteilt werden.

Schon in vorislamischer Zeit soll man, wie Farabî berichtet, auf den Zupfinstrumenten feine Bundeinteilungen
gekannt haben, mit deren Hilfe sich die im Gesang üblichen
kleinen Stufen darstellen ließen. Danach hatte die kleine
Terz bereits sechs Zwischenstufen. Mansur Zalzal (gest.
791), ein ausgezeichneter Lautenist am abbasidischen Kali-
fenhofe und Erfinder einer besonderen Langhalslaute, führt
einen neuen Bund zwischen großer und kleiner Terz ein,
der eine zusätzliche Verfeinerung ermöglicht. Den nach ihm
genannten Bund bzw. Griff, der die Saiten im Verhältnis
22:27 teilt, hat man dann lange Zeit beibehalten. Seiner
bedient sich auch noch sein Schüler Ishaq al-Mausili (767—
850), der die Regeln des Saiteninstrumentenspiels seiner Zeit
zusammenfaßt und mit der griechischen Theorie in Einklang

zu bringen sucht. Genau ausgearbeitete Theorien legen dann die drei großen Philosophen und Musikschriftsteller vor, die zwar nicht zur gleichen Zeit gelebt haben, die man aber später gerne zur Gruppe der „aufrichtigen Brüder" zusammenfaßte und von denen die beiden letzten wohl Türken waren: Al-Kindi (790 bis etwa 874), Farabî (870–950) und Ibn Sina (980–1037). Al-Kindi übernimmt aus der griechischen Musiktheorie u.a. das strukturbildende Tetrachord. Dessen Rahmentöne sind feststehende Größen, die beiden dazwischen liegenden Töne jedoch bleiben beweglich. Ihre Werte bestimmen den Charakter der Skalen und Melodien. Al-Kindi erwähnt zwar bereits auch zwei Zwischenstufen innerhalb eines Ganztones, sein System basiert aber im wesentlichen doch auf einer Reihung von 12 Quinten, ähnlich wie bei Pythagoras, bei der es nur eine Größe für den Ganzton gibt (8:9). Das Ganze stellt er, wie auch die anderen Theoretiker, an der Bundeinteilung von Saiteninstrumenten dar. Diese sind in Quarten gestimmt, so daß es lediglich notwendig ist, auf der jeweils tieferen Saite durch Abgreifen das Quartintervall stufenweise zu füllen. Daran sind die vier Finger der linken Hand außer dem Daumen beteiligt. Der Zeigefinger greift einen Ganzton über der Leersaite, dem Mittelfinger steht der Bund für die kleine Terz und dem Ringfinger der Bund für die große Terz zur Verfügung. In der gleichen Skala schließen sich naturgemäß also diese beiden Griffe gegenseitig aus. Schließlich läßt sich mit dem kleinen Finger dann noch die Quarte greifen, die mit der höheren Saite identisch ist. Farabî vermochte dieses System theoretisch noch weiter zu untermauern, nicht aber eigentlich zu erweitern. Ihm ist auch die bewußte Umkehrung der griechischen Vorstellung von den Skalen als absteigenden Leitern und die entsprechende Umwandlung der Tetrachorde zu danken. Im übrigen beschäftigt er sich ebenso wie Ibn Sina mit den aus dem zwölfstufigen System

ausgewählten diatonischen Reihen, den eigentlichen heptatonischen Gebrauchsleitern, mit ihrem Ethos usw.

Die Theorien zwölfstufiger Systeme konnten aber auf die
Dauer der Praxis insofern nicht gerecht werden, als man die
melodischen Linien immer reicher zu gestalten suchte und
immer mehr Zwischenstufen benötigte. Sie ließen sich zwar
ausführen, aber denkender Geist war hier, wie überall in
den Musikentwicklungen der Kulturnationen, bestrebt, den
effektiven Tonvorrat als ein aus der Natur gewonnenes
Reservoir nachzuweisen. Als natürliche Bauelemente des
Systems waren aber nur aneinandergereihte Quinten oder
Quarten brauchbar, die neben der Oktave also einfachsten
und stärksten Konsonanzen, die sich nicht nur in einem
einfachen Zahlenverhältnis, bzw. Längenverhältnis der Saitenabschnitte ausdrücken lassen (2:3 und 3:4), sondern die
auch mit dem Ohr leicht einzustimmen sind. Da nun aber
die zwölfte Quinte nicht gänzlich mit dem Ausgangston
identisch ist, sondern um den kleinen Wert des pythagoreischen Kommas abweicht, ergeben sich hier neue Werte,
die sich einem differenzierteren Tonsystem nutzbar machen
ließen. Man reiht also zunächst fünf weitere Schritte dem
Quintenzirkel an, erreichte also 17 Stufen, mit denen
man — theoretisch — für viele Jahrhunderte auskam. Dieser
entscheidende Schritt ist Safieddîn (um 1230—1294) zu
danken, der nach Rauf Yektas Meinung ebenfalls türkischer
Herkunft ist. Jetzt gibt es zwischen den Ganztönen tatsächlich zwei weitere, größenmäßig genau festgelegte Zwischenstufen, die Auswahl aus dem Gesamttonvorrat ist
leichter geworden, wenn man die an Zahl inzwischen immer
weiter gewachsenen Gebrauchsskalen darzustellen und als
legitim nachzuweisen sucht.

Sechs Jahrhunderte mußte dieses System allen theoretischen und praktischen Anforderungen der vorderorientalischen Musik genügen, ehe man erneut weitere Quintschläge

wagte und zunächst bei 24 Stufen halt machte. Diese Begrenzung ist weniger aus innerer Logik her begründet als vielmehr durch ihre Bezugnahme auf das ganz alte zwölfstufige System und vielleicht auch ein wenig auf das gleichschwebend temperierte System des Abendlandes. Gerade aus letzterem Grunde wurde es auch oftmals kritisiert und auf mehreren Kongressen, z.B. 1932 in Kairo und 1964 in Bagdad, wurde darum mit Nachdruck vor einer Übernahme der abendländischen Verhältnisse gewarnt.

Das 24stufige System wurde zuerst von dem Araber Michael Meschaqa (gest. 1888) vorgeschlagen und 1905 eingeführt, konnte sich aber nie recht durchsetzen. Andererseits konnte es nicht ausbleiben, daß man gleichzeitig in Istanbul, das ja um die Jahrhundertwende nach wie vor einen oder *den* Mittelpunkt der vorderorientalischen Kunstmusikpflege bildete, ähnlichen Gedanken nachhing. Drei der bedeutendsten türkischen Theoretiker der Neuzeit legen daher ebenfalls z.T. leicht modifizierte 24stufige Tonsysteme vor, Suphi Ezgi und Sâlih Murad Uzdilek und Arel[16]. Daß aber auch diese Konstruktion nicht voll befriedigt und den scharfen Beobachter der in Praxis geübten Tonnüancierungen viele Fixierungsmöglichkeiten vermissen läßt, zeigen allerneueste Theorien, die noch über die bislang verwendeten 24 Stufen hinausgehen. So gelangt Gültekin Oransay (57) zu einem 29stufigen und Ekrem Karadeniz zu einem 41-stufigen System[17].

Ob wir damit an einem Endpunkt der Möglichkeiten für die theoretische Erfassung der türkischen Kunstmusik angekommen sind, wird keiner mit Bestimmtheit sagen können. Wir wollen es aber nicht hoffen, da es zugleich ein untrügliches Zeichen für den endgültigen Niedergang der kunstmusikalischen Praxis bedeuten könnte.

Es ist inzwischen sicher längst klar geworden, daß all diese Tonsysteme ja nur einen Vorrat an Tönen bereitstellen wollen, aus denen die Praxis sich brauchbare Skalen auswählen kann, oder — besser gesagt — in dem sich all die feinen Stufen wiederfinden, die man ohnehin der oralen Tradition entsprechend anwendet und die dadurch gewissermaßen nachträglich legitimiert werden.

Alle Gebrauchsleitern sind siebenstufig. Damit fügt sich auch die vorderorientalisch-türkische Musik einem musikalischen Urgesetz, das in allen Kulturen Gültigkeit zu besitzen scheint. Wenn man von einfachen Tonreihen, die nur zwei bis vier Stufen enthalten, absieht, so dominieren in aller Welt, und zwar nicht nur in den Hochkulturen, fünf- und siebenstufige Tonleitern. Beiden Reihen liegt ursprünglich das gleiche Prinzip zugrunde, ein polares Prinzip, daß nämlich bevorzugt nur zwei verschiedene Stufengrößen Anwendung finden, die in der Intervallreihe benachbarte Größen bilden und doch in einem gewissen Spannungsverhältnis zueinander stehen[18]. In den fünfstufigen, den pentatonischen Reihen sind es Terzen und Sekunden, in den siebenstufigen, heptatonischen Skalen dagegen Ganz- und Halbtöne. So waren die Leitern der Griechen gestaltet, so sieht es in der Musik Ostasiens aus, und so bauen sich auch die Kirchentöne des abendländischen Mittelalters auf. Und auf die gleiche Struktur der Heptatonik lassen sich auch all die komplizierten Tonreihen des Vorderen Orients zurückführen, auf eine Struktur, bei der — dem Polaritätsprinzip folgend — die beiden unterschiedlichen Intervalle, fünf Ganztöne und zwei Halbtöne, möglichst gleichmäßig verteilt sind. Die beiden kleineren Schritte liegen nämlich niemals nebeneinander, sie sind vielmehr stets durch zwei oder drei Ganztöne voneinander getrennt. Die Kompliziertheit der vorderorientalischen Skalen kommt nun einzig und allein dadurch zustande, daß die Grundtöne einer der sieben möglichen modalen heptatonischen Reihen umgefärbt, chromatisiert werden[19]. Das gewonnene irrationale Gebilde ist also doch nur eine Variante, eine Ornamentierung oder Verschleierung des natürlich-rationalen Skalen-Urbildes.

Zieht man all diese Umfärbungsmöglichkeiten in Betracht, so gibt es — theoretisch — eine schier unübersehbare Fülle von Gebrauchsleitern, doch hat sich auch hier im Vorderen Orient ein Usus herausgebildet, demzufolge nur eine begrenzte Zahl von Tonleitern tatsächlich verwandt werden. Wir wollen sie hier nicht alle aufführen, es mag aber erlaubt sein, ein paar besonders beliebte und charakteristische Skalen anzuführen.

Da gibt es die Tonleiter *rast,* die in etwa unserem G-dur entspricht. Sie hat eine Terz, das h, bei der durch ein besonderes Vorzeichen, ein nach links gewendetes b,[20] darauf hingewiesen wird, daß der Schritt vom a zum h nicht einem großen Ganzton von 204 Cents entspricht, sondern nur 180 Cents beträgt. Der Name der Skala sagt dem, der sich einmal die Tonbezeichnungen angesehen hat, daß dieser Ton *rast* auch dort vertreten ist. Tatsächlich verwendet man für die Leitern Tonnamen, aber nicht in dem Sinne, daß jeweils der tiefste Ton ausschlaggebend ist, wie etwa bei uns. Im Falle *rast* ist es allerdings doch so: *rast* entspricht unserem g und die zugehörige Skala steht auch auf g.

Obwohl eine Leiter an eine bestimmte absolute Höhenlage gebunden ist, schließt das doch nicht aus, daß es auch noch andere gleich strukturierte Skalen gibt. Sie tragen dann nur einen anderen Namen und sind allerdings auch in einzelnen Nuancen abweichend, wenn beispielsweise der Halbton einmal mit 90, im anderen Falle mit 114 gewählt wird, usw. So gibt es unter den 32 wichtigsten Grundskalen[21], d.h. unter den Leitern des gebräuchlichen Repertoires, die gewissermaßen selbständig und nicht aus anderen Tonleitern zusammengesetzt sind, sechs „Dur"-Skalen und fünf „äolische", bzw. „Moll"-Skalen, dazu noch sechs weitere Leitern, die sich auf die restlichen Kirchentonarten, mit

Ausnahme des „Lydischen", verteilen[22]. Einige Vertreter der neueren türkischen Musiktheorie nennen allerdings nur 13 Grundleitern[23]. Faßt man nur diese ins Auge, so verbleiben an nicht zusammengesetzten, den Kirchentonarten vergleichbaren Skalen nur noch sieben, und zwar je zwei „jonisch" (Dur), „äolisch" (Moll) und „dorisch" (d-d) und einmal „phrygisch" (e-e). Die weiteren Leitern, ganz gleich ob man von 32 oder nur 13 ausgeht, enthalten alle einen oder gar zwei Eineinhalbton-Schritte. Sie bedingen das eigentlich orientalische Kolorit — zumindest für den Abendländer — sie stehen in der Türkei aber keineswegs im Vordergrund. Die vielleicht am häufigsten angewandten Skalen dieser Art sind *hicaz* (mit einem übermäßigen Schritt) und *hicazkâr* (mit zwei übermäßigen Schritten)[24 a-e].

Melodik, Makam

Bei den zuletzt besprochenen Anwendungsmöglichkeiten des komplizierten Tonsystems hatten wir bewußt nur die Begriffe Leiter und Skala benutzt. Der Türke sagt heute dazu stets *makam*, obwohl dieser Begriff zunächst eine leicht abweichende Bedeutung hatte und über die Angabe der reinen Skala hinausgehend noch weitere musikalische Erscheinungen mit benennt. Dabei gibt es noch die allerdings wenig benutzten Bezeichnungen *gam* und *ıskala*. Diese jedoch sind abstrakte Begriffe, weshalb es dem Musiker geläufiger ist, von *makam* zu sprechen, da er ja sowieso beim Musizieren niemals die vielen über die reine Skala hinausgehenden Bedingtheiten eines *makam* außer Acht lassen kann. Das Wort kommt aus dem Arabischen und bedeutete zunächst vermutlich den erhöhten Platz, das kleine Podium, auf dem die Sänger bei Hofe standen. Da die Lieder, die sie vortrugen, vorbereitet oder nicht, von ihnen selbst oder von anderen verfaßt, in ganz bestimmten Regeln abzulaufen hatten, ging die Bezeichnung schließlich von dem Vortragsort auf die Vortragsregeln und den Verlauf der Melodie über.[24f]

Die in der abendländischen Fachliteratur oft gebrauchte Übersetzung Melodietyp trifft das Wesen eines *makam* nur zu einem Teil. Er ist zu unverbindlich, nicht zuletzt, weil er undifferenziert auch für verwandte Erscheinungen beispielsweise in Indien (*raga*) oder Indonesien (*patet*) angewandt wurde. Ehe wir den Versuch unternehmen, das Wesen eines *makam* noch ein wenig näher zu erklären, mag es angebracht sein, die Definition einiger türkischer Wissenschaftler zu zitieren.

Kâzim Uz[25] nennt als Voraussetzungen zur Bestimmung eines *makam* einen eigenen Ausdrucksgehalt sowie die Beschränkung auf eine Reihe von Tönen auf typische melodische Motive. — Rauf Yekta[26] nennt den Makam „eine besondere Erscheinungsform, eine eigentümliche Gestalt der musikalischen Tonleiter, charakterisiert durch eine bestimmte Anordnung der Intervalle, ihrer unterschiedlichen Beziehungen und Zusammensetzungen. Er und auch Suphi Ezgi, sowie Sadettin Arel teilen die Makame in Tetrachorde ein. Je nachdem, ob die beiden Tetrachorde miteinander verbunden sind, oder nebeneinander stehen, wird dann die Quarte oder die Quinte dominierender Ton und somit zur Dominante. Neben dieser Gliederung halten sie noch folgende Merkmale für wesentlich: Umfang der Skala, Anfang des *makam,* Dominante,[27] Tonika, Bewegungsablauf (der Melodie), Zäsuren bzw. Finalbildung.

Vural Sözer spricht zunächst auch von der Gliederung in Tetrachord und Pentachord. Je zwei von ihnen, die einen

gemeinsamen Ton haben und von denen einmal der eine, ein
andermal der andere unten liegen kann, bilden einen nicht
zusammengesetzten Makam. Der gemeinsame Ton ist zugleich die Dominante. Der tiefste Ton ist zugleich Schluß-
bzw. Finalton. Es gibt Makame, deren Bewegungsablauf
meist aufsteigend ist, während andere deszendent oder
gemischt gehalten sind. Neben den nicht zusammengesetzten Reihen gibt es auch zusammengesetzte (*mürekkep*
oder *terkîb*) und sog. *şed Makame,* die je nach der Stellung
innerhalb der steigenden oder fallenden Melodiephrase
manche Stufen unterschiedlich nehmen, z.B. einmal f, einmal fis usw., die also — so würden wir sagen — vorübergehend transponieren. Auf die gesetzmäßige Bindung der
Reihen macht Oransay[28] aufmerksam. Er nennt einen
Makam „Eine Regel, die die melodische Linie . . . bezeichnet".

Es mag sein, daß moderne Musiker im Makam nur noch
eine vorgegebene Skala, eine Bindung an bestimmte Motive
und tonliche Schwerpunkte und ähnliches sehen, also rein
musikalische oder gar musiktechnische Elemente. Es ist
aber ebenso unbestritten, daß die Vorbilder einer Melodie
die „Melodietypen"[29] (insofern ist dieser Begriff doch gar
nicht so schlecht) früher gewisse, heute kaum noch bewußte
außermusikalische Bedingtheiten aufwiesen, wie Bindungen
an einen bestimmten, evtl. landschaftlich abhängigen Musikstil, an die Inhalte der in ihnen gehaltenen Lieder und
anderes mehr.

Die Emanzipation der Musik, ihre Loslösung aus einem
komplexen Lebensbereich, hat dem Makam in der Türkei
sicher sehr viel von seinem eigentlichen Wesen genommen.
Ein wenig dürfte davon manchmal, wenn auch unbewußt —
doch noch lebendig sein. So haben wir es gelegentlich
erlebt, wie türkische Musiker oder auch nur Musikliebhaber
schon nach wenigen Tönen zu sagen vermochten, in

welchem Makam das gerade gespielte oder gesungene Stück steht. So schnell konnten sie noch gar nicht die gesamte Skala, die vorgeschriebenen Motive, den Gang der Melodie usw. erkannt haben, intuitiv erlebten sie aber so rasch den „Geist" des betreffenden Melodietyps. Er muß also doch noch, wenn auch selten, wirksam sein. Allerdings ist er nur dem Einheimischen spürbar, dem Abendländer bleibt selbst bei langer Übung diese Möglichkeit des Erspürens weitgehend verschlossen. Das gilt z.T. auch für die Stilelemente eines Makam, die wir uns erst sehr mühsam zu eigen machen müssen. So wie es etwa einem Orientalen schwer fallen dürfte, zeitlich und räumlich bedingte Stilunterschiede an sich verwandter musikalischer Formen abendländischer Musik zu erkennen oder zu erfühlen, wie etwa eine in Italien oder in Deutschland komponierte Symphonie der Mozart-Zeit, oder wie ein nieder-, bzw. oberdeutsches Volkslied. Das eine wird er evtl. als Rokoko-Musik erkennen, das andere als mitteleuropäisch, weitere Differenzierungen wird er aber zunächst nicht vornehmen können.

Obwohl die Makame in der Türkei — wir sagten es schon — heute nur noch bestimmte tonartliche Modi bezeichnen mit einem Grundton, einem dominierenden Ton, zwei oder drei festgelegten Gerüsttönen und bestimmten Gepflogenheiten, auf welchen Stufen man beginnt, welche Tonräume melodisch erreicht werden müssen und wie man enden sollte, verraten ihre Namen doch die ehemals außermusikalischen Beziehungen, die wir oben erwähnten.

Da erscheinen Isfahan, die berühmte persische Stadt und noch drei andere persische Orts- bzw. Gebietsnamen, Nişaburek, Nihavent und Nikriz, oder die Küstenlandschaft Hicaz (Hedschas) am Roten Meer, die eine Zeit lang von Türken beherrscht wurde, sowie İrak, da gibt es Kürdî, den Namen eines anatolisch-vorderorientalischen Stammes und Beyati bzw. Bayati nach dem türkischen Stamm der Bayat und manches andere mehr. Solche Namen sind sicher nicht willkürlich gewählt, sie zeigen vielmehr an, daß der betreffende Makam aus dieser Stadt, von jenem Stamm herrührt oder von einem Mann solchen Namens geschaffen wurde. Und damit repräsentierte er früher wohl einen Musikstil, der dem genannten Ort oder Menschen eigen war. Etwas ganz ähnliches ist uns ja auch aus der Antike bekannt. Die Griechen benannten ihre Tonarten nach Landschaften bzw. Stämmen, z.B. als lydisch, phrygisch oder dorisch. Daß mit diesen Skalen aber zugleich regional-nationale Stile gemeint waren, geht schon aus der musikalischen Ethos-Lehre hervor. Wie sollte sonst die eine Tonart verweichlichend wirken können und die andere für die Jugenderziehung geeignet sein usw. Die reine Tonreihung wird diese Kraft nicht besessen haben. — Ob allerdings Namen wie Gülistan („Rosengarten") und Bustan („Duftgarten"), die nach zwei berühmten Werken des persischen Dichters Sadî gewählt wurden, unmittelbare Beziehungen benennen, muß fraglich bleiben, wenngleich nicht ausgeschlossen ist, daß einmal für ein Gedicht aus einem der Bücher ein neuer Makam geschaffen worden sein könnte[30]. Das gleiche gilt für den Makam Azra, der seinen Namen von der Heldin „Die Unberührte" aus dem Epos „Vamık ve Azra" herleitet, und den der gleichen Quelle entstammenden Makam Vamık, „Der Liebende".

Rhythmik

Ähnlich wie die Melodiegestalt durch das Makam-System gebunden ist, liegen auch dem Ablauf selbst bestimmte rhythmische Muster zugrunde. Raum und Zeit sind gewissermaßen Regeln unterworfen, bei denen ihnen aber immer noch genügend Freiheit zu individueller Entfaltung gegeben ist. Die rhythmischen Muster, ebenfalls von zahlreichen Theoretikern mitgeteilt und *usul* genannt, haben zweierlei Aufgaben. Einmal helfen sie, die Melodie, ihre Motive und zusammengehörigen Tongruppen zu gliedern bzw. ihnen Rahmen für ihre Gestaltwerdung abzustecken, und zum anderen, das ist ihre eigenständigere Realisierung, können sie durch eine begleitende Trommel hörbar gemacht werden. Dabei unterscheidet man dann Haupt- und Nebenschläge, hell und dunkel getönte Impulse. Ja, jeder *usul* bedient sich in jedem Falle zumindest zweier, meist dreier klanglich unterschiedener Schlagmöglichkeiten. Dazu benutzt man zumeist beide Hände, ganz gleich ob man zwei verschieden gestimmte kleine Trommeln bzw. Pauken zur Verfügung hat, oder an verschiedenen Stellen das gleiche Fell einer Bechertrommel schlägt oder die große Trommel auf der einen Seite mit einem kräftigen Schlegel rührt und auf der anderen Seite mittels eines Bambusstäbchens für die Nebenschläge nutzt. Solch ein differenziertes Trommelspiel ist in jedem Falle eine hohe Kunst und bedarf langjähriger Übung. Dabei bedient man sich zur besseren Erlernung und auch zum Memorieren gesprochener Silben des onomatopoetischen Wortpaares „düm" und „tek" für die dunklen und hellen Schläge.

Mit diesen nach hell und dunkel getönten Schlägen wird auch die türkische Kunstmusik — und übrigens auch die Volksmusik — einer allbekannten musikalischen Urgesetzlichkeit gerecht. Hell und Dunkel, Symbole für das männliche und das weibliche Prinzip, waren offenbar die ersten tonlichen Differenzierungen, die die Menschheit zu formen gelernt hatte. Später, nach Entwicklung melodischer Gebilde, wurde dies Prinzip aber immer noch in gewissen Begleitfunktionen beibehalten. Da wo geschlagene Rhythmen eine, wenn auch noch so bescheidene Eigengestalt erlangen, bezieht man bereits verschiedene Tönungen ein. Da wo der rhythmische Ablauf sozusagen linear bleibt, im Gegensatz zu Schwarz-Afrika, im gesamten Raum von Marokko bis nach Indien, genügt dazu das Hell und Dunkel, das neben seiner zeitgliedernden Funktion doch auch so etwas wie einen Bordun zu bilden beginnt. Genauer gesagt einen zweitönigen Bordun, zwei rhythmisch gegliederte aber durchlaufend beibehaltene Begleittöne. Damit erhält die vorderorientalisch-indische Kunstmusik doch noch so etwas wie ein drittes Haupt-Gestaltelement. Neben Melodie und Rhythmus tritt nicht, wie im Abendland die Harmonie, sondern ein getöntes Baßfundament, eine tonliche Basis, die jeder noch so frei sich ergebenden Melodiestimme einen starken Halt, ihre Bezogenheit garantiert.

Die rhythmischen Muster können verhältnismäßig kurz sein, sie können sich aber auch über einen längeren Zeitraum erstrecken, d.h. aus einer Vielzahl von Schlägen bestehen. Die Wiederkehr von Hauptschlägen und deren Bezogenheiten bzw. zeitlichen Entfernungen erlauben es, in den *usul* Ordnungen zu erkennen, die Takt-Gliederungen nahekommen. Das bezieht sich vor allem auf die kürzeren Gebilde, während die langen Rhythmus-Muster, die auch nach Zählzeiten bzw. Schlageinheiten, und zwar nach deren Gesamtzahl benannt werden, ihre Untergliederungen nicht von vornherein verraten. Wenn also z.B. der Rhythmus *sofiyan* als 4/4 bezeichnet wird, so gibt es kaum einen Zweifel über seine innere Struktur. Schwieriger dagegen ist es zu erkennen, wie etwa *devri revan* mit seinen 14 Achteln strukturiert ist. Allerdings sind auch die mit scheinbar einfachen Taktarten identischen Muster keineswegs immer einfach gegliedert.

Damit sind wir bei einer sehr entscheidenden Besonderheit der vorderorientalischen Rhythmik bzw. Metrik, bei ihrer häufigen Asymmetrie. Da gibt es nicht nur *usul*, die durch ihre Längenangabe sofort eine solche Asymmetrie erkennen lassen, wie etwa die 5/8 von *süreyya*, die 7/8 von *devri-hindi*, die 13/4 von *şarkı devri revan* usw., da gibt es vor allem auch solche rhythmischen Muster wie *katakofti*, dessen 8/8 sich aus 3 plus 2 plus 3 Einheiten zusammensetzen, oder *nim devir* (9/2) aus 3 plus 2 plus 2 Halben. Und hierher gehört auch der Rhythmus *aksak,* eine Art 9/8-Takt, dessen Einheiten sich zu Gruppen von 2 plus 2 plus 2 plus 3 zusammenfinden. Dieser Rhythmus ist so verbreitet, daß sein Name oft stellvertretend geworden ist für alle anderen asymmetrischen Erscheinungen ähnlicher Art[31]. Dies ist nicht ganz ungeschickt, da dies Wort verrät, daß man die unregelmäßigen Gliederungen doch als gestörte Symmetrien ansieht. *Aksak,* ein türkisches Wort, bedeutet nämlich lahm, hinkend, stolpernd. Gerade beim *aksak* wird dieser Charakter deutlich, indem die letzte von vier Vierteleinheiten (=8/8) verlängert wird, und zwar um ihre Hälfte, d.h. um ein (das neunte) Achtel. Hier tritt also eine Verzögerung des sonst fließenden und regelmäßigen Ablaufs ein, man stolpert sozusagen. Richtig wäre es demnach diesen Rhythmus statt mit 9/8 mit 4 1/2 / 4 zu bezeichnen.

Es kann hier nicht der Ort sein, alle früher und heute gebräuchlichen Rhythmen aufzuführen, der interessierte Leser sei jedoch auf die Anmerkungen verwiesen, wo sich eine Übersicht nach Rauf Yekta befindet[32]. Es muß aber noch darauf hingewiesen werden, daß die kürzeren Rhythmen im Verlaufe eines Stückes viele Male hintereinander erscheinen, während die langen Muster oft einen ganzen

Abschnitt oder Teilabschnitt einer Komposition füllen. Die Kraft eines rhythmischen Musters ist so stark, daß auch ein Stück, das — wie heute sehr oft — nicht von Trommel begleitet wird, rhythmisch straff abläuft und sich keineswegs der Art rhythmisch freier Formtypen angleicht. Wo eine Trommel wirkt, variiert der Spieler den Rhythmus nur unerheblich, er genießt also nicht die gleiche Freiheit wie ein indischer Trommler, und zeigt durch diese Praxis zugleich, daß das rhythmische Element in der türkischen Musik doch nicht so dominiert und unabdingbar ist wie etwa in Indien.

Und dennoch existieren in der Türkei die so schwierigen asymmetrischen *usul*. Da stellt sich die Frage, woher denn diese Praxis kommen mag, ob solche asymmetrischen Metren, die auch in einfacher Form bei Turkvölkern in Asien begegnen, nicht einst von den Türken mitgebracht worden sind, und ob dazu noch die Einflüsse alt-griechischer Metrik die vorhandenen Ansätze gefördert haben. Das alles konnte bisher nicht geklärt werden. Wenn wir aber die alt-griechische Metrik betrachten, so stellen wir fest, daß sie quantitierend war und im wesentlichen jeglicher Akzentuierung entbehrte. Da letztere sich im allgemeinen einer gewissen Ebenmäßigkeit, ja Gleichförmigkeit zu beugen pflegt, war das griechische Metrum zunächst hiervon frei geblieben. Längen und Kürzen folgten, den metrischen Ordnungen, den gewählten Versfüssen entsprechend, einander. Die Anpassung dieses Prinzips an eine Abfolge von Betonungen führte dann dazu, die gebrauchten Akzente an irrationalen Stellen in Kauf zu nehmen, bzw. dieses Verfahren dann zur Regel zu erheben. Dies ist einfach ausgesprochen, in Wahrheit war diese Verschmelzung zweier ursprünglich sich ausschließender Prinzipe, der quantitierenden und der akzentuierenden Metrik, sicher ein über Jahrhunderte sich hinziehender und nicht immer glatt verlaufender Prozeß. Wir kennen heute nur noch das Ergebnis in Gestalt der *aksak*-Rhythmen.

Anhand eines Beispiels mag veranschaulicht werden, wie sich dieser Wandel vollzogen haben mag. Der Versfuß Baccheus mit einer Kürze und zwei Längen muß bei einer ganz gleich wie gearteten Akzentuierung zum 5/8- oder 5/4-Takt werden. Auftaktlos ergäbe sich die Gruppierung von einem Achtel und zwei Vierteln, im anderen Falle würde das Achtel Auftakt, dem dann zwei Viertel und der abermalige Achtelauftakt zu folgen hätten. Auch der Kretikus (Länge, Kürze, Länge) muß so zum 5/8-Takt werden, gegliedert in 2 plus 1 plus 2 Einheiten.

Man wird diesen Gedankengang eine Hypothese nennen müssen, ihm ist aber kein anderer weniger hypothetischer entgegenzusetzen. Ja, wir meinen, das aufgeführte Argument hätte echte Indiz-Kraft.[33] Sei es aber wie ihm wolle, heute bzw. in den vergangenen Jahrhunderten waren nicht zuletzt gerade die asymmetrischen Rhythmen der türkischen Musik eine von deren wesentlichsten Stileigentümlichkeiten, und es dürfte möglich sein, daß die Türken diese Taktarten auf dem Balkan verbreitet und dazu beigetragen haben, eine dort zweifellos auch vorhandene Disposition zu fördern, so daß sie sich zu ihren heutigen Formen entwickeln konnte[34].

Notation

Es ist eine besondere Eigenart der Kunstmusik aller außereuropäischen Hochkulturen, daß sie erst in der Neuzeit aufgeschrieben wurde. Früher lebte sie nur in oraler Tradition, sofern nicht — was ohnehin häufig der Fall war —

der Ausführende im Geiste eines überkommenen Musters improvisatorisch ein Neues gestaltete. Viele Melodien, insbesondere kultische Weisen, die irgendwann einmal entstanden bzw. von einem Meister geschaffen worden waren, wurden immer wieder vom Lehrer zum Schüler weitergetragen. Sicher war man dabei häufig bestrebt, das Lied oder Instrumentalstück in der überkommenen Form streng zu bewahren; das gilt vor allem für religiöse Gesänge, von denen man — ohne es sich wirklich klar zu machen — vielfach glaubt, sie könnten ihre, wie auch immer geartete, geistliche Kraft nur dann entfalten, wenn sie so erklängen, wie schon von eh und je. Daß sich dennoch im Laufe der Jahrhunderte an dem musikalischen Erbe Wandlungen vollzogen haben müssen, ist selbstverständlich. Jede Generation brauchte ja nur unmerklich weniges zu verändern, man mochte hier und da dem Zeitgeschmack entsprechend allmählich andere Ausführungen gelten lassen, man wird es großen Künstlern zugestanden haben, der alten Weise neue individuelle Züge zu geben und vieles andere mehr.

Als aber das Traditionsbewußtsein einen gewissen Höhepunkt erreicht hatte, als sich die Überzeugung durchsetzte, daß das Ältere das Wertvollere gewesen sein mochte, als man ein geringes Geschichtsbewußtsein erworben hatte, wird man nach Wegen gesucht haben, das Vergängliche zu erhalten, das flüchtige Element der Musik in ein jederzeit wieder greifbares Abbild zu bannen. Und dazu bot sich wie von selbst in Anlehnung an die literarische Schrift ein graphisches Notierungsverfahren an. Einige Völker verblieben dabei bei Schriftzeichen, wie die Griechen und Chinesen mit ihrer Buchstabennotenschrift, andere — und so auch die Türken — bildeten neue Zeichen aus, aber keine Kultur fand ein so anschauliches Verfahren wie das Abendland mit seiner Fixierung der Töne in einem System von Linien, die gewissermaßen den Stufen der Tonleiter nachgebildet sind.

Obwohl auch die europäische Notation nicht alles erfaßt, was zur genauen Wiedergabe eines musikalischen Werkes beachtet werden muß, ist sie doch genauer als jede andere der gebräuchlichen Fixierungsarten. Vielleicht ist das auch der Grund, warum es zu einer so großen Kluft zwischen Komponisten und ausführenden Künstlern gekommen ist, warum der Nachschaffende sich sklavisch an den Notentext zu binden hat. Früher war das auch bei uns anders. Da konnte der Ausführende manches Eigene hinzutun, konnte variieren, Improvisationen einschieben und vieles andere mehr. Noch in der Barockzeit gehörte es zu den Aufgaben des Sängers, bei der Wiederholung des Hauptteiles einer Arie diesen auszuzieren, die Klassik hat die sog. Kadenz in den Solokonzerten geschaffen, in denen der Spieler seine eigene Phantasie frei entfalten konnte.

Wenn es außerhalb Europas niemals zu einer solch engen Bindung an den Inhalt der niedergeschriebenen Komposition gekommen ist, so mag man dafür neben der ja auch immer noch vorhandenen Improvisationsfreude und geforderten Aufgabe einer individuellen Nachgestaltung die weitgehende Unverbindlichkeit der Notation verantwortlich machen. Geschrieben wird oft nur das eigentliche Skelett der Melodie, manchenorts, wie im China der vergangenen Jahrhunderte, unterblieb eine Festlegung des rhythmischen Ablaufs weitgehend.

Die Türken notieren zwar auch nur die Melodie geben den Noten aber doch auch ihre zeitlichen Werte[35], und vor allem ist der Bewegungsablauf ohnehin durch das vom Komponisten festgelegte rhythmische Muster geregelt. Nach den zum Teil legendären Notationen eines Safieddîn, Abdulkadir und Korkut erfindet Nayf Osman Dede (1652–1732) erneut eine aus Buchstaben bestehende Notenschrift, die aber keine Verbreitung fand. Interessant ist an diesem Umstand lediglich, daß er ein Angehöriger des

Ordens der Tanzenden Derwische war, ein Dede sogar, der 35 Jahre Abt des *mevlevi*-Klosters in Galata-Istanbul gewesen ist. Daß er zugleich ein bedeutender Flötenspieler war, besagt sein Ehrenname Nayî.

Im *mevlevi*-Orden, den man oft als die „Musikschule des Osmanischen Reiches" bezeichnet hat, war angesichts der Fülle des überkommenen religiösen Melodiengutes das Bedürfnis nach einer Notenschrift begreiflicherweise am stärksten. Darum erstaunt es nicht, daß zwei der weiteren drei Schöpfer einer spezifisch-türkischen Notation ebenfalls diesem Orden angehörten bzw. nahestanden. Da ist zunächst der rumänische Prinz Demetrius Kantemir (1673—1723, auch Kantemiroğlu), der nach eingehendem Studium der türkischen Musik ein wissenschaftliches Buch verfaßte und außerdem in der von ihm vorgeschlagenen Notation über 350 Instrumentalstücke aufschrieb, die er gesammelt hatte. Diese Notenschrift ähnelt der des Osman Dede, wurde aber auch nicht weiter von anderen angewandt.

Auch Abdülbâki Nâsır Dede (1765—1820) wieder ein *mevlevi*, Vorsteher des Yenikapı-Klosters in Istanbul und Verfasser eines für den auch als Komponist berühmten Sultan Selim III. geschriebenen und musiktheoretischen Traktats, verwendet noch Buchstaben für seine Notation. Auch sie hatte keine Nachfolge, zumal sehr bald eine gänzlich neue Notenschrift mit eigenen Zeichen entwickelt wurde, die — wenn auch nur kurze Zeit — für zahlreiche Niederschriften angewandt worden ist. Wir verdanken sie Hamparsum Limonciyan (1768—1839), der neben armenischer Kirchenmusik im *mevlevi*-Haus zu Beşiktaş-Istanbul bei dem berühmten Dede Efendi religiöse türkische Musik studiert hatte und sich als Komponist sowie Musikforscher betätigte. Sein Lehrer schätzte die dann sogenannte *Hamparsum Notası* (Hamparsum-Notenschrift) sehr, so daß viele Zeitgenossen sich ihrer bedienten und einen großen Teil der meist religiösen Melodien bewahren halfen. Aus einer solchen Sammlung mit instrumentaler Zeremonialmusik der *mevlevi* stammt das Faksimile auf S. 72f., das auch in Übertragung vorgelegt wird[36].

Der Einbruch westlicher Musik zunächst an den Hof des Sultans, und seit 1828 vorangetrieben durch Giuseppe Donizetti (1788—1856), den Bruder des berühmten Opernkomponisten, setzte dann auch dieser durchaus brauchbaren eigen-türkischen Notenschrift nach kurzer Existenz ein Ende. Donizetti, der die Aufgabe hatte, eine neue Hofkapelle ins Leben zu rufen, lernte zunächst selber die Hamparsum-Notenschrift, um daraufhin seine Musiker umso besser mit der abendländischen Notation vertraut machen zu können. Diese wurde dann bald als einzige angewandt, und allmählich ging man daran, weitere bislang nur mündlich überlieferte Musik aufzuschreiben. Zahllos sind die entsprechenden Handschriften, die nicht nur am Sultanshof entstanden, sondern auch in den Häusern anderer hochgestellter Persönlichkeiten, Grundbesitzer und Generale, die teils selber musizierten oder sich kleine Musikkapellen halten konnten. Das wenigste davon ist bis heute an die Öffentlichkeit gelangt, noch weniger gar im Druck erschienen, und es steht zu hoffen, daß hier künftige Jahre noch manchen Schatz aus der großen Vergangenheit türkischer Kunstmusikpflege bergen werden.

Hamparsum-Notation

(Vgl. die Übertragung auf S. 73 und die Anmerkung 36)

Peşrev

Makam: Nühüft. Usul: Devri kebîr[20]

Osman Bey

1. Hane

3. KAPITEL

Das Instrumentarium der Kunstmusik

Wenngleich in der türkischen Musik die menschliche Stimme, der Gesang immer im Mittelpunkt stehen, so sind doch die Instrumente, auch wenn sie sich weitgehend dem vokalen Stil anpassen, unveräußerliche Mit-Träger des klanglichen Geschehens. Speziell in der Türkei spielen sie vielleicht sogar noch eine gewichtigere Rolle als in anderen Ländern des Vorderen Orients. Das mag mit dem musikalischen Ur-Stil der Türken zusammenhängen, der — wenn wir einen Analogie-Schluß aus der musikalischen Haltung der heutigen Turkvölker ziehen — primär klanglich und damit einer instrumentalen Konzeption des Musikalischen aufgeschlossener gewesen sein dürfte. Das besagt hinwiederum nicht, daß die Türken ihr Instrumentarium aus ihrer alten Heimat mitgebracht oder gar die Fülle der vorderorientalischen Tonwerkzeuge allein entwickelt hätten.

Diese letzte Frage ist ohnehin außerordentlich schwierig und mangels genauer historischer Berichte kaum je genau zu beantworten. Es kann darum auch hier nicht der Ort sein, in die sehr verschlungene Entwicklungsgeschichte der Musikinstrumente der islamischen Länder Licht bringen zu wollen. Ja, wir müssen es uns sogar versagen, sämtliche, im Verlaufe der letzten Jahrhunderte irgendwann einmal gebrauchten Instrumente zu besprechen. Es mag genügen und wird für unser Kennenlernen der türkischen Musik fruchtbarer sein, wenn wir nur die wichtigsten Typen herausgreifen. Dabei beschäftigen wir uns hier zunächst nur mit den Instrumenten der Kunstmusik. Das ist innerlich durchaus berechtigt, benutzt doch die Volksmusikpraxis großenteils ganz andere Formen. Das verwundert sicher nicht, wenn man bedenkt, daß gerade an die Musikinstrumente oft ganz klare Wertbegriffe gebunden sind. Das Musikinstrument als das einzig greifbare Medium der Musik war schon in Urzeiten mit bestimmten magischen Vorstellungen verknüpft. Man schrieb ihm oft Zauberkräfte zu und behielt es in vielen Fällen gehobenen Bevölkerungsgruppen vor. So durften manche Klanggeräte nur von Medizinmännern, von Schamanen, Priestern usw. gehandhabt werden, andere wiederum waren Repräsentationssymbole weltlicher Herrscher, einige gehörten zum Handwerkszeug der Berufsmusiker, andere wiederum dem ganzen Volk. Sieht man von möglicherweise noch unbewußt mitsprechenden, sozial-psychologischen Vorstellungen ab, so ist doch heute auf alle Fälle noch die Einteilung des Gesamtinstrumentariums nach seinen Benutzern, Berufsmusikern und Laien, wirksam.

Es sollen hier ferner auch nicht Fragen der systematischen Gliederung der Musikinstrumente berührt werden. Diese beschäftigen — in oft unfruchtbarer Weise — die wissenschaftliche Forschung lange Zeit, bis weitere Betrachtungsziele in die Debatte geworfen wurden, wie etwa das Kriterium der tonlichen Möglichkeiten der Instrumente[37], das aber gerade bezüglich des vorderorientalischen Instrumentariums kaum wirksam werden konnte. Selbst ein „Reiheninstrument" wie die Zither wird hier nämlich stets nur in Übereinstimmung mit dem herrschenden Grundstil einstimmig gespielt. Man nutzt also die in ihm schlummernden Möglichkeiten gar nicht, im Gegensatz beispielsweise zur Praxis des europäischen Zitherspiels. Das gleiche gilt etwa auch für die Laute. Hier erklingt sie ebenfalls nur linear, manchmal tritt ein Bordun hinzu, im Abendland dagegen wurde sie von Anfang an mehrstimmig benutzt, sei es in polyphoner oder akkordischer Manier.

Rhythmusinstrumente

Unter den Rhythmusinstrumenten spielen eigentlich nur Trommeln eine Rolle. Nur eine davon bezieht mehr geräuschhaft unpräzise Klänge mit ein, die *def,* eine einfellige Rahmentrommel, in deren Zargen kleine Becken, kleine Zymbeln eingelagert sind. Sie klingen bei jedem Schlag auf das Fell mit. Im übrigen wird das Instrument nicht so gehandhabt, wie wir es etwa vom Tamburin der spanischen Zigeuner kennen, die dieses tanzend über dem Kopf halten und es so häufig nur als Rassel benutzen. Man hält es in der Türkei vor den Körper, faßt mit dem rechten Daumen hinter die Zarge und schlägt rechts und links, Haupt- und Nebenschläge.

Hier muß erwähnt werden, daß die großen Becken, *zil* genannt, die ja keine Trommeln sind, sogar aus der Türkei stammen. Sie fanden in der Militärmusik Verwendung und haben sich mit der Janitscharenmusik, wie manch anderes Instrument, nach Europa verbreitet. Der damit angesprochene historische Vorgang ist außerordentlich interessant. Durch die Türkenkriege kamen (Ende des 17. Jahrhundert), vor allem Geräusch- und Rhythmusinstrumente nach dem Westen. Man nahm sie nach und nach nicht nur in die eigenen Militärkapellen auf, sondern bereicherte mit ihnen auch die nach klanglicher Abwechslung strebenden Opernorchester namentlich des 18. Jahrhunderts. Daß man sie schließlich, d. h. nicht nur die Becken, sondern auch Triangel, Schellenbaum und vor allem die große, „türkisch" genannte Trommel nicht zuletzt dann gebrauchte, wenn es sich um eine, damals in Mode stehende Türken-Oper handelte, liegt auf der Hand und ist sicher jedem geläufig, der einmal die Instrumentation von Mozarts „Entführung aus dem Serail"[38] bewußt gehört hat.

Nun aber zurück zu den türkischen Trommeln. Da gibt es auch eine der *def* verwandte Rahmentrommel ohne Zymbeln, die *mazhar,* die allerdings in der weltlichen Kunstmusik niemals Verwendung fand, sondern den *mevlevi* und anderen religiösen Gruppen vorbehalten war. Das gleiche gilt für die *kudüm*, die einen ganz anderen Typ darstellen. Ursprünglich sind diese ein kleines Paukenpaar mit Metallkesseln und darüber gespanntem Ziegenfell, sie werden mit je einem Schlegel, seltener mit beiden Händen, von dem gleichen Spieler gebraucht, und zwar die rechte *kudüm* für die Haupt- und die linke für die Nebenschläge. Das gleiche Paukenpaar, hier jedoch unter dem Namen *nakkare,* begegnet in arabischen Ländern und gehörte einst zur Janitscharen-Kapelle, nur daß hier eine Reihe von Spielern je zwei der Instrumente im gleichen Rhythmus zu traktieren hatten. Daß beide Päuklein verschieden gestimmt sein müssen, meist in einer Quarte, um die in ihrer Funktion verschiedenen Schläge besser unterscheiden zu können, versteht sich am Rande. Die Pauke *nakkare* gelangte mit den Kreuzzügen nach Europa, wo sie mit der Zeit aber größere Ausmaße annahm.

Zwei weitere Trommeln, sogar die verbreitetsten Typen, die einfellige Bechertrommel und die schon erwähnte große zweifellige Trommel, werden besser unter den Volksmusikinstrumenten besprochen, zu denen sie vornehmlich gehören.

Es dürfte sicher auch so sein, daß die große Trommel schon eher existierte, als es noch keine Janitscharen-Kapellen gab, die sich ihrer dann bedienten.

Blasinstrumente

Ähnlich verhält es sich mit der vermutlich aus Indien eingeführten Oboe *zurna*. Sie ist eines der wichtigsten Volksmusikinstrumente und hatte doch auch Eingang in die *mehter*-Musik gefunden, nicht aber, ebenso wenig wie die große Trommel, in die Kunstmusikpraxis. Nur zu den Janitscharen-Kapellen gehörte die Trompete, die also weder in der klassischen noch in der volkstümlichen Musik vertreten ist. Sie heißt *boru,* ist ein gewundenes Naturinstrument und ist in ihrer letzten Form sicher abendländischen Typen nachgebildet. Das Wort *boru* ist aber viel älter, es bezeichnete ursprünglich ein aus gewickelter Baumrinde hergestelltes Trompeteninstrument, das das älteste Blasinstrument der Türken überhaupt sein und aus Turkestan stammen soll[39]. Ob es wirklich an dem ist, muß dahingestellt bleiben. Es ist nicht sehr wahrscheinlich, zumal im allgemeinen Flöten vor den Trompeteninstrumenten entstanden sein dürften. Aber daß ein dem Alphorn ähnliches Instrument, das so gut der Signalgebung zu dienen vermag, bei einem Hirtenvolk von besonderer Bedeutung gewesen ist, ist leicht einzusehen.

So verbleibt der türkischen Kunstmusik tatsächlich nur ein Blasinstrument, die Längsflöte *ney* oder *nay*. Der Name „Schilfrohr" zeigt die naturhafte Bauweise des Instrumentes an. Es ist sehr schwer zu blasen, da es außer einer ringsherumlaufenden Zuspitzung des anzublasenden oberen Endes weder eine Kerbe, noch gar einen Aufschnitt besitzt. Die Volksmusik, die zwar auch ein nahe verwandtes bzw. fast identisches Instrument besitzt, die Hirtenflöte *kaval*, hat immerhin inzwischen zu der viel leichter ansprechenden Schnabelflöte gefunden. Aber nicht nur dies setzt in Erstaunen, auch das Fehlen der Querflöte verwundert, da diese doch viel bequemer zu handhaben ist und mindestens die gleiche Flexibilität aufweist, wovon indische Flötisten immer wieder Zeugnis ablegen. Es gibt nur eine Erklärung für dies bemerkenswerte Faktum: die *ney* repräsentiert die am wenigsten mechanisierte, die naturhafteste Flötenart. Bei ihr ist die Rolle des atemgebenden, des die Töne modulierenden Spielers besonders wichtig, der türkische Flötist ist so etwas wie ein Sänger auf dem Schilfrohr, er hat auch ähnliche Möglichkeiten wie der singende Musikant und vermag in idealer Weise die Klangvorstellungen einer primär vokalen Musikkultur zu verwirklichen.

Normalerweise hat das *ney*-Rohr neun Wachstumsknoten. Sie ist stellenweise mit Silberdraht umwickelt, um ein Aufplatzen des Bambus zu verhindern. Als Mundstück, d.h. als zugespitztes Oberende, dient ein entsprechender Ring aus Ebenholz oder Elfenbein. Die Anbringung der sieben Grifflöcher, von denen eines hinten liegt, geschieht nach alten, vielleicht ursprünglich zahlenmystischen Vorschriften, indem das Rohr in 26 gleiche Teile eingeteilt wird, von denen einzelne als Richtpunkte für die Bohrungen dienen. Diese außermusikalische Beziehung spricht für das Alter und zugleich das hohe Ansehen des Instrumentes und für die Verbindung des türkischen Musikgeistes mit uralten asiatischen Kult-Vorstellungen, wie sie uns auch aus China bekannt sind.

So ist es nicht verwunderlich, wenn sich um die ney Märchen und Geschichten ranken. Eine davon erzählte im

Jahr 1981 ein Hodscha der Verfasserin in Küthahya: Celâleddin-i Rumî, der Gründer des Klosters der Tanzenden Derwische hatte auf der Suche nach einem geeigneten Material für ein Blasinstrument aus Tausenden von Schilfrohren eines ausgewählt, das neun Knoten in gleichen Abständen hatte. Als er das Rohr abschnitt und in der Sonne trocknen ließ, da weinte es sehr und sprach: „Warum trennst du mich vom Wasser, von den Gefährten und der schönen Natur?" Celâleddin aber kümmerte sich nicht um die Klage des Bambusstabes, durchstieß ihn mit einem Eisenstock, höhlte ihn aus und schnitt Grifflöcher hinein. Dann begann er zu blasen. Da erklang das Instrument so wunderbar wie Gottes Stimme, und es sang und klagte wie die Menschen, wenn sie über die Trennung der Seele vom Körper trauern und Sehnsucht empfinden nach der Nähe Gottes. Da hatte Mevlâna die ney geschaffen und die göttliche Stimme aus ihr hervorgelockt.

Es gibt verschiedene Größen der *ney,* die hier nicht angegeben werden sollen, ebenso wenig wie die dazugehörigen Namen. Auf den mittleren und großen Instrumenten kann man angeblich[40] 128 Töne hervorbringen, und zwar im Raum von fast drei Oktaven. Rauf Yekta[41] gibt zwar genaue Schwingungszahlen für die Haupt- und Zwischentöne, doch ist dies ein schwieriges Unterfangen. Kein Flötenspieler bläst alle Töne mit gleicher Lippenstellung, Intensität usw. an, weshalb es illusorisch sein dürfte, die möglichen Tonhöhen aus den Grifflochabständen berechnen, oder bei mechanischem Anblasen des Instruments messen zu wollen. Die Hervorbringung zahlloser Zwischentöne, die Gestaltung einer reich ornamentierten biegsamen Melodie ist ja gerade die besondere Kunst des Spielers, der viele nicht vorher bestimmbare Möglichkeiten der Intonation besitzt. Zu sein wie die Singstimme, ist ein Ideal, und die *ney* bzw. der *ney*-Spieler hat hierzu aufgrund der so überaus engen Bindung seines Atemapparates an das Instrument günstige Voraussetzungen. Neben der beweglichen Melodiegestaltung wird mit Recht immer wieder der volle und schöne Klang der *ney* gelobt, ein Klang, der sehr modulationsfähig ist und dessen Farbe gelegentlich als mysteriös bezeichnet wurde. Mystisch ist vielleicht das bessere Wort, das zugleich verständlich macht, daß die *ney* vor allem das wichtigste Instrument der Tanzenden Derwische gewesen ist. Man muß einmal dem Spiel der *ney* in einem großen halligen Raum gelauscht haben, man muß vielleicht sogar den — wenn auch nur noch auf Festivals erlebbaren — Tanz der Derwische in seiner erhebenden Frömmigkeit und Entrücktheit dazu gesehen haben, um von der verinnerlichenden Kraft dieses Instrumentes ergriffen zu werden.

Im übrigen wirkt die *ney* auch in der Aufführung weltlicher Kunstmusik häufig mit. Sie begleitet dann heterophon die Gesangsstimme oder gesellt sich, vor allem als kleinerer Typ und in hoher Lage, einem volleren Instrumentalensemble.

Saiteninstrumente

Die Saiteninstrumente. die gemeinhin mit Recht als die reifsten Klangwerkzeuge gelten und wohl auch am spätesten entwickelt wurden, sind für die türkische Kunstmusikpraxis nicht nur viel gewichtiger als die Blasinstrumente, sie sind auch mit wesentlich mehr Typen vertreten. Sie stehen der menschlichen Stimme nicht so nahe wie etwa die Flöte *ney* und vermögen daher eher ein wirksames Gegengewicht gegen die ohnehin beherrschenden Vokalparte abzugeben.

Dies bestätigt sich ferner noch dadurch, daß die gezupften Saiteninstrumente den gestrichenen an Zahl und Bedeutung sichtbar überlegen sind. Streichinstrumente sind melodisch biegsamer, ihre kontinuierliche Tongebung steht der des Gesangs noch verhältnismäßig nahe und vor allem vermag man auf ihnen rhythmisch nicht so prononciert zu musizieren wie auf den Zupfinstrumenten mit ihren punktartig einsetzenden und dann verklingenden Tönen Wenn das rhythmische Element den notwendigen Widerpart der dominierenden Melodik darstellt, so können neben den Trommeln, die ja oft gar nicht in Aktion treten, gerade die gezupften Saiteninstrumente am ehesten diese Funktion ausüben.

Von den vier Haupttypen der Saiteninstrumente fehlen Leiern und Harfen heute gänzlich — nur letztere gab es als Lehngut in früherer Zeit einmal — während die Zither vorhanden ist, und die Gruppe der Lauten (im weiten instrumentenkundlichen Sinne) durch verschiedene Typen vertreten ist. Das *kanun* gehört zur Gattung der Trapezzithern, wiewohl es — vom Spieler aus gesehen — an der rechten Schmalseite rechtwinklig ist und nur links nach hinten sich verjüngt. Die Saiten laufen in Längsrichtung und werden demgemäß nach hinten immer kürzer. Während sich links die Wirbel befinden, ist der kastenförmige Schallkörper an der rechten Oberseite mit Fell bespannt, auf dem mehrere Stege stehen. wodurch der Klang des Instrumentes wesentlich voluminöser wird. Jeder Ton ist durch je drei gleich gestimmte Saiten vertreten, es handelt sich also um einen sogenannten chörigen Bezug.

Einige nennen Farabî als Erfinder des Instruments, andere wieder einen aus Chorassan stammenden Türken in Mosul im 13. Jahrhundert. Beides werden Vermutungen sein, die wirkliche Herkunft der Kastenzither, die es bei den altorientalischen Hochkulturen noch nicht gab, ist ohnehin, wie so vieles in der Instrumentengeschichte, in Dunkel gehüllt. Jedenfalls begegnet sie uns vom Vorderen Orient über Zentralasien bis nach Ostasien. Das Abendland hat sie sicher von den islamischen Ländern übernommen, verstand es dann aber, durch Mechanisierung seine wichtigsten Instrumente daraus zu entwickeln, die Klaviere aller Art. Man legt das Instrument beim Spiel auf die Knie und zupft es mit über beide Zeigefinger gesteckten Schlagringen. Die dreimal 24 Saiten sind zwischen dem großen h und dem zweigestrichenen d in mehr als drei siebenstufige Tonleitern eingestimmt. Die Beschränkung auf die sieben Grundtöne konnte dem ausführenden Musiker nicht genügen, er half sich, indem er, die Saiten an ihren kurzen, jenseits der Stege gelegenen und nicht schwingenden Abschnitten niederdrückte und damit ihren Ton erhöhte. Wir sehen hier wieder, wie der Musikstil, wie die musikalische Vorstellung auch an anscheinend nicht geeigneten Objekten sich durchsetzt. Die Zither als Reiheninstrument ist eher für mehrstimmiges Spiel im Rahmen fester unveränderlicher Tonstufen geeignet, in der Türkei jedoch verzichtete man auf diese Möglichkeit und entwickelte eine besondere Spieltechnik, machte sogar aus der Not eine Tugend, denn auf diese Weise war schließlich jeder beliebige Zwischenton realisierbar. Dennoch mag dies Verfahren als umständlich gegolten haben, weshalb man gegen Ende des vorigen Jahrhunderts eine Veränderung vornahm, indem man unter jedem Saitenchor mehrere umklappbare kleine Riegel (*mandal*) anbrachte, die leicht ein- oder ausgeschaltet werden können und jede Saite mehrmals umstimmen. Zunächst hatte man zwei bis drei solcher *mandal*, heute gibt es Instrumente mit bis zu sieben oder neun Riegeln für je einen Saitenchor. Dennoch bedeutet diese Mechanisierung eine gewisse Verarmung der ornamentierenden Möglichkeiten des *kanun*-Spiels.

Allerdings könnten diese Umstimmklappen, sorgfältig gearbeitet, das Instrument wieder einem seiner früheren Zwecke dienstbar machen. Man hatte es nämlich in früh-islamischer Zeit zu Lehrzwecken benutzt, zur Darstellung des Tonsystems. Daher sein ursprünglich griechischer Name *kanon*, d.h. Regel, Gesetz. Nur aus dieser Funktion heraus ist es überhaupt zu verstehen, warum es hier im Vorderen Orient so hohes Ansehen genoß und auch in der praktischen Musik verwendet wurde, obwohl es von Hause aus melodisch so wenig ergiebig ist. Im übrigen hatten die Türken es — vielleicht aus diesem Grunde — lange Zeit ganz vergessen. Erst zur Zeit Mahmud II. (1785—1839)[42] wurde es durch Ömer Efendi aus Damaskus wieder nach Istanbul eingeführt, wo es sich bald namentlich in der Damenwelt, großen Ansehens erfreute.

Unter den Lauten — im engeren Sinne — unterscheidet man langhalsige und kurzhalsige Typen. Erstere sehen einem der Lauten-Urtypen noch sehr ähnlich, den Spießlauten, bei denen man durch einen meist halbkugelförmigen Resonator einfach einen Stock steckte. Solche Instrumente hatten bereits die alten Ägypter, von denen sie afrikanische Völker übernommen und bis heute bewahrt haben. Sobald die Bauelemente dieser Laute eine innigere Verbindung miteinander eingehen, man also den Hals nicht mehr durch das ganze Korpus führen muß, haben wir die sogenannte Langhalslaute vor uns. Sie ist schon bei anderen alt-orientalischen Kulturen belegt, hat sich später aber dennoch nur im islamischen Bereich und vor allem im indischen Subkontinent verbreitet. In den meisten Fällen benutzt man für die sehr mannigfaltig gewordenen Typen immer noch den Namen *tampur*[43] oder eine verwandte Bezeichnung. Das türkische Instrument heißt *tanbur* und hat heute kein Gegenstück mehr in arabischen Ländern, obwohl schon Farabî dieses Instrument benutzt hatte. Es diente ihm und vielen Theoretikern später der Darstellung des Tonsystems. Dazu ist es auch tatsächlich besser geeignet als etwa das *kanun*. Es hat nämlich Bünde, richtige, mehrmals um den Hals herum gebundene Saiten, die das Abgreifen der Spielsaiten erleichtern und zur genauen Einstimmung neu gebunden oder verschoben werden können. Weil außerdem der Hals sehr lang ist, über einen Meter, ist es möglich, durch die Bünde viele kleine Tonstufen zu markieren, und deren Größen durch die Längen der entsprechenden Saitenabschnitte anzugeben. Der Praxis genügen aber bereits 24 Töne in der Oktave, für die in der unteren Oktave tatsächlich die entsprechende Anzahl von Bünden vorhanden ist. In der höheren Oktave muß man allerdings auf einige Bünde, etwa neun, verzichten, da sie zu nahe beieinanderliegen und das Abgreifen erschweren würden. Der Spieler muß hier dann vor jedem Stück die Bünde in die erforderliche Lage schieben. Daß es sich bei den 24 Stufen nicht um temperierte Vierteltöne handelt, wie der unbefangene Leser aus dieser Zahl schließen könnte, wird sofort klar, wenn man sich das bereits besprochene Tonsystem vergegenwärtigt. Es geht ja oft nur um verschiedene, nur wenig voneinander abweichende Größen des gleichen und damit kolorierten Tones, je nachdem, in welchem Zusammenhang, in welchem Makam er gebraucht wird[44]. Der *tanbur* hat 8 doppelchörige Saiten, die auf die Töne a-a, c-c, d-d, d-d gestimmt werden. Die beiden tiefsten Saiten bestehen aus Messing, die anderen aus Stahldraht. Das Instrument wird im allgemeinen mit einem Plektron (*mızrap*) gezupft. Es kann aber auch gestrichen werden. Ein besonderer Effekt ergibt sich, wenn man das lange, zwischen rechtem Unterarm und linker Hand befindliche Instrument nach dem Anzupfen eines Tones leicht biegt, wodurch sich die Saitenspannung und damit vibratoartig die Tonhöhe ändert. Der *tanbur* ist das vielleicht angesehenste Tonwerkzeug der klassischen türkischen Musik.

Seine Bevorzugung gegenüber der bundlosen Laute *ud,* die das Lieblingsinstrument der Perser und Araber ist, könnte beweisen, daß den Türken eine völlig freie Melodiegebung ihrer aus Asien mitgebrachten Urveranlagung entsprechend doch immer noch etwas weniger liegt als ihren Nachbarn. Ein Saiteninstrument mit vielen Bünden bietet zwar zahlreiche, aber nicht unbegrenzte Kolorierungsmöglichkeiten, es hat eben immer noch Bindungen an feste, wenn auch reich differenzierte Tonstufen.

Die von den Arabern mehr geschätzte Kurzhalslaute wurde auch sehr oft von den alten Theoretikern zur Erläuterung des Tonsystems herangezogen. Sie ist uns Abendländern vertrauter, haben wir sie doch nicht nur aus dem Vorderen Orient übernommen, sondern auch fast unverändert gelassen. Die Kurzhalslaute unterscheidet sich vom *tanbur,* dessen Korpus fast halbkugelförmig und dessen hölzerne Decke nicht durchbrochen ist, durch seinen viel größeren halbbirnenförmigen Schallkörper, dessen Holzdecke reich verzierte Schallöcher aufweist, und vor allem durch den kurzen, stark verbreiterten Hals. Die Entstehungszeit ist ungewiß, sie liegt aber wahrscheinlich um Jahrtausende später als die der Langhalslaute. Bereits als frühe Belege sind persische und seldschukische Darstellungen auf Schalen, Vasen usw. aus dem 11. Jahrhundert anzusehen. Ob in gleicher oder nur verwandter Form ist die Laute tatsächlich aber wohl einige Jahrhunderte früher aufgekommen, vielleicht in Persien, wie einige annehmen, oder noch weiter östlich, wie zentralasiatische Malereien glauben machen können. Berichte, nach denen Pythagoras oder gar Plato die Laute geschaffen haben sollen, sind ins Reich der Fabel zu verweisen.

Sicher aber ist bereits im 7. Jahrhundert von ihr die Rede, und vor allem beschäftigt sich Farabî ganz intensiv mit ihr. Das Instrument hatte damals zunächst nur vier aus Seide gefertigte Saiten, die in Quarten gestimmt waren. Das genügte dem großen Theoretiker und Musiker nicht zur genauen Intonation einer auf der Quintenreihe basierenden Skala, weshalb er eine fünfte Saite hinzufügte. Irgendwann später erhöhte man die Saitenzahl dann noch auf sechs, legte die neue Saite mit dem tiefsten Ton aber neben die höchste. Sie blieb einzeln, während alle anderen Saiten doppelchörig geworden waren. Die Stimmung heißt jetzt — nach Rauf Yekta — d-d, e-e, a-a, d'-d', g'-g', a. Sözer gibt für die fünf Doppelsaiten eine reine Quartenstimmung an (h-e-a-d-g) und meint, die sechste Saite könne mit g oder a darunter liegen. Zu Farabîs Zeiten hatte die Kurzhalslaute vorübergehend Bünde. Nur so war es möglich, daß auch dieses Instrument zur Darstellung der Tonverhältnisse herangezogen werden konnte. Allerdings erschweren der kurze Hals und die davon abhängige knappe Mensur eine übermäßige Genauigkeit der Intonation und eine Vielzahl an Zwischenstufen. Darum mag man die Bünde bald wieder abgeschafft haben. Man gewann damit, und das erscheint Rauf Yekta als die eigentliche Triebfeder der Veränderung, eine größere Freiheit der Melodiegestaltung, man kann jetzt die Finger besser von einem Ton zum anderen gleiten lassen, was nach orientalischem Geschmack einen besonderen Reiz des Instrumentalspiels ausmacht.

Ob sich das türkische Wort *lavta*, gewissermaßen zurückkehrend, aus einer der in Europa üblichen Bezeichnungen, z.B. aus dem spanischen *laoudo,* oder unmittelbar aus dem arabischen *el-ud* entwickelt hat, muß dahin gestellt bleiben. Zumindest hat dieser besondere Typ einer Kurzhalslaute einige Eigenarten, die mit denen europäischer Lauten übereinstimmen. Vor allem fällt die ungewöhnliche Quintenstimmung der vier mal zwei Saiten auf: c-c, g-g, d'-d', a'-a', die identisch mit unserer Bratschen-Stimmung ist. Das Instrument hat ferner Bünde, die zwar noch echt herumgebunden sind, sich also leicht verschieben oder vermehren lassen, die aber im abendländischen Sinne temperiert chromatisch angeordnet sind. Die äußere Gestalt ist schlanker als die der *ud*. Der Mangel an spezifisch türkischen musikalischen Eigenschaften ließ die *lavta* niemals Eingang in die klassische Musikpflege finden. Sie diente vornehmlich der gehobenen Unterhaltungsmusik, den Tanzvorführungen im kaiserlichen Harem und gelegentlich auch besonderen Formen leichterer Kammermusik, stets aber hat sie Begleit-Funktion, der sie in ganz untürkischer Weise, meist im Zusammenspiel mit der kleinasiatischen Geige *kemençe rumi*, nachkommt.

Bezüglich der Streichinstrumente, die auch im vorderorientalischen Raum, wie überall, später als die Zupfinstrumente in Erscheinung traten, sind ebenfalls noch sehr viele Fragen zur Entwicklungsgeschichte und Namensgebung ungeklärt. Die Turkvölker Zentralasiens kannten offenbar schon einen ausgeprägten Streichinstrumententyp, die *ıklığ*[45], die dann Ogusen und Seldschuken auf ihren Zügen nach Westen weiterverbreiteten. Vor allem in Persien entwickelte man das Instrument weiter. Man gab ihm analog zu *ıklığ*, das etwa „mit Bogen gespielt" bedeutet, die einheimische Bezeichnung *keman,* bzw. das Diminutiv dazu: *kemantscha.* Vom Iran wanderte die Geige dann noch zu den Arabern, wo sie zumeist mit dem Namen *rebab* belegt wurde, einem im übrigen sehr vieldeutigen Wort. Daß sie unter dem gleichen Namen mit dem Islam schließlich wieder östlich bis nach Indonesien wanderte, sei nur nebenbei erwähnt. In Anatolien, wo sie im 12. bzw. 13. Jahrhundert auftaucht, gibt man ihr in Anlehnung an das persische Wort im 15. Jahrhundert dann auch den Namen *kemençe.* Die *ıklığ,* die zur Gruppe der Langhalslauten, und zwar speziell zu den Stachelgeigen zu zählen ist, besteht aus der fellbezogenen halben Schale einer indischen Nuß als

Resonanzkörper, einem langen stabähnlichen Hals und am unteren Ende aus einem Metallstachel, mit dem man das Instrument auf den Boden aufstellt. Es besitzt zwei in einer Quinte gestimmte Saiten, die mit einem roßhaarbezogenen Bogen gestrichen werden. Dieser besteht noch aus einem dem Schießbogen ähnlichen gebogenen Stock. Das Instrument verschwand dann etwa im 17. Jahrhundert aus der türkischen Kunstmusikpflege, es lebt aber noch hier und da und in verschiedenen, z.T. sehr abgewandelten und auch rückgebildeten Typen in der anatolischen Volksmusik, vor allem bei den ihren asiatischen Vorfahren noch am nächsten stehenden Nomadenstämmen.

Heute bezeichnet man mit *kemençe* zwei kleinere recht verschiedene Streichinstrumente, einen am östlichen Schwarzmeer gebräuchlichen Typ, über den bei den Volksmusikinstrumenten zu reden sein wird, und die *kemençe rumi*. So wurde letztere von den Arabern genannt, wobei offen bleiben muß, ob der Zusatz *rumi* nur allgemein die Herkunft aus Anatolien bezeichnen soll, oder die dortigen Griechen meint. Einer der besten Sachkenner, Mahmut R. Gazimihal, meint allerdings, daß das Instrument tatsächlich vom Balkan stammt, wo es heute noch vor allem in Griechenland unter dem Namen *lyra* vertreten ist. Es hat im übrigen enge Verwandte im europäischen Mittelalter, und zwar unter den alten gedrungenen Fiedelformen. Hals und Korpus gehen bei ihm ineinander über, so daß die Gesamtgestalt einen birnenförmigen Umriß hat. Über ihre mit zwei halbkreisförmigen Schallöchern versehene Holzdecke laufen drei Saiten zu Wirbeln, die von hinten durch eine Wirbelplatte gesteckt sind, und zwar ohne noch einen Sattel zu berühren. Sie haben also verschiedene Längen, d.h. die mittlere Saite ist länger als die beiden äußeren. Das bedeutet, daß die Mensur, die Griffabstände, verschieden sind. Doch spielte dies aber insofern keine Rolle, als früher nur die höchste

Saite dem Melodiespiel diente, während die anderen hier und da als Bordun verwendet wurden. Heute erklingt die *kemençe rumi* meist nur einstimmig, wobei die Spieler alle drei in d', g' und d" gestimmten Saiten, trotz der schwierigeren Applikatur abzugreifen haben. Dieses Abgreifen ist zudem noch dadurch erschwert, daß man die Saiten, die etwa einen halben Zentimeter vom Korpus abstehen, nicht niederdrückt, sondern mit den Obersaiten der Fingernägel berührt und verkürzt. Der Bogen ist gestreckt, oft benutzt man einfach den europäischen Violinbogen.

Der starke und rauhe Ton der *kemençe rumi* schloß sie lange Zeit von der intimen Kammermusik aus. Später, als sie in das Instrumentarium der Tanzgruppen im Harem des Sultanspalastes aufgenommen wurde, gelangte sie ähnlich wie die *lavta* zu einem gewissen Ansehen. Danach verwandte man sie auch für die sogenannte *ince-saz*-Musik. d.h. ein klein besetztes Ensemble, das unterhaltsamer Musik diente. Heute gar hat sich die *kemençe rumi* vollends emanzipiert, indem sie als vollgültiges Mitglied bei Aufführungen der klassischen türkischen Kunstmusik mitwirkt.

4. KAPITEL

Formen und Stil der Kunstmusik

Die Formen der türkischen Kunstmusik sind nicht allzu zahlreich. Man beschränkt sich auch hier auf einige Muster, die allerdings verhältnismäßig frei behandelt werden können, zumal ja keine Forderungen etwa nach thematischer Arbeit erhoben werden und erst recht nicht Stimmführungsregeln beachtet werden müssen. Dieser Mangel an Formenreichtum wird vollauf ausgeglichen durch die Ausschöpfung aller Möglichkeiten differenzierter Gestaltung im Einzelnen, sei es im Melodischen und auch im Rhythmischen, sei es in der gewählten Art der Ausführung. Die Freiheit ist ja einer der entscheidenden Wesenszüge der orientalischen Musik, ein Mitspracherecht, das der abendländischen Musik seit langem verlorengegangen ist. Der Komponist — darauf konnte schon bei der Besprechung der Notation hinge-wiesen werden — schreibt ja eigentlich nur eine Art Kern-melodie nieder, die dann so oder so, im Rahmen vieler üblicher Ornamentierungsmuster, realisiert werden kann. Unangetastet bleibt dann nur die vorgegebene Form selbst. Man wird nur selten etwa einen Takt zufügen oder weg-nehmen, höchstens ganze geschlossene Teile, denn man folgt der Intention des Komponisten und natürlich auch dem Formmodell. Zu formal freier Improvisation ist ja ohnehin in den besonderen dafür vorgesehenen Gattungen noch genug Gelegenheit geboten.

Daß unter den wenigen Formtypen die instrumentalen in der Minderheit sind, ist bei einer primär vokalen Musikkultur nicht verwunderlich. Und auch die Vokalformen sind nicht alle musikalisch ausgeprägte Muster, viele unterscheiden sich nur durch die ihnen zugrundeliegenden Dichtformen und Inhalte. Es wird darum gut sein, kurz auf die literarische Komponente der Lieder einzugehen. Während die Volkspoesie auf eine eigene, rein türkische Entwicklung zurückgeht, haben die Türken für die Kunstdichtung persisch-arabische Vorbilder übernommen. Die Regeln, nach denen in diesen Gedichten zunächst die Zeilen gebildet werden, stützen sich weder auf eine Silbenzählung (wie in der Volkspoesie), noch auf eine bestimmte Verteilung von langen und kurzen Silben (wie bei den alten Griechen), bzw. Akzenten (wie bei uns), sondern auf die Reihung mehrerer gleicher oder verschiedener Gruppen mit regelmäßig angeordneten offenen und geschlossenen Silben. Als offen gelten Silben, die mit einem kurzen Vokal enden. Um die verwendeten Schemata poesie-theoretisch bezeichnen zu können, greift man zu bestimmten Silben, die dann für jede zusammengehörige Gruppe zu einem Wort vereinigt werden. So stehen für die offenen Silben beispielsweise *me, fe, lü* und *i,* während geschlossene Silben durch *fâ, î, lün, lâ, û, mef, müs, tef* und *tün* ausgedrückt werden können. Eine Strukturgruppe kann danach so heißen: *mefâîlün (me-fâ-î-lün),* sie besteht also aus einer offenen und drei geschlossenen Silben. Vier solcher, in diesem Falle gleich gebauter Gruppen bilden dann ein besonders beliebtes Muster, z.B. in dieser Zeile aus dem Gedicht „Bülbül'den" (Von der Nachtigall) von Mehmed Akif Ersoy: „Eşin var, âşiyânin var, bahârın var, ki beklerdin" (Auf deine Gefährtin, auf dein Nest, auf deinen Frühling hast du gewartet). Daß sich dabei jeweils 16 Silben zusammenfinden, ist zwar eine natürliche Folge, aber nicht das zugrundeliegende Prinzip. Eine ungleichförmige Zeilengliederung ist beispielsweise diese: Mef'-ûlü mefâîlün feûlün. Hier gibt es drei verschiedene Silbengruppen, eine dreiteilige mit zwei geschlossenen und einer offenen Silbe (mef-û-lü), eine vierteilige: offen, geschlossen, offen, geschlossen (me-fâ-i-lün) und schließlich wieder eine dreisilbige, zur ersten sich spiegelbildlich verhaltende Gruppe mit einer offenen und zwei geschlossenen Silben (fe-û-lün). Als Beispiel hierzu folgt eine Zeile aus dem Gedicht „Akşam Mûsikîsi;" (Abendmusik) von Yahyâ Kemâl Beyatlı: „Kandilli'de eski bahçelerde (In den alten Gärten in Kandilli).

Ahmed Aymutlu führt in seinem poesie-theoretischen Buch Arûz, 23 häufiger und neun nur selten verwandte Zeilengliederungen auf. Nun läßt sich dieses aus persisch-arabischen Sprachformen und den Besonderheiten der arabischen Schrift entwickelte System nicht immer gänzlich auf die türkische Sprache anwenden, so daß man da gelegentlich zu gewaltsamen Veränderungen vor allem der Aussprache greifen muß, da beispielsweise, wo es keine geschlossenen Silben gibt, oder wo eine unbetonte Silbe an Stelle einer offenen treten muß und eine betonte an Stelle einer geschlossenen usw. Weitere Regeln betreffen dann die Anzahl der Zeilen innerhalb der Strophe, die Zahl der Strophen, die Anordnung von Reimen, den bevorzugten Inhalt usw. Die bekanntesten Gedichtformen, die auch dem Abendländer, nicht zuletzt durch klassische Nachdichtungen, etwa von Schlegel, Platen, Rückert usw. geläufig sind, sind Kasside und Ghasele. Die Kasside ist eine sehr alte Dichtform, die schon vor der Entstehung des Islam in Arabien existierte. Sie galt und gilt meist dem Lob und Preis der Herrscher, hochgestellter Persönlichkeiten usw. Sie wurde zunächst von den Persern übernommen und von diesen an die Osmanen weitergegeben. Eine Kasside kann sehr verschiedene Längen haben, zwischen 15 und 99 Zeilen schwankend, die ihrerseits ebenfalls unterschiedliche Ausdehnung haben. Bevorzugte Versmaße sind Jambus, Daktylus oder Trochäus, der einmal gewählte Rhythmus muß streng beibehalten werden. Knapper, sonst aber eng der Kasside verwandt ist die Ghasele, deren Inhalt mehr lyrischer Natur ist. Sie hat 3 bis 15 Zeilenpaare, deren erstes, das sogenannte Königshaus, den gleichen Endreim trägt. Im weiteren Verlauf wird dieser Reim dann immer nur der jeweils zweiten Zeile gegeben, während die erste frei endet. Eine weitere Eigenart dieser höfischen Dichtart besteht darin, daß sich der Dichter in der letzten Zeile meist selber nennt. Diese heißt dann *taçbeyt,* was wörtlich etwa „Haus der Krone" bedeutet. Diese Sitte haben dann auch, wie wir später hören werden, die türkischen Volksdichter übernommen, so daß wir eine ganze Reihe von ihnen namentlich kennen. In den Text werden beim Gesang viele Füllsilben improvisatorisch eingefügt, die den Sinn hervorheben und die Stimmung verstärken sollen. Die *gazel* kann aus einem oder mehreren Makamen bestehen. Sie kann wie ein *şarkı* aufgebaut sein und ist aus vier Teilen zusammengesetzt:[46] 1. *zemin* oder *giriş,* 2. *nakarat* (Refrain), 3. *meyan,* in dem meist in einen anderen Makam übergegangen oder derselbe Makam in die Oktavlage versetzt wird, 4. *nakarat* (Refrain). Die Refrain in der zweiten und vierten Zeile entsprechen dann auch der dichterischen Form der Ghasele.

Im ersten Teil beginnt das Lied innerhalb der Skala des Makams. Im zweiten Teil wird die Melodie der Finalis zugeführt, aber nach diesem scheinbaren Schluß schwingt sie sich, symmetrisch verlaufend im dritten Teil, in die hohe Lage. Der vierte Teil ist dann wieder wie der zweite Teil. Zwischen den einzelnen Abschnitten gibt es Übergänge (köprü, Brücke). Früher wie auch heute werden *gazel* in den dritten Teil eines *şarkı* eingefügt. Wenn sie auch metrisch

frei gesungen werden mit vielen weitschweifigen arabesken-
haften Ornamenten, so kann dennoch manchmal ein Rhythmus unterlegt werden, von dem der Gesangspart unabhängig verlaufen kann. Auch kann die *gazel* instrumental
begleitet oder solo gesungen werden. Sehr häufig werden
diese schwer zu gestaltenden *gazel* nicht mehr vorgetragen,
und nur große Sänger wie z.B. Münir Nurettin Selçuk[12]
haben den Mut, diese Liedform zu gestalten.

Mit den Namen *şarkı* belegen die Türken heute fast jede
Art Kunstlied, vor allem heben sie dieses von dem Volkslied
türkü ab, aber ursprünglich bezeichnete man als *şarkı* eine
ganz bestimmte, allerdings die am häufigsten gebrauchte
Liedform. Suphi Ezgi[47] gibt eine Liste von 25 formal verschiedenen *şarkı*-Typen, die hier nicht aufgezählt werden
sollen. Grundsätzlich verlaufen diese Lieder im langsamen
bis gehenden Tempo. Die ihnen zugrundeliegende Gedichtform ist nicht vorgeschrieben. Je nach Länge und Anlage des
Textes kann ein Refrain (*nakarat*) eingeflochten werden, der
keineswegs immer nur aus einer oder zwei Zeilen bestehen
darf. Wiewohl natürlich nur die Melodie des *şarkı* aufgeschrieben wird, wobei nicht vorgeschrieben ist, von welch
einer Stimme es auszuführen ist, werden im allgemeinen
immer Instrumente zur − natürlich heterophonen − Begleitung hinzugezogen. Für sie werden nur da ein paar Noten
notiert, wo diese vor oder zwischen den Textzeilen eingeschoben werden sollen. Neben solchen instrumentalen
Floskeln (*saz payı*) gibt es auch echte, über mehrere Takte
ausgedehnte Zwischenspiele (*aranağme*), die ritornellartig
wiederkehren und so etwas wie einen instrumentalen Refrain darstellen.

Als Beispiel sei hier ein *şarkı* „Zaman olur" (Die Zeit
wird kommen) von dem „letzten Klassiker" Lemi Atlı gebracht, der bis 1945 gelebt hatte. Dieser Komponist ver-
suchte die im Niedergang begriffene klassische Musik durch

den Gebrauch neuer Rhythmen und eine einfachere Melodie-
führung der Folklore anzunähern und so neu zu beleben. Das
Lied steht im Makam *hüseyni* mit seiner dorischen Skala, die
so häufig in der Volksmusik gebraucht wird. Die Melodie
ist über dem, in seiner ersten Hälfte synkopierten, aber
sonst regelmäßigen 4/4 Metrum *düyek* aufgebaut. Es hatte
zwar für die Türken des beginnenden 20. Jahrhunderts einen
einfachen Duktus. Uns erscheint es jedoch immer noch
arabesk genug. Was wir als einfach erkennen können, sind
gewisse knappe Motivformeln, eine tonale Übersichtlichkeit,
die aber durch die übliche Alteration in der dritten Vers-
zeile, dem *meyan* verschleiert wird. Unkompliziert erscheint — wenn man von den Synkopen absieht — das gerade
Metrum.

Şarkı von Lemi Atli

Zaman olur ki anın hacle-i visâlinde
Bir in bir inzivâ ve o cânânı bîvefa bulurum
Zaman olur ki gözümden kaçan hayâlinde
Bir in bir inzivâ ve o cânânı bîvefa bulurum.

Das hier publizierte şarkı ist ein Faksimile aus einem Manuskript mit Liedern von Lemi Atlı, das die Verfasser in Istanbul von dem Musikalienhändler und Verleger Kutmani als Geschenk erhielten.

Wie in den şarkı wird die dritte Zeile, der *meyan,* auch in einer weiteren Liedgattung *beste* hervorgehoben. Das Wort *beste* begegnet in mehreren Ableitungen sehr allgemeiner musikalischer Art. *Beste* heißt wörtlich „Melodie" und im übertragenen Sinne Komposition eines Liedes. Sinngemäß bedeutet dann *besteci* bzw. *bestekâr* Komponist, und zwar nicht nur Vertoner eines Liedes, sondern überhaupt musikalisch schaffender Künstler. Als Form verbindet sich ein *beste* mit der Textgattung *kıt'a,* die aus vierzeiligen Strophen besteht, deren erste Zeile nicht den üblichen Binnenreim trägt. Das Verhältnis zur instrumentalen Begleitung, deren Unterordnung und bescheidene Selbständigkeit, sind genau so wie bei einem şarkı. Unterschiedlich zu diesem folgen in einem *beste* jedoch auf den eigentlichen Text sinnfreie Silben bzw. Zeilen. Wir kennen das aus unseren Volksliedern, denen gelegentlich tralala angehängt wird oder etwas ähnliches, wir kennen es aber auch aus der Kunstmusik, wo — wie in den Koloraturarien — ganze Abschnitte ohne Texte gesungen werden, wo gewissermaßen die Aufmerksamkeit des Zuhörers sich allein auf den Gesang selbst konzentrieren kann und wo gleichzeitig der Sänger einmal nicht gezwungen ist, den Ton mit dem Wort zu verbinden, sondern seine Stimme völlig frei entfalten kann. Diese textlosen Partien heißen im Türkischen *terennüm,* was über diese spezielle Verwendung hinaus auch allgemein das Spiel von Musik bedeuten kann. Sie können auch in die Strophen selbst eingeschoben werden und benutzen Silben wie *le, la, ya, ey, ah, lel, ten, nen* usw. und auch alleinstehende Silben mit Sinn, aber ohne Zusammenhang wie etwa *ca-nım* (meine Seele), *a-man* (ach) *efendim* (mein Herr), *seni sevdim* (ich liebte dich) und dergleichen. Die Vorherrschaft des Musikalischen über das Textliche in den *beste* führt dazu, gerade hier oft auch richtige Koloraturen anzubringen, lange Melodie-Abschnitte auf nur eine Silbe des Textes.

Besonders vieldeutig ist das Wort *murabba*. Im 17. Jahrhundert bezeichnete es wohl einen Makam, später eine Instrumentalform und in der zweiten Hälfte des 19. Jahrhunderts dann einen Liedtyp, dem ein Vierzeiler zugrundeliegt; *murabba* heißt nämlich wörtlich Quadrat. Wie in den *şarkı* und *beste* wird die dritte Zeile — namentlich dann, wenn vorher melodische Wiederholungen stattfanden — in eigener Weise vertont, worauf an der entsprechenden Stelle einer Notation die Bezeichnung *meyan* (wörtlich „Raum dazwischen") hinweist. Im übrigen enthält auch ein *murabba* sinnfreie Silben. Sind diese ausgedehnt und folgen sie regelmäßig nach jeder zweiten Textzeile, so handelt es sich um eine spezielle Form des *murabba*, die durch den Zusatz *nakış* gekennzeichnet wird[48]. *Nakış* heißt Ornament — gemeint ist hier das *terennüm* — und es wird auch zur Benennung von Sonderformen der nachher zu besprechenden *semaî*-Liedgattungen herangezogen. Eine weitere Regel besagt, saß ein *murabba* alle rhythmischen Muster benutzen kann außer den drei *semaî-usul* (*aksak-, sengin-* und *yürüksemaî*).

Die Liedgattung *kâr* ist besonders lang. Sie besteht aus zwei bis fünf Teilen, ihr liegen Texte mit vier-, sechs- oder achtzeiligen Strophen zugrunde. Ihr wichtigster Unterschied gegenüber den anderen Liedtypen besteht darin, daß bei den *kâr* bereits vor der ersten Strophe ein Abschnitt mit sinnfreien Silben, ein *terennüm* gebracht wird. Die Länge eines *kâr* ermöglicht es oder legt es gar nahe, auch einmal in andere Makame überzugehen. Zumindest erscheint es nicht verwunderlich, warum man eine entsprechende besondere Liedgattung gerade mit den *kâr* verband. Es sind die *kâr-ı natık,* die „sprechenden" *kâr.* Sie enthalten in ihrem Text die Namen mehrerer Makame und auch Rhythmen, allerdings nicht als musikalische termini, sondern in ihrer ursprünglichen Bedeutung als Personen- oder Ortsnamen usw.[49], die dann selbstverständlich in der Melodie auch im musikalischen Sinne angewandt werden. Das Ganze erscheint ein wenig wie ein Lehrgedicht, das den Hörer oder — besser gesagt — einen Schüler in kunstvoller Weise mit der Beschaffenheit verschiedener Melodie- und Rhythmustypen vertraut machen will, eine rationale, intellektuelle Kunstform, auf die auch das Wort *kâr* („Werk") schon hinweisen dürfte. Wir denken vielleicht unwillkürlich an Meistersinger-Praktiken, wo die Kompositionsregeln gelegentlich auch einmal in Gedichtform dargeboten wurden.

Der Begriff *semaî* bezieht sich zunächst, wie wir gesehen haben, auf bestimmte Rhythmen. Er wurde dann aber in Verbindung mit einer näheren Kennzeichnung auch auf mehrere Liedgattungen übertragen, die an den gleichnamigen *usul* gebunden sind. Da gibt es zunächst das *yürük semaî* im entsprechend sechsteiligen Takt, das *kıt'a*-Texte, also Vierzeiler der oben besprochenen Art, verwendet. Bei ihm ist wieder, nachdem die ersten beiden Zeilen und ein zugehöriger *terennüm*-Abschnitt zur gleichen Melodie abliefen, die dritte Zeile *meyan* herausgehoben, indem man hier Alterationen anbringt, d.h. vorübergehend in andere Makame ausweicht. Die vierte Zeile verwendet dann erneut melodische Motive des Anfangs, mischt sich mit sinnfreien Silben. Gerade die Behandlung der *terennüm* kann sehr verschieden sein, weshalb es mehrere Arten von *yürük semaî* gibt. Das gleiche gilt für die Liedgattung der *aksak semaî*, nur daß hier jetzt ein zehnteiliger Rhythmus zugrundeliegt, der sich nach 3 plus 2 plus 2 plus 3 gruppiert. Auch hier läßt sich die Eigenart der regelmäßig eingeschobenen Absätze mit sinnfreien Silben wieder durch den Zusatz *nakış* ausdrücken.

Im Rhythmus *aksak semaî* kann auch ein Lied vom Typ *ağır semaî* (langsames *semaî*) komponiert sein, das ansonsten genau so wie die anderen vokalen *semaî*-Formen behandelt wird. Ein solches *ağır semaî* begegnet auch mit dem sog. *usul sengîn semaî* (*ein semaî*, schwerfällig wie ein Stein), einem langsamen *yürük semaî*-Rhythmus, und schließlich gibt es noch eine direkt so benannte Liedform *sengîn semaî*[50].

Unter den Vokalformen muß schließlich noch erwähnt werden, daß es die in der arabischen Musik beliebten Gesangsimprovisationen *(taksim layali)* auch in der Türkei gibt oder gab. Vor größeren Gesangsstücken oder zu Beginn eines ganzen Konzertzyklus wird neben den instrumentalen Improvisationen *(taksim)* auch vokal improvisiert. Man benutzt dazu sinnfreie Silben, bewegt sich in dem für das eigentliche Stück gültigen Makam und umrahmt das Ganze nicht selten durch ein rhythmisch gebundenes Trommelspiel, während die Gesangsimprovisation selbst ja rhythmisch frei bleibt. Diese Praxis ist in verschiedenen Ausprägungen im gesamten Vorderen Orient verbreitet. Besonders charakteristisch ist sie in Indien, wo jedes Stück durch eine mehr oder minder lange Improvisation des Melodieinstrumentes eingeleitet wird. Dabei schweigt die Trommel, deren späterer Einsatz dann den Beginn des rhythmisch geregelten Instrumental- oder Vokalstückes ankündigt. Eine solche Einleitung hat doppelten Sinn: Einmal dient sie dem Einspielen oder -singen der Ausführenden, zum anderen bereitet sie die Zuhörer auf den dann folgenden Melodietyp mit seiner

Skala, seinen Motiven und Melodieverläufen und vor allem seinem Ausdruckgehalt, vor. In einem solchen *taksim* lebt noch ein wenig von dem Urgeist der orientalischen Musik, von ihrem melodischen Reichtum, den der Ausführende jedesmal durch seine improvisatorische Kunstfertigkeit neu zu bezeugen, zu vergrößern und innerlich zu beleben hat. Wenn man in der Türkei jedoch heute auf vokale *taksim* weitgehend verzichtet[51], so mag das daran liegen — es wurde dies hier schon mehrmals angesprochen — daß die Türken von Hause vielleicht gar keine primär melodische und vokale Musikkultur besaßen und daher noch heute die so wichtige Äußerungsform des nachschaffend-schaffenden Künstlers dem Instrumentalisten anvertrauen.

Instrumentale Formen

Die Besprechung der wenigen Instrumentalformen mag sinngemäß durch die Erwähnung des *taksim* eingeleitet werden, von dem gerade eben die Rede war und das selbst ja meist einleitenden Charakter hat. Überall, wo Instrumente an einer Aufführung beteiligt sind, wird zumindest eines davon in das zu erwartende musikalische Geschehen einführen, in dem schon genannten Sinne eines Einspielens und einer Vorbereitung der Besucher auf die Ausdrucksgestalt des nachfolgenden Makams. Was der betreffende Spieler dabei zu tun hat, ist an keine Regeln gebunden. Er kann kurz improvisieren, er kann seine Einleitung lange ausdehnen, er muß nur in dem Makam bleiben und dessen Hauptwendungen mitbenutzen, wobei er das Ganze meist in drei Teile gliedert. Die Bindung an den Makam ist oft so stark, daß man in der europäischen Musikliteratur diese Improvisation mit einem gewissen Recht als das der Ausführung des Melodietyps vorausgeschickte Melodiemodell bezeichnet hat. Die größte melodische Freiheit wird hier dadurch erreicht, daß man nicht an einen bestimmten Rhythmus gebunden ist[52]. Wenn wir an die beiden gegensätzlichen musikalischen Gestalten denken, auf die Béla Bartók im Zusammenhang mit Volksliedtypen hinweist, an den rhythmisch freien und melodisch schweifenden Parlando-Stil und an die rhythmisch gestrafften und melodisch begrenzten Lieder im Tempo giusto, so haben wir im *taksim* die erstgenannte Gestalt vor uns, die als einziges Gegengewicht allen anderen, durch einen *usul* geregelten Formen gegenübergestellt werden kann. Wir werden in Band 2 „Musik der Türkei" sehen, daß in der Volksmusik der Anteil der parlando-Typen viel größer, ja eigentlich ausgewogen ist.

Der großen Freiheit, die der Spieler eines *taksim* genießt, entspricht es, wenn man nach Belieben die Einleitung auch weglassen oder an ihr die anderen Instrumente der Reihe nach teilhaben lassen kann. Und aus ihrer Beliebtheit mag es herzuleiten sein, daß man sie nicht nur leitend an die Spitze einer Aufführung stellt, sondern auch als Bindeglied zwischen zwei Stücke und evtl. sogar an den Schluß als Ausklang. Oransay nennt als Bezeichnungen dieser verschiedenen Improvisationen *baş-taksim* (Anfangs-Taksim), *ara taksim* (Zwischen-Taksim) und *ulama taksim* (Anhänge-Taksim). Letzteres soll vor allem in Ägypten zur Füllung von Schallplattenseiten praktiziert werden. Das Zwischentaksim, für das dem Verfasser auch einmal die Bezeichnung *geçiş taksim* genannt wurde, wird nach Oransay „gegen einen rhythmisch-melodischen Bordun . . . oder zumindest zu einem Tremolo" gespielt. Das würde dann in etwa den vokalen *taksim* der Araber und den *gazel* entsprechen, bei denen ja auch oft eine Trommel mitwirkt. Obwohl damit ein Teil des Wesens eines *taksim*, d.h. seine rhythmische Ungebundenheit angetastet wird, ist es nicht ausgeschlossen daß die Einschiebung zwischen zwei Stücke oder Lieder die ursprünglichste Aufgabe eines *taksim* gewesen ist, bedeutet sein Name doch wörtlich „Teilung". Schließlich bleibt zu ergänzen, daß man sehr häufig auch *taksim* gewissermaßen als selbständige Stücke gelten läßt, sei es auf Schallplatten oder im Rundfunk, sei es bei der musikalischen Umrahmung eines anderen Geschehens oder im häuslichen Kreise. Es wurden sogar von den bedeutenden Komponisten *taksim* aufgeschrieben, obwohl damit aus der ja einmaligen und unwiederholbaren Improvisation eine Komposition geworden ist und die Niederschrift die unwägbaren Längenunterschiede der einzelnen Töne gar nicht erfassen kann, bzw. sie in gegebene Werte einzwängt. Dennoch ist uns dieses Verfahren aus unserer eigenen Musikgeschichte nicht fremd, mag doch manche der uns bekannten Kompositionen namentlich romantischer Meister, eine nachträglich fixierte Phantasie darstellen. Im übrigen wurde und wird dieser Usus in der Türkei nur selten geübt. Die wenigen aufgezeichneten *taksim* mögen von der hohen Kunst ihrer Schöpfer zeugen und weniger begabten Musikern Gelegenheit bieten auch dann eine Improvisation zu bieten, wenn sie selbst keine reichen Einfälle haben. Aufschlußreich sind dagegen die von bedeutenden Instrumentalisten und Komponisten auf Platten aufgenommenen *taksim,* bei denen ein Skeptiker allerdings immer noch zweifeln wird, ob es wirkliche, im Augenblick neu gestaltete oder doch vorbereitete Improvisationen sind. Ein solches *taksim* soll hier als Beispiel für die kunstvolle Auszierung der Melodie und die reiche Umspielung der zu betonenden Töne gezeigt werden. Es soll auch an Hand der sehr genauen, für bestimmte wissenschaftliche Zwecke notwendigen Notentranskription verdeutlicht werden,

welche Unterschiede zwischen gespielten und den üblichen
türkischen Notenfassungen bestehen, die von den Komponisten und Musikern ja nur als Melodievorlage, als Melodieske-
lett aufgefaßt werden, welche man dann beliebig ausziehen
und ausfüllen kann, je nach dem Vermögen des einzelnen

Makam: Acemaşiran   Taksim   von Schallplatte Parl.B 21055, Seite

Die Transkription und die Analyse des Taksims stammen von Prof.
Dr. Josef Kuckertz, aus:
Musik in Asien: Musik international, Köln 1975, S. 259 f. und
Beispiel 8

Künstlers, das hier sehr erheblich ist. Die komplizierte Struktur des Stückes, die aus der folgenden Analyse erkennbar ist, läßt kaum annehmen, daß dieses *taksim* tatsächlich aus dem Augenblick heraus, ohne vorherige Planung, improvisiert wurde.

[Auf dem Einlegeblatt ist dieses Notenbeispiel in größerer und besser lesbarer Form noch einmal abgedruckt.]

Das Stück auf der Langhalslaute „Tambūr" dargeboten, besteht aus fünf Abschnitten. Ihre Zeitdauer beträgt 63,2 : 32,0 : 32,2 : 16,9 : 31,3, d.i. ein Verhältnis von etwa 2 : 1 : 1 : 1/2 : 1. Sicherlich wird man eine solche Zeitdisposition als Mittel formaler Gestaltung annehmen dürfen. Ferner endet der I. und der V. Abschnitt auf dem Grundton f', der II. und der IV. Abschnitt auf der Oktav des Grundtons, dem f", und der III. Abschnitt modulierend auf d". Die in den Grundtönen angedeutete „Verwandtschaft" der Abschnitte kommt auch im Verlauf der Melodien zum Ausdruck. So beginnt die Melodie des ersten ebenso wie die des fünften Abschnitts im Bereich der Oktav des Grundtons (f"), steigt dann zum Spitzenton (a" bzw. b") hinauf und fällt schließlich in Wellenbewegung auf den Grundton zurück. Dabei erweist sich der fünfte Abschnitt als verkürzte Fassung des ersten. Im zweiten Abschnitt und seiner Kurzfassung, dem vierten Abschnitt, beginnt die Melodie in der höchsten Lage, wird in der Mitte bis zum a' gesenkt und umspielt am Schluß längere Zeit die Oktav des Grundtons, das f". Gewiß darf man bei diesen Vergleichen nicht die einzelnen Tongruppen und melodischen Wendungen gesondert betrachten; denn es ist dem Spieler freigestellt sie so variabel wie möglich zu gestalten. Vielmehr sind es die Linienzüge der größeren Einheiten (die hier „Figuren" genannt seien, vgl. die eingekreisten Ziffern) in denen die Verwandtschaft sichtbar wird. In diesem Sinne lassen sich einander zuordnen: Figur 1 und 19,2 und 20, 3—5 und 21 (stärkste Zusammenfassung), 6 und 22, 7 und 23 für die Abschnitte I und V; Figur 8—10 und 17, 11 und 18 für die Abschnitte II und IV. Der dritte Abschnitt kombiniert alle übrigen: Sein Anfang (Figur 13—14) ist mit den Abschnitten II und IV (Figur 8—10 und 17), seine Mitte, der Abstieg auf f' (Figur 15) mit dem letzten Teil der Mitte in den Abschnitten I und V (Figur 6 und 22), sein Schluß (Figur 16) mit dem Schluß der Abschnitte II und IV (Figur 11 und 18) vergleichbar. Schließlich zeigt sich in den Figuren auch, welche Intervalle in der Melodie eine begrenzende oder strukturierende Wirkung ausüben. Es sind dies besonders die Quarten c"-f" (z.B. in Figur 1—5 u.v.a.m.), f'—b' (in Figur 7 und 23), f"—b" (in Figur 8 und 17). Zudem werden a" und a' hervorgehoben: das a" an vielen Stellen als ein dominierender Ton, der eine Hochspannung auf der Ebene des f" bewirkt, das a' als ein Wendepunkt (zu Anfang der Figuren 11 und 22) der als äußerste Unterschreitung des Strukturintervalls c"—f" erscheint. An anderen Stellen ist das a' der Hauptton im Strukturintervall f'—b'."

* * *

Im Gegensatz zu den improvisierten *taksim* sind die Instrumentalgattungen *peşrev* und *saz semaî* feste Formen. Sie sind gar nicht sehr verschieden voneinander. Beide sind Reihenformen, die aus mehreren Teilen zusammengefügt wurden. Eine Entwicklungsform, wie es etwa die späte abendländische Sonate ist, gibt es in der türkischen Kunstmusik nicht. Diese Feststellung ist nicht illegitim da wir in anderen orientalischen Ländern ja etwas den Reihenformen Verwandtes finden. Wir denken an Indien und teilweise auch an persisch-arabische Verhältnisse und dürfen annehmen, daß man auch in der Türkei früher vielleicht einmal so musiziert hat, indem man einen bestimmten Melodietyp, gewissen Regeln folgend, immer reicher ausblühen läßt, ihn variiert und aus Neugewonnenem immer Weiteres entwickelt. Gewiß, die einzelnen Teile türkischer Instrumentalformen unterscheiden sich auch voneinander, Motive werden von einem Satz in den anderen übernommen, man nutzt Steigerungseffekte, es bleibt aber eine geschlossene

Form, und der sich so präsentierende Stil ähnelt in seiner andeutungsweisen Statik eher unseren barocken als den sogenannten klassischen Musikformen.

Auch bei den Instrumentalstücken wird nur eine Kernmelodie niedergeschrieben, ohne Angabe der „Besetzung". Diese kann von den Ausführenden frei gewählt werden und unterliegt nur gelegentlich, beispielsweise in der religiösen Musik, einem traditionell-verbindlichen Usus. Ganz gleich, wer nun etwa an der Wiedergabe eines *peşrev* beteiligt ist, jedes Mitglied des Ensembles darf und soll die Kernmelodie an den sich dazu eignenden Stellen mit beliebigen Wendungen aus der Fülle der stereotypen, überlieferten Ornamente (*taşıl bezek* = versteinertes Schmuckwerk) versehen, dort bereits ausgeschriebene Verzierungen durch andere ersetzen usw. Das, was sich daraus, d.h. aus der Urmelodie und der Ausschmückung bzw. der in den Ausschmückungen veränderten Urmelodie ergibt (*tavır* = Auftreten) muß zwangsläufig bei jedem der Mitwirkenden anders ausfallen. Und da die verschiedenen Versionen gleichzeitig erklingen, haben wir hier eine — man möchte sagen — geregelte und geforderte Heterophonie vor uns. Zu erkennen, welche Stellen der gegebenen Weise sich für die Veränderungen eignen und welche nicht, setzt sehr viel Einfühlungsvermögen voraus. Man muß sicher in der Tradition der klassisch türkischen Musikpflege großgeworden sein, um hier das richtige Stilgefühl zu entwickeln. Einem Abendländer wird diese Kunstfertigkeit im allgemeinen ebenso verschlossen bleiben, wie das baldige Erkennen eines bestimmten Makam (nicht einer Tonleiter). Andererseits ist das künstlerische Ergebnis auch bei einheimischen Musikern keineswegs gleich. Man wird hier gut tun, beim Studium des so stark individualisierten und zugleich der Überlieferung verhafteten Ausführungsstils möglichst bedeutenden Interpreten zu lauschen, am besten alte Schallplattenaufnahmen heranziehen und den notierten Notentext damit vergleichen.

Was hier bei den Instrumentalformen zu besprechen bleibt, sind die einfachen Kernmelodien und ihre Gliederung. Das *peşrev*, seinem Wortsinn („das Vorangehende") entsprechend eine Art Ouvertüre, ist eine rein türkische Gattung. Es besteht aus drei, meist aber vier und gelegentlich sogar noch mehr Teilen, *hane* („Haus") genannt, denen jeweils ein Ritornell (*teslim* = übergeben, auch *mülâzime*) folgt. Dieses Zwischenspiel hat nicht allein eine vermittelnde Rolle, es ist ja auch an das letzte *hane* angehängt und muß somit den Schluß des ganzen *peşrev* bilden. Es gibt also gewissermaßen so etwas wie das Pfeilerwerk des ganzen Kunstwerkes ab, das Stützende, Verbindende und sich gleich Bleibende in einer Folge verschiedener musikalischer Charaktere. So sieht die Form des *peşrev* erst seit etwa 1830 aus. Vorher hatten die Stücke meist nur drei *hane,* die alle den gleichen Schlußteil aufweisen, der damit bereits die Rolle eines bescheidenen Zwischenspiels aufgenommen hatte. Als man dann allmählich häufiger vierteilige *peşrev* komponierte, wurde es Brauch, das zweite *hane* nach jedem weiteren Abschnitt noch einmal zu spielen, womit dieses dann zum echten, in sich geschlossenen Ritornell wurde. Die früher gelegentlich jedoch auch schon gebräuchlichen fünfteiligen *peşrev* benutzten stets den *usul darb-î fetih* (Schlagart der Eroberung), jenes aus 88 Zählzeiten bestehende überdimensionale und nicht mehr überschaubare rhythmische Muster, das nach 1800 dann auch nicht mehr verwandt wurde. Sonst kann sich ein *peşrev* aller Rhythmen bedienen, nur nicht der drei *semaî-usul*, da diese dem Gegenstück des *peşrev*, dem *saz semaî*, vorbehalten sind. Nur die für die religiöse Musik herangezogenen *peşrev* machen von der freien Wahl des *usul* keinen Gebrauch.

Eine Sonderform des Vorspiels ist der *karabatak peşrev* (Kormoran-*peşrev).* Bei ihm ist ausnahmsweise die Art der Ausführung vorgeschrieben, nicht das einzelne Instrument, aber jeweils, ob ein Abschnitt solistisch oder chorisch musiziert werden soll. Hier wird also eine konzertante Wirkung ausgenutzt, die sonst eigentlich nur dann andeutungsweise zustandekommt, wenn ein, wie üblich, solo gespieltes *taksim* vor oder zwischen vom Ensemble ausgeführten Sätzen erscheint. Wie weit beim *karabatak peşrev* darüber hinaus vielleicht auch an abendländische Vorbilder zu denken ist, muß dahingestellt bleiben. Jedenfalls müssen auch in der türkischen Form Solo und Chorus einander wie Frage und Antwort folgen. Sie sind meist nicht lang, sondern bestehen aus nur kurzen melodischen Phrasen.

Die einzige weitere Regel für ein *peşrev* besagt, daß das erste, dritte und vierte *hane,* sowie natürlich das Ritornell, in dem vorgezeichneten Makam stehen müssen, während der zweite Teil zeitweise in eine andere Tonart ausweichen oder gar völlig in einen nah verwandten Makam übergehen soll. Hier wird also der einen gewissen Höhepunkt bildende Kontrast sehr nahe an den Anfang gerückt. Bei den Liedern war es anders, da boten erst die dritten der vier Zeilen, die sog. *meyan,* Gelegenheit zu ähnlichen Abwechslungen. Noch größer sind diese in dem *fihrist peşrev* (registrierendes *peşrev*), das eine größere Zahl von Makamen enthält und damit eine Parallele zu dem oben besprochenen *kâr-ı natık* bildet.

Das Gegenstück zum *peşrev* und zugleich die andere der beiden einzigen geregelten Instrumentalformen der türkischen Kunstmusik ist das *saz semaî*. Es hat abschließenden Charakter, ist sonst aber ganz ähnlich aufgebaut wie die „Ouvertüre". Es besteht nämlich aus drei, vier oder fünf, meist aber vier *hane* mit jeweils dem gleichen *teslim* an deren Ende. Als Unterschied mag gelten, daß ein *saz semaî* fast immer in gehendem Tempo *(yürük)* abläuft und daß außerdem nur Rhythmen der *semaî*-Gruppe verwendet werden. Das besagt ja bereits der Name: *saz* bedeutet hier

Instrumentalstück, und zwar dann im *semaî-usul*. Oft werden aber verschiedene *semaî*-Rhythmen gewählt, um das Stück farbiger und lebendiger zu gestalten und ihm damit eine überzeugende Finalwirkung zu verleihen. Bevorzugt wird der *usul aksak semaî*, d.h. der nach 3+2+2+3 gegliederte 10/8 Takt. Wenn man aber den Rhythmus wechseln will, so wählt man fast immer für das letzte *hane* den *usul yürük semaî* oder einen verwandten, ebenfalls dreihebig wirkenden Rhythmus. Wenn dieser z.B. als 9/8 notiert wird, so ist es dann doch kein asymmetrischer *aksak,* sondern beinahe so etwas wie ein Gigue-Rhythmus oder Walzer-Takt. Dies drückt mehr als nur einen Vergleich aus. Es fällt nämlich auf, daß dieser im klassischen *usul*-Katalog gar nicht vorkommende Rhythmus, z.B. in Form eines ständigen Wechsels aus betontem Viertel und nachfolgendem Achtel, erst seit der ersten Hälfte des 19. Jahrhunderts auftaucht, und daß man gelegentlich in sonst echt türkischen Kompositionen die Angabe *vals* findet. Hier hat der damals in aller Welt beliebte Wiener Walzer mit seinem „runden" und eleganten Rhythmus ein wenig Pate gestanden.

Im Gegensatz zu unserem schnellen Walzer mit seinem leichten Sinn aber wird der 3/4 Takt von türkischen Komponisten öfter in ein langsam-getragenes Tempo umgewandelt. Rauf Yekta scheint den Walzer als so etwas wie ein Bindeglied zwischen der türkischen und der mitteleuropäischen Musik angesehen zu haben, wenn er in seiner sonst so wissenschaftlichen Abhandlung über „La Musique Turque" als Beispiele der verschiedenen Makame 30 von ihm selbst komponierte Walzer vorlegt und schließlich europäischen Komponisten empfiehlt, an diesen Melodien Möglichkeiten einer funktionsfreien Harmonisierung zu erproben und so vielleicht einen Weg zur Verschmelzung des türkischen mit dem abendländischen Musikstil zu finden. Mehr als offenbar die türkischen Musiker selber empfinden wir die walzerartigen Schlußabschnitte der *saz semaí* als einen Stilbruch und begrüßen es umso mehr, daß diesem Zwittergebilde dann doch noch das originellere *teslim* zu folgen hat. Es gibt aber auch noch eine positive Begründung für den Übergang zum Dreier-Rhythmus in den vierten *hane*. Der *aksak semaí* gilt auch den Türken, wie das Wort *aksak* (stolpernd) sagt und wie oben schon betont wurde, als kompliziert. Vielleicht will man aber das *semaí* unbeschadet des noch folgenden *teslim* in einem einfacheren Bewegungsablauf enden lassen. Dazu bietet sich am ehesten natürlich eine Reduktion des komplizierten Rhythmus auf seinen möglichen Ausgangspunkt an. Das wäre beim *aksak semaí* mit seinen zehn Achteln eben ein 9/8-Takt. Die Figur aus einem Viertel und einem Achtel (der Walzer-Rhythmus) kommt hier im Trommelmuster bereits zweimal vor. dazwischen stehen zwei Viertel, von denen nur das letzte in ein Achtel verwandelt werden muß, um einen 9/8-Takt der geschilderten Art zu erreichen. Möglicherweise haben solche Erwägungen ursprünglich eine Rolle gespielt, man fand sich dann vielleicht durch den inzwischen bekannt gewordenen Charakter des Wiener-Walzers bestätigt und akzeptierte so das Neue, ohne sich der Stilwidrigkeit bewußt zu werden.

Ähnlich wie beim *peşrev* kommt es auch beim *saz semaí* vor, daß man mehrere Makame nacheinander verwendet. Dieses dann sogenannte *fihrist saz semaí* verdankt seine Existenz sicher auch dem Bestreben nach rhythmischer *und* modaler Belebung, verliert zugleich aber an Final-Wirkung. Unter den Instrumentalformen sind schließlich noch zwei fremde Gattungen zu erwähnen, die aber gelegentlich selbständig gespielt werden oder Aufnahme in größere Aufführungszyklen gefunden haben: die Tänze *sirto* und *longa*. Der *sirto,* nach dem neugriechischen Syrtos (wörtlich „schleppend"; ein Reigentanz), entstand Ende des vorigen Jahrhunderts unter dem Einfluß der Volksmusik des westlichen Nachbarn. Dieser Tanz muß hier aufgezählt werden und nicht im Zusammenhang mit der türkischen Volksmusik, da er — wie bei uns viele in der Barock-Suite aufgenommene Tänze — stilisiert wurde und so immer nur in klassischer Besetzung gespielt wird. Das Gleiche gilt für die *longa,* die zu gleicher Zeit entstand und auf Einflüsse der rumänischen Zigeunermusik zurückzuführen ist.

Der Aufführungszyklus fasil

Es war schon mehrfach von Aufführungszyklen die Rede. Dabei handelt es sich nicht um zyklische oder größere Werke, die aus mehreren Sätzen bestehen, sondern um einen allmählich eingebürgerten Brauch, bei einem Konzert, vor meist kleinem Hörerkreis, eine in etwa stets gleiche Reihenfolge von Stücken verschiedener Gattungen einzuhalten. Vergleichsweise könnte man an gewisse Konzertprogramme unseres Musiklebens denken, bei denen beispielsweise die Abfolge Ouvertüre und Solokonzert im ersten Teil und Symphonie im zweiten Teil wiederkehrt. Während das allerdings unverbindlich bleibt, gewann die Praxis des *fasıl* („Abschnitt") in der türkischen Musik eine viel größere Bedeutung. Sie ist zudem eine rein türkische Eigenart und begegnet — wiewohl *fasıl* ein arabisches Wort ist — in keinem anderen orientalischen Land.

Es ist durchaus möglich, daß sich ein Ensemble die notwendigen Stücke selber zu einem *fasıl* zusammenstellt, ebenso oft werden aber im Druck bereits fertige Zyklen angeboten. Schließlich ist es nicht selten, daß ein Komponist eigene Kompositionen zu einem *fasıl* zusammenfügt oder gar im Hinblick auf die Bildung eines Zyklus erst neu

115

komponiert. In diesem Falle wäre ein *fasıl* fast so etwas wie bei uns beispielsweise eine Kantate oder ein für eine geschlossene Aufführung gedachter Liederzyklus mit instrumentaler Einleitung und einem entsprechenden Schlußteil. Meist jedoch stammen die einzelnen Teile des *fasıl* von ganz verschiedenen Tonschöpfern.

Verbindliche Regeln für ein *fasıl* sind einmal die Einheit des Makam und die Reihenfolge. Alle Teile müssen im gleichen Makam stehen. Das mag uns wie eine Einengung vorkommen, lieben wir doch auch die tonartliche Abwechslung, selbst in einem einheitlichen Werk wie einer Symphonie, es zeigt aber, daß ein Makam eben mehr ist als nur eine Tonart. Er bedeutet eine komplexe Ausdruckswelt, aus der man nicht laufend in andere musikalische Klimata überwechseln kann. Man hat ja auch eine gewisse Zeit benötigt, hat sich ein *taksim* angehört, um ganz in den Geist des zu erwartenden Makam einzutauchen. Das hindert nicht, daß — wie wir sahen — einzelne Liedzeilen oder *hane* in andere Makame ausweichen, in diesen Fällen sind es wirklich nur tonartliche Modulationen, die den Hörer nicht aus der Atmosphäre des Haupt-Makam herausreißen. Ebenso sind auch sicher die *fihrist*-Formen des *peşrev* oder des *saz semaî* zu verstehen. Bei ihnen geht es wohl nur um modale Abwechslung, auf einen neuen Ausdrucksgehalt kann man bei ihnen keinen Wert legen. Die *fasıl* dagegen wahren eine solche Geschlossenheit, die auch durch die Benennung mit dem verbindlichen Makam dokumentiert wird.

Die Abfolge eines *tam fasıl*, eines „vollständigen" Zyklus ist stets so, daß am Anfang und am Ende je ein Instrumentalstück stehen, ein *peşrev* und ein *saz semaî*. Jetzt wird uns deutlich, warum ersteres gelegentlich als Ouvertüre bezeichnet und bei letzterem auf die beschließende Aufgabe hingewiesen wurde. Dem *peşrev* können selbstverständlich noch ein oder mehrere *taksim* vorausgehen, ebenso wie es auch möglich ist, irgendwo Zwischen-*taksim* einzufügen. Alle anderen, zwischen *peşrev* und *saz semaî* stehenden Kompositionen sind Lieder, je ein *kâr, beste, ağırsemaî, şarkı* und *yürük semaî*. Das ganze *fasıl* setzt sich also aus sieben Teilen zusammen. Während nun die instrumentalen Sätze stets enthalten sein müssen, kann man, wenn sich einmal keine geeigneten Kompositionen in dem bestimmten Makam finden lassen, auf ein oder zwei der Lieder verzichten. Andererseits ist es durchaus üblich, statt des einen mehrere *şarkı* einzufügen. In neuerer Zeit tritt ohnehin das *şarkı* immer mehr an die Stelle der anderen Liedformen.

Die Besetzung eines *fasıl* ist natürlich ebenso wenig vorgeschrieben wie die der einzelnen Stücke. Auf alle Fälle müssen aber die Lieder instrumental begleitet werden. Je größer allerdings ein *fasıl* ist, umso mehr wird man auch auf eine reichere Besetzung Wert legen. So kann es kommen, daß sich einmal mehr als zehn Instrumentalisten zusammenfinden. Die zu singende Weise wird ohnehin — darauf wurde bisher hier noch nicht hingewiesen — chorisch ausgeführt. Dies ist nicht direkt vorgeschrieben, auch nicht von dem Komponisten, es ist aber üblich geworden, einen gemischten einstimmigen Chor singen zu lassen. Es gehört ja auch zur Aufführungspraxis der vergangenen Jahrhunderte, wie aus den türkischen Miniaturen des Topkapı Saray zu ersehen ist[8]. Die schriftlichen Quellen geben über aufführungspraktische Fragen nur wenig Aufschluß. Daher führten die Verfasser mit Münir Nurettin Selçuk, dem berühmten Sänger ein Gespräch, das auch die Frage nach der solistischen oder chorischen Besetzung der Vokalpartien klären sollte. Herr Selçuk vertrat die Ansicht, daß man die klassische Musik schon immer im Vokalensemble ausgeführt habe. Er sagte aber auch, daß dennoch ein guter Sänger solche Partien gesungen haben könne und ja auch noch singe, was er dann selber unter Beweis stellte.

Die neuere Zeit hat überhaupt manche der klassischen Formen ein wenig dem modernen Geschmack angepaßt. So nimmt man auch gelegentlich weitere, z.T. fremde Musikstücke in die von ganzen Orchestern ausgeführten *fasıl* auf. Als Beispiel sei hier das „Programm" eines *meydan faslı* wiedergegeben, das wir uns im Archiv des Senders Istanbul anhören konnten. Meydan heißt wörtlich „öffentlicher Platz" und bedeutet hier, daß das betreffende *fasıl* nicht für eine kammermusikalische Aufführung gedacht ist, sondern für eine breitere Öffentlichkeit. Es bestand im vorliegenden Falle, einem *hicazkâr faslı*, d.h. einem *fasıl* im *makam hicazkâr*, auch aus sieben Teilen, einem *peşrev* von dem Komponisten Tatyos, einem gattungsmäßig nicht näher bezeichneten Lied von Hacı Arif Bey, vier *şarkı* von Tatyos, Hristaki und einem unbekannten Komponisten, sowie aus einem instrumentalen Schlußsatz, aber keinem *saz semaî*. Hier erklang zunächst ein auf einem *kanun* gespieltes taksim, ihm folgten eine instrumental ausgeführte Liedweise und schließlich ein *sirto*-Tanz.

Formen der religiösen Musik

Der orthodoxe Islam ist nicht musikfreundlich. Über die Musikauffassung, die sehr wahrscheinlich für diese Einstellung verantwortlich zu machen ist, wird später noch kurz zu reden sein. Bei zwei Elementen der Religionsausübung mußte man aber von vornherein Zugeständnisse machen: bei den Koran-Lesungen und dem Gebetsruf.

Die Gemeinde mit dem Glaubensgut vertraut zu machen, ist eine wichtige Aufgabe aller Religionsgemeinschaften. Unterschiedlich ist nur die Form. Teils liest man aus den heiligen Schriften lediglich vor, teils bedient man sich dabei einer gehobenen, fast schon psalmodierenden Sprache, teils aber überhöht man die Texte auch durch echte Melodien. Was die Wahl der einen oder anderen Form bestimmt haben mag, ist schwer zu sagen. Die Formen ändern sich auch manchmal im Laufe der Jahrhunderte. Ein paar Generationen lang duldet man die Musik im Gotteshaus, dann wieder verbannt man sie daraus. Im Falle der beiden im Ritus des Islam „erlaubten" musikalischen Ausgestaltungen mögen vor allem Gründe der Zweckmäßigkeit eine Rolle gespielt haben. Die gesungene Sure aus dem Koran prägt sich dem Gläubigen sicher leichter ein, als die nur gelesene, und außerdem bleibt er so eher aufmerksam als bei dem nur gesprochenen, dann leicht in Monotonie abfallenden Wort. Der Anteil des Musikalischen ist da, wo der Koran singend vorgetragen wird, sogar erstaunlich hoch. Es sind echte Melodien, nicht jene Zwischenform aus Sprache und Weise, d.h. Rezitative im engsten Sinne des Wortes. Sie benutzen Makame, die der Imam, der Vorbeter, frei wählen kann. Man wird also die gleiche Sure einmal in dem, ein andermal in jenem Makam hören können. Dennoch muß einschränkend gesagt werden, daß die beim Koranvortrag gebildeten Melodien niemals ganz so weitschweifig und ornamentiert ausgeführt werden wie im manchmal weltlichen Gesang. Die Verständlichkeit des Textes muß auch hier in etwa gewahrt werden.

Entscheidend für den Stil der orthodox-islamischen Musikformen, also auch für den Koran-Vortrag, sind zwei Voraussetzungen: einmal sind sie rein vokal, Instrumente sind allzu weltlich und daher — ähnlich wie zeitweise in unserem Mittelalter — im Gotteshaus untragbar. Zum anderen verlaufen sie rhythmisch frei. Sie unterliegen also keinem *usul.* Es ist ja auch keine Ensemblemusik, es sind keine Instrumente beteiligt, deren Zusammenspiel im zeitlichen Ablauf geregelt sein müßte. Im übrigen wird der derart ungebundene Vortrag den rhythmisch irrationalen Gegebenheiten eines Prosa-Textes immer noch am ehesten gerecht. Wir haben in diesen religiösen Musikformen also so etwas wie ein Gegenstück zu den vokalen *taksim,* nur daß man hier nicht frei improvisiert, sondern sich im Gegenteil meist sehr eng an ein überliefertes Vorbild anlehnt oder hält. Nur in der rhythmischen Freiheit, in dem — man denke an Bartóks Definition — Parlando-Vortrag ist die Parallele gegeben.

Noch auffälliger ist die rhythmische Ungebundenheit bei den Gebetsrufen, die andererseits melodisch oft außerordentlich ausgeschmückt werden. Sie können diesbezüglich ja gerade als der Prototyp des vorderorientalischen Singstils gelten. Daß sie vielleicht das unmittelbare Vorbild abgaben, wird wohl in gewissen Gattungen der Volksmusik deutlich, worüber im 2. Band „Musik der Türkei" mehr gesagt werden wird. Der Gebetsruf, *ezan* genannt, wurde schon in den ersten Jahren nach der Entstehung des Islam, noch zu Lebzeiten des Propheten eingeführt. Zunächst hatte man jeder für sich nur im Stillen gebetet, bald jedoch lud man die Gemeinde zum gemeinsamen Gebet in ein eigens dafür vorgesehenes Haus ein. Da man so aber nicht alle Gläubigen erreichen konnte, suchte man nach einer wirksameren Form des Zusammenrufens. Es wurden Mohammed verschiedene Vorschläge gemacht: Glocken, Leuchtfeuer auf kleinen Hügeln, Hissen einer Fahne auf·dem Rathaus. Der Prophet lehnte all diese Vorschläge als unpassend ab, entschied sich dann aber für eine andere Art, für die Verkündung von Worten, die einem Manne seiner Umgebung im Traum mitgeteilt worden waren. Er schickte einen anderen dann auf ein hohes Haus und ließ ihn von dort diese Worte ausrufen.

Abb. 1: Hethitische Musikanten mit zwei verschiedenen Leiertypen. Relief der Ausgrabungsstätte Karatepe in der mittleren Südtürkei

Abb. 2: Hoffest an der Küste. 3 *ney,* 1 *rebab,* 1 *tanbur,* 1 *santur,* 2 *zilli def.* 17. Jahrhundert

Abb. 3: *Mehterhane* (Janitscharenkapelle) mit 7 *zurna*, 1 Anführer mit *zurna*, 5 *boru* (Trompeten), 3 *kös*, 5 *davul*, 2 *def*, 2 *nakkare*. 17. Jahrhundert

Abb. 4: *Mehterhane* aus dem Jahre 1970. Mit *zurna, boru, kös, davul, nakkare, zil* (Becken) und *çevgan* (Schellenbaum) bzw. *çağana*

Abb. 5: Große seldschukische *kös* (Pauke) aus Bronze. Türk ve Islam Eserleri Müzesi, Istanbul. 12. Jahrhundert

Abb. 6: *Mevlevi* im *Mevlahane* in Pera-Istanbul in osmanischer Zeit

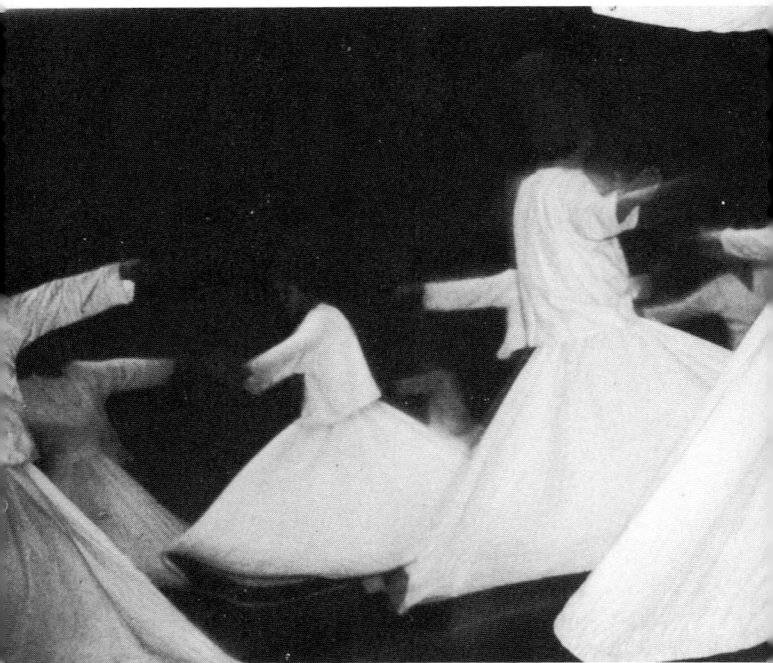

Abb 7: *Mevlevi* in Konya, 1970

Abb. 8: *Mevlevi*-Derwisch Süleyman Hayati Dede in Konya, 1970

Abb. 9: Gruppe von Musikerinnen mit *zurna*, *mıskal* (Panflöte), *tanbur* und *zilli def*. Anfang 18. Jahrhundert

Abb. 10: Hoffest an der Küste. 2 *zurna*, 4 *zilli def*, 2 *nakka-re*, 4 Tänzerinnen mit *çarpare* (Gegenschlagstäben) 17. Jahrhundert

Abb. 11: Hoffest an der Küste. 4 *zurna*, 2 *davul*. 17. Jahrhundert

Abb. 12: Hoffest an der Küste. 4 *zurna*, 1 *santur*, 4 *zilli def*, 2 *nakkare* und Tänzer. 17. Jahrhundert

Abb. 13: Hoffest an der Küste. 2 *ney*, 2 *mıskal* (Panflöten),
1 *rebab*, 2 *tanbur*, 4 *zilli def.* 17. Jahrhundert

Abb. 14: Hofartisten zur Musik von *mıskal* (Panflöte), *ud,*
çeng (Harfe), *zilli def, çegane* (Holzleiste mit drei mittel-
großen Beckenpaaren), Tänzerinnen mit *çarpare* (Gegenschlagstäben). 16. Jahrhundert

Abb. 15: *Ney*-Spieler beim *Mevlevi*-Festival in Konya 1967

Abb 16: Tanzknabe in der Schenke zur Begleitung von
kemençe rumi und *ud.* Ca. 1711

Abb. 17: *Kemençe rumi*-Spieler

Abb 18: *Kanun*-Spieler Necdet Varol

Abb. 19: *Santur*-Spieler

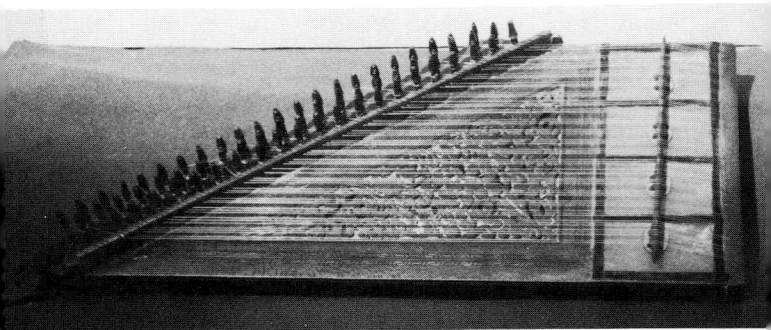

Abb. 20: *Kanun* ohne *mandal*

Abb 21: *Kemençe rumi*

Abb. 22: *ud*

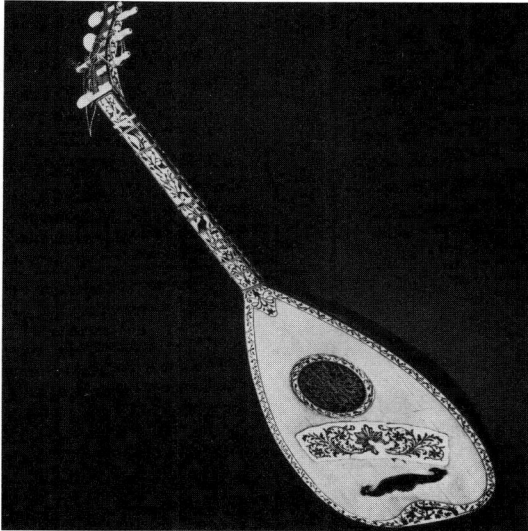

Abb. 23: *lavta*

Abb. 24: *Zilli def*

Abb. 25: *nakkare/kudüm*

Bildnachweis: siehe Seite 251

Der erste Gebetsruf, ein Morgen-*ezan*, war erklungen. Ob und in welcher Weise er bereits gesungen worden sein mag, ist nicht überliefert. Es darf aber angenommen werden, daß er von Anfang an mit erhobener und getönter Stimme erscholl. Anders kann sich niemand auf weitere Entfernung vernehmbar machen. Das war eine allgemein menschliche Erfahrung, die insonderheit einem Volke nicht fremd gewesen sein dürfte, das mit Karawanen durch die Wüste zieht, das Viehherden besitzt und hüten muß. Da ist man ständig gezwungen, sich über weitere Entfernungen miteinander zu verständigen, die menschliche Stimme aber trägt nur, wenn sie schwingt, wenn sie Töne erzeugt. Diese Erfahrung führte Carl Stumpf, den Psychologen und Mitbegründer der Vergleichenden Musikwissenschaft, dazu, im Verständigungsruf überhaupt den Anfang menschlicher Musikäußerungen zu sehen. Wenn man sich zuruft, wenn man sich besonders weit vernehmlich machen will, wird man immer mit größter Lautstärke den einen höchst erreichbaren Ton wählen, einen zwangsläufig gleichbleibenden Ton, dem sich dann bei nachlassendem Atem immer leiser gesungene und tiefer werdende Töne anschließen. Nicht von ungefähr entspricht das ja gerade dem Melodiestil von Hirtengesängen. Gedanklich ist es gar nicht so weit von hier zum Gebetsruf. Dort müssen ja auch Lebewesen zusammengerufen werden, noch mehr: dem orientalischen und dem christlichen Gläubigen ist das Bild von Priester und Gemeinde als dem Hirten mit seiner Herde gar nicht fremd.

Ein langer hoher Ton leitet oft auch den *ezan* ein, den der *muezzin,* der Gebetsrufer, fünfmal am Tage erklingen läßt. Noch zu Mohammeds Lebzeiten hatte man ihm dafür die hintere Seite des Bethauses zugewiesen, und schon 678 baute man das erste Minarett, einen schlanken Turm, oben mit einem Umgang, der es ermöglicht, den Gebetsruf in alle vier Himmelsrichtungen hinauszusingen. Zu größeren

121

Moscheen baute man dann zwei oder gar vier solcher Türme, ja es gibt sogar besonders prächtige mohammedanische Gotteshäuser, die von sechs Türmen flankiert werden, wie die Sultan-Ahmet-Moschee in Istanbul. Man stelle sich die zwingende Wirkung vor, wenn an Festtagen von allen Minaretts — manche haben sogar noch mehrere Umgänge — von den Türmen einer Moschee oder gar von sämtlichen Minaretts einer Stadt die *ezan* erschallen. Das ist auch für den Nicht-Mohammedaner faszinierend. Man bewundert, wie hier ständig das Religiöse in den Alltag hineingetragen wird, selbst wenn in einer Stadt etwa die Menschen kaum Notiz von den Muezzin zu nehmen scheinen, und man kann sich vorstellen, wie nachhaltig diese immerfort gehörten Gebetsrufe auch musikalisch Eindrücke hinterlassen müssen.

Der Text der Gebetsrufe wird selbstverständlich stets in der Kultsprache des Islam, auf arabisch, vorgetragen. Er besteht normalerweise aus sieben Zeilen bzw. knappen Sätzen, die in Übersetzung so lauten[54]:

Allah ist groß!
Ich bezeuge, daß es keinen Gott gibt außer Allah!
Ich bezeuge, daß Mohammed der Gesandte Gottes ist!
Kommt zum Gebet!
Kommt zum Heil!
Allah ist groß!
Es gibt keinen Gott außer Allah!

Die formale Gliederung ist deutlich, das Ganze rundet sich durch die am Schluß erfolgende Wiederholung des Anfangs, und zwar der ersten vollständigen Zeile, die von der Größe Gottes spricht, und der zweiten Hälfte der zweiten Zeile. Die offenbar häufigste musikalische Formstruktur besteht dagegen aus zwölf Zeilen. Die Vergrößerung gegenüber dem Text wird dadurch erreicht, daß man die ersten fünf Sätze, und zwar jeden für sich, wiederholt.

Gebetsruf

Rhythmisch sehr frei; Intonation, vor allem zu Anfang, ungenau.

+ bedeuten Tonerhöhungen, – Tonvertiefungen

Transkription einer Aufnahme in Araklı (östliches Schwarzes Meer) am 22.5.1963. Übertragung des Verfassers.

Der dieser *ezan*-Transkription unterlegte Text hat nicht die übliche Version. Nach wissenschaftlicher Gepflogenheit wird er aber so wiedergegeben, wie der *muezzin* ihn an diesem Tage gesungen hatte.

* * *

[Fortsetzung von Seite 122]

Diesen Wiederholungen entsprechen nun aber nicht auch melodische Reprisen, im Gegenteil, den beiden Darbietungen der gleichen Textzeile entspricht ein einziges musikalisches Gebilde, das allerdings in zwei Teile zerfällt, die einander ergänzen, wie Frage und Antwort etwa, und von denen der erste meist steigende, der zweite aber fallende Tendenz hat.

Diesem Schema entspricht im wesentlichen auch unsere Transkription, nur mit der kleinen Abweichung, daß in der ersten Melodiezeile die erste Textzeile bereits zweimal erscheint. Im übrigen sind die musikalischen Zeilenpaare 5/6, 7/8 und 9/10 identisch, mit den üblichen Varianten natürlich. Zwischen allen Zeilen befinden sich mehr oder minder große Pausen, die der Besinnung der Gläubigen und ihrer Vorbereitung auf das Gebet dienen sollen. Insgesamt finden in unserem Beispiel fünf Motive Verwendung, deren Verteilung aus der folgenden Tabelle hervorgeht, die auch über die Zeitdauer Auskunft gibt.

Textzeile	Melodiezeile	Dauer in Sek.	Motiv
1 (+1)	1	2,3	a
1	2	6	b
2	3	8,2	c
2	4	10,4	d
3	5	10,6	e
3	6	10,6	d'
4	7	13,2	e'
4	8	11,4	d"
5	9	12,7	e"
5	10	11,2	d'"
6	11	4,6	b'
7	12	7	c'

Unser türkischer Muezzin verschleift den Text mehrmals ganz erheblich, indem er Silben zusammenzieht oder ausläßt. Im übrigen färbt er häufig einzelne Vokale ins Türkische um, notiert wurde davon lediglich das „ek-ber", das an Stelle des „ak-bar" steht. Die Notenwiedergabe läßt die Verwandtschaft zwischen der Melodik eines Gebetsrufes und weltlichen Vokalformen, vor allem den später zu besprechenden uzun hava-Typen der Volksmusik, sehr deutlich werden. Da haben wir einmal die große rhythmische Freizügigkeit, die sich schriftlich exakt gar nicht feststellen läßt, und dann die langen Melismen. Viele Zeilen steuern ja gewissermaßen nur ganz eilig auf die vokalisierten Partien zu, die Silben des Textes folgen am Anfang auf kleinen Notenwerten rasch hintereinander, damit dann auf der letzten Silbe ein weiterer melodischer Bogen sich entfalten kann. Die Aufgabe der Weise als Ruf wird uns auch ganz klar, wenn wir uns die immer wieder eingeschobenen, freilich in sich auch wieder verzierten langen Töne vergegenwärtigen.

Was sich in der Melodie noch an vielen kleinsten Gesangs-
manieren findet, läßt sich ebenso wenig notieren, wie der
Klangstil selber, das lautstarke, gepreßte Singen, gepaart mit
einer suggestiv-religiösen Aussagekraft.

Zu diesen sieben Textzeilen des Gebetsrufes treten zu
bestimmten Zeiten noch Zusätze. So mahnt der Muezzin
bei seinem ersten Ruf am Tage: „Das Gebet ist besser als der
Schlaf!" Während der nächsten drei Gebetsstunden können
noch folgende Sätze hinzugefügt werden: „Gott preise
unseren Meister Mohammed. Und Gott segnet alle seine
Jünger". Ein gänzlich anderer Ruf erschallt am islamischen
Feiertag, dem Freitag. Und dann gibt es schließlich noch
Sonderformen für die hohen Feiertage und für den am
Freitag im Inneren der Moschee üblichen *iç ezan*.

Der Gebetsruf ist mehr noch als die Koran-Lesungen und
anderen religiösen Musikformen, die landschaftlich gebunden
sein mögen, eine überwältigende musikalische Erscheinung,
die alle Menschen mohammedanischer Länder aufs engste
miteinander verknüpft. Er spricht sie, wo immer sie sein
mögen, in einer ihnen verständlichen Sprache an, seiner
suggestiven Wirkung kann man sich niemals und nirgendwo
entziehen, trifft er die Menschen doch nicht *im* Gotteshaus,
das sie vielleicht gar nicht mehr betreten, sondern täglich,
alle paar Stunden, draußen in ihrem Alltag, in ihrer modernen Welt. Daß ein Muezzin eine möglichst schöne und auf
alle Fälle weitreichende Stimme haben muß, bedarf vielleicht
gar keiner besonderen Erwähnung. Dennoch sind die rein
musikalischen Leistungen der Gebetsrufer doch recht unterschiedlich. Nicht zuletzt aus diesem Grunde, aber auch, um
den modernen Stadtlärm übertönen zu können, bedient man
sich heute häufig einer elektrischen Verstärkeranlage mit
meist vier, in alle Winde gedrehten Lautsprechern, um die
akustische Wirksamkeit der Gebetsrufe zu vergrößern. Daß
das möglicherweise Niedergangserscheinungen sind, liegt auf

der Hand. Man hat sich aber schon daran gewöhnt, auf dem Minarett nun keinen Muezzin mehr zu sehen und ist dennoch in der gleichen Weise von der Kraft und der musikalischen Intensität angesprochen wie früher. Das natürliche Verlangen des Menschen nach musikalischer Betätigung oder nach dem Erleben von Musik kann auch die strengste Religion auf die Dauer nicht unterbinden. Musik, wenn auch in einfacher, unselbständiger Form, wirkte schon mit bei den kultischen Magien der Naturvölker, sie hat teil am Ritus aller Weltreligionen und bildete in vielen Kirchen, nicht zuletzt in den christlichen, die erhabensten und schönsten Formen überhaupt aus. Im Vorderen Orient und vor allem in der Türkei bezogen vornehmlich die religiösen Sondergruppen — Sekten ist für sie nicht ganz die rechte Bezeichnung — die Musik in ihr Zeremoniell ein. Aber auch der strenggläubige Islam, der ja Staatsreligion war und in vielen Ländern noch ist, erlaubte im Laufe der Zeit noch weitere Formen neben den allerdings vorherrschenden Koran-Rezitativen und Gebetsrufen.

Die Erzählung von der Geburt des Propheten, die schon immer einen gewissen Platz in der liturgischen Ordnung eingenommen haben mag, wurde durch den in Bursa als Imam wirkenden Süleyman Çelebi (gest. 1421) im Jahre 1409 in eine dichterische Form (*mesnevi*) gebracht. Dieses nach dem Fest der Geburt des Propheten *mevlit* oder *mevlût* genannte Werk wurde offenbar sehr bald vertont. Es besteht aus einer einleitenden Koranrezitation und gesungenen Hymnen. Die heute gesungenen *mevlût*-Kompositionen sind an Makame gebunden, es gibt aber auch improvisierte Teile, die jedoch bestimmte Makame in bestimmten Textstellen aufweisen müssen. Ein *mevlût* hatte früher vier Teile, denen jeweils ein anderer Makam zugrunde lag. Heute sind es *dügâh*, *hüseyni*, *rast* und *irak*. Diese anspruchsvolle musikalische Gestalt erfordert besonders gute Sänger, die in der

Lage sind, die Feinheiten der einzelnen Makame trotz ihrer schnellen Aufeinanderfolge voll zum Ausdruck zu bringen. Es versteht sich am Rande, daß auch dieses religiöse Werk rein vokal vorgetragen wird. Im übrigen singt man es — Geburt und Tod sind ja die Eckpfeiler des menschlichen Seins — auch zu den Totenfeiern, die am vierzigsten Tage nach dem Hinscheiden eines Menschen im Hause oder in der Moschee begangen werden, und ebenfalls zu Beschneidungsfesten.

Trägt man den Bericht von der Geburt des Propheten ohne Gesang vor, so verbindet man ihn mit einer anderen Kompositionsgattung, den sogenannten *tevşih,* die aber auch den Lesungen von der Himmelfahrt zugesellt werden. Makam und *usul* sind bei den *tevşih* nicht vorgeschrieben. Bedeutende und, wie es heißt, die schönsten Werke dieser Art stammen, nach Texten von Ruşenî, von dem berühmten Itrî. Gerade, weil hier das Musikalische ein so großes Gewicht hat, legt man besonderen Wert auf einen guten Sänger, der dem geforderten *ahenk* gerecht zu werden vermag. Unter *ahenk* versteht man nicht nur die sieben verschiedenen Lagen der menschlichen Stimme, sondern vor allem die in unseren Ausführungen schon einmal erwähnte „innere Harmonie" (vgl. Anm. 12) der türkischen Melodik, die also wesentlich vom Ausführenden mitbestimmt wird und so etwas wie Ausgewogenheit in der Wahl der Gestaltungsmittel oder auch stilistische Einheit von Komposition und Ausführung bedeutet.

Auch einzelne Gebete des Tages- oder Fest-Ritus wurden gelegentlich vertont. So das *tesbih* („Rosenkranz") für den Morgen im Fastenmonat *ramazan* und die *temcid,* die im nächtlichen Gebet von den Minaretts ertönen. Ein anderes Gebet, in dem Mohammed um Gnade angefleht wird, das *salat,* benutzt unverändert Worte des Korans und wird in drei Formen für den Morgen, für den Freitag bzw. für Feste und zu Leichenbegängnissen gebraucht. Seine Melodien können in verschiedenen Makamen stehen, der Rhythmus ist aber stets ein *durak evferi*. Diesen *usul* führt Rauf Yekta nicht gesondert auf, er wird nur für die *salat*, die *na't* und die später zu besprechenden *durak* verwendet und hat mit dem *evfer*-Rhythmus kaum etwas gemeinsam. Seine 21 Viertel oder Achtel sind in 1+1+1+2+4+4+4+4 Einheiten gegliedert. Das andere Gebet mit dem gleichen verbindlichen Rhythmus ist das *tekbir*, dessen Texte als besonders schön gepriesen werden. Sie sprechen von der Größe Allahs sowie von Dingen des Jenseits und werden als eines der täglichen fünf Gebete an Festtagen vorgetragen. Vorgeschrieben ist bei ihnen auch der Makam, und zwar *irak*. Schließlich sind noch zu erwähnen das *mersiye*, ein Gesang, den man zum Gedenken an einen Toten am 10. Tage des ersten mohammedanischen Monats anstimmt und das *na't*, ein weiterer Lobgesang auf den Propheten.

Diese *na't* genannte Gattung gab es früher in zweierlei Arten. Sie wird von einem oder seltener zwei *na'than* gesungen, unter denen sich, der Bedeutung dieser Lobgesänge für die gesamte islamische religiöse Musik entsprechend, oftmals berühmte Musiker befanden. So im 19. Jahrhundert der auch als Komponist bekannt gewordene Hamamſzade İsmail Dede (1778—1846). Das bekannteste Werk steht im Makam *rast* und wurde von Itrî[55] komponiert. Die gebräuchlichen Rhythmen sind *türkîzarp*, ein aus 78 Zählzeiten bestehender *usul* aus Halben und Vierteln, sowie der soeben erläuterte *durak evferi*.

Diese zuletzt genannte Gattung religiöser Musikformen wird auch von verschiedenen islamischen Sondergruppen verwendet. Sie haben in der Türkei im Gegensatz zum orthodoxen Mohammedanismus der Musik gegenüber keinerlei Vorbehalte. Im Gegenteil, bei ihnen nimmt die Musik im Zeremoniell geradezu eine zentrale Stellung ein. Ihre Kraft ist voll in den Dienst des Glaubens gestellt. Die Derwisch-Orden verbleiben damit im Geiste vieler anderer, vor allem urtümlicher Religionsformen, bei denen die Musik helfen soll, die Menschen in einen außermenschlichen, übernatürlichen oder göttlichen Seelenzustand zu versetzen. Das kann im Sinne der Erhebung und Verinnerlichung geschehen, wie beispielsweise im Konfuzianismus der alten Chinesen, es kann aber auch Entäußerung bedeuten, Ekstase bis zur vorübergehenden Auflösung und Überwindung alles Körperlichen. Von beidem findet sich etwas im Zeremoniell der türkischen Orden. Ausgedehnte kunstvolle Hymnen, getragenes Instrumentalspiel dienen der Kontemplation, rhythmisch-monotone Allah-Anrufungen dagegen der zunehmenden religiösen Verzückung. Letztere heißen *zikir* und werden von den *zâkir* ausgeführt. In diese der Ekstase dienenden monotonen *ilahî*-Rufe werden oft noch zwei Gesangsformen eingeschoben, die *medhiye* und die *durak*. Ein *medhiye* ist ein der Kasside verwandtes Lobgedicht auf den Propheten. Es wurde früher auch außerhalb der Klöster gesungen, später wandelte es sich zu einem von Derwischen verfaßten Preislied auf den Vorsteher eines Klosters. Das *durak,* das — wie oben schon angedeutet — im 21teiligen Rhythmus *durak evferi* steht und dessen ursprünglichste Bedeutung die eines Lesezeichens für die Pausen zwischen den Koranversen war, wird aus den Dichtungen der Mystiker ausgesucht und kann in allen Makamen vertont werden. Es wird vor allem von dem Orden der *halveti* gesungen.

İlahî ist der Sammelname für allerlei Hymnen, vor allem der verschiedenen Orden. Er bedeutet Gott gehörig, göttlich, und seine Texte entnimmt man wiederum den mystischen Dichtern. Die Fülle der möglichen Inhalte erlaubt es, die verschiedensten Makame anzuwenden. Die Hymnen der *mevlevi* werden *âyin* genannt, die des *bektaşi*-Ordens *nefes*. Beide Arten werden vokal und instrumental ausgeführt. Bei der positiven Stellung der Derwische zur Musik, ist es selbstverständlich, daß auch die Klangwerkzeuge an der zeremoniellen Aufgabe beteiligt sind. Allerdings dienen sie meist mehr der Besinnung als der Entäußerung, die vielleicht auch mit menschlichen Stimmen eher zu erreichen ist. Die musikalischen Formen der selbständigen Instrumentalparte sind der Kunstmusik entnommen. So beginnt das Hauptzeremoniell der Tanzenden Derwische stets mit einem meist längeren *peşrev,* das stets den *usul devri kebir* benutzt, und endet mit einem allerdings oft verkürzten *saz semaî,* darum vielfach nur *son yürük semaî* genannt, d.h. Schlußstück im Rhythmus *yürük semaî.* Ihm geht noch ein ebenfalls oft verkürztes *son peşrev* im *usul düyek* voran. Das ist aber alles nicht voll verbindlich, die bleibenden Teile sind das einleitende *peşrev* und das eigentliche *âyin,* die mehrteilige Hymne. Alles andere kann ebenso wegfallen. Dem *peşrev* kann, falls es sich um den Beginn eines aus mehreren Hymnen bestehenden Zeremoniells handelt, auch noch ein Gesangstück vorausgehen, das schon erwähnte Loblied auf den Propheten *na't.*

Die Instrumente der *mevlevi* waren ursprünglich nur mehrfach vertretene Längsflöten *ney* und kleine Paukenpaare *kudüm.* Darauf verweisen auch noch gelegentliche Besetzungshinweise in den *âyin*-Niederschriften, vor allem, wenn der Komponist den Wechsel von solistisch und chorisch gespielten Instrumenten wünscht. Die nicht notierten, aber oft den *peşrev* vorausgeschickten oder in den Zyklus eingeschobenen *taksim* führt selbstverständlich jeweils nur ein Flötist aus. Später hat man dann auch noch andere Instrumente zugezogen, vor allem die Langhalslaute *tanbur,* die Fiedel *kemençe rumi,* die Zither *kanun,* das Hackbrett *santur,* die Kurzhalslaute *ud,* die Rahmentrommel *daire* und in jüngerer Zeit sogar die Violine *keman,* Klavier und Violoncello. Die heute alljährlich stattfindenden *mevlevi*-Festivals haben im allgemeinen die Besetzung *ney, kudüm, tanbur, rebab* und *halili*,[55] das ein *zil* (Beckenpaar) ist, das nur in der Musik der Derwische mit diesem Namen belegt ist.

Die *âyin* der *mevlevi* im engeren Sinne, d.h. die eigentlichen gesungenen Hymnen bestehen aus vier Teilen, *selâm* (Gruß) genannt. Mit ihnen begrüßen die Tanzenden Derwische ihren Vorsteher. Am Beginn der Abschnitte, bevorzugt vor dem 2.+4. *Selâm*, steht sehr oft die stereotype Wortwendung „*Sultan-ı meni*" („Mein Herr"). Zwischen den *selâm* spielt man instrumentale Zwischenspiele. Sie heißen *terennüm*, und wir erinnern uns, daß man so auch die sinnfreien Textzeilen verschiedener Lieder nannte. Wir dürfen daraus vielleicht folgern, daß diese vokalen Einschiebsel im Grunde auch nur Ritornell-Charakter besaßen, daß sie möglicherweise schon existierten und diese Funktion ausübten, als noch keine Instrumentalbegleitung zu ihnen gehörte. Die *âyin* werden von den sogenannten *âyinhan* im Sitzen vorgetragen. Makame sind nicht vorgeschrieben, so daß wir in den etwa 58 erhaltenen *âyin* sehr verschiedene Weisen finden. Auch die Rhythmen können frei gewählt werden, doch hat sich ein gewisser Usus herausgebildet, der für die zweiten und vierten *selâm* verbindlich den *usul evfer* fordert.

Der Höhepunkt der vier Abschnitte liegt im dritten *selâm*, in dem der Derwischtanz sich zu einem Wirbel steigert. Mit dem Tempo des Tanzes erhöht sich auch das der Musik, um dann im vierten *selâm*, als Abbild des tänzerischen Vorgangs, wieder abzuebben.

Auch die *bektaşi,* die Mitglieder des anderen großen religiösen Ordens, kennen neben den ekstatischen Anrufungen wohlgeformte Hymnen, die *nefes.* Dieser Name bedeutet im übertragenen Sinne „wunderwirkender Atem heiliger Personen" und weist von sich aus schon auf die mystischen Textbeziehungen hin. Man singt die *nefes* schon von altersher. Die ihnen zugrunde liegenden Dichtungen verwenden, ähnlich der Volksdichtung, ein Silbenversmaß. Spezielle Formen der *nefes* sind die schon erwähnten *medhiye* und *mersiye,* sowie noch die *hicviye.* Daß auch bei ihnen Instrumente begleitend und selbständig wirkend beteiligt sind, liegt auf der Hand.

Betrachtungen zum Stil der türkischen Kunstmusik

Obwohl der Stil einer Musik der Seele, dem Charakter eines Lebewesens vergleichbar ist, mithin also das Wesentliche und am tiefsten Wurzelnde des musikalischen Organismus darstellt, müssen wir hier darauf verzichten, ein abgerundetes Bild der Stileigenarten der klassischen türkischen Musik zeichnen zu wollen. Es wäre ein zu vielschichtiges und komplexes Gebilde, das sich recht nur durch die sehr detaillierte Betrachtung unzähliger Einzelzüge deuten und glaubhaft machen ließe, bei dessen Erläuterung Analysen und Synthesen in einem Umfang einander zu folgen hätten, der den Rahmen unserer vorliegenden Betrachtung weit überschritte. Wir müssen uns so darauf beschränken, nur ein paar wichtige Einzelzüge herauszugreifen, wobei wir glauben, dem Leser vielleicht noch mehr zu dienen.

Hierher würde es gehören, die Charaktere der einzelnen Makame durchzusprechen, ihre melodischen Eigenarten und Motivgestalten. Musik bedient sich ja wie die Sprache eines umfangreichen Wort-, d.h. hier Motivschatzes. Ihr Vokabular ist typisch für die musikalische Sprache des Volkes und zeigt auch innerhalb dieser, in einzelnen Stämmen und Landschaften wiederum dialektische Unterschiede. Hinzu kommt dann noch der individuelle Stil eines Komponisten und hier in der Türkei eben der Stil eines Makam. So wie wir bei einer harmlosen Unterhaltung anders reden als im wissenschaftlichen Gespräch, anders bei einem Todesfall als zu einem freudigen Anlaß, so klingt — in die Tonwelt übertragen — jeder ausgeprägte Melodietyp eben anders, er hat einen anderen Inhalt und Ausdruck. Verschieden ist also das angewandte Vokabular im Gegensatz zur Syntax, um bei einem weiteren vergleichenden Begriff aus der Sprachlehre zu bleiben. Die Struktur der einzelnen musikalischen Sätze wahrt bestimmte Regeln.

Zu diesen, den Stil mitbestimmenden Regeln, gehört das Vorhandensein und die stete Beziehung des ganzen melodischen Vorgangs auf einen Grundton. Wenn wir uns davon freizumachen vermögen, die der abendländischen Theorie entnommenen Begriffe Tonika, Dominante usw. in dem dort üblichen komplexen Sinne mit Bezug auf harmonisch-funktionale Zusammenhänge aufzufassen, und in der Lage sind, sie nur unter ihrem melodischen Aspekt zu sehen, so dürfen wir sie auch auf die türkische Musik anwenden. Dann wäre der eben genannte Grundton eben die Tonika *(karar)* neben der es sinngemäß auch eine Dominante gibt, einen zweiten beherrschenden Ton innerhalb eines Leiterngerüstes *(güçlü)*[56]. Dieser *güçlü* ergibt sich aus der Struktur der vorliegenden Skala, er ist der gemeinsame Ton von deren Tetrachord und Pentachord. Liegt das Tetrachord im unteren Teil der Tonleiter, so ist die Dominante der Quartton, im anderen Falle der Quintton. Neben Tonika und Dominante gibt es noch weitere Gerüsttöne *(çatkı perde)*, die als Anfangs- und Schlußtöne der musikalischen Phrasen benutzt, länger ausgehalten und betont werden usw. Einer dieser Gerüsttöne genießt oft noch einen gewissen Vorzug, er bildet so etwas wie eine melodische Dominante und heißt *asma karar* („hängender Schluß"). „Melodische Dominante" ist die im

Gegensatz zu dem aus der konstruktiven Quint-Quart-Gruppierung gewonnene *güclü*.

Am Anfang dieses Kapitels und bei der Besprechung der Instrumentalformen konnte bereits darauf hingewiesen werden, daß Sänger und Instrumentalisten eine Melodie niemals in der vom Komponisten festgelegten Fassung wiedergeben. Was überliefert oder in Noten geschrieben wird, ist eine Art Kernmelodie die allerdings auch schon an ihren gewissermaßen weichen Stellen, zwischen den Gerüsttönen, Ornamente aufweist. Diese sind aber nicht verbindlich, der Ausführende kann sie durch andere ihm bekannte Verzierungen ersetzen, an anderen Stellen weitere anbringen, sie weglassen usw. Was sich ergibt, die neu gedeutete Komposition ist eine einmalige und so nicht wiederholbare Realisierung einer Kernmelodie. Die Grundkonzeption einschließlich der Form wird dabei kaum je angetastet, vor allem wird man den Makam nie verlassen, wo es nicht vorgesehen ist, andererseits aber jede in den Ablauf gehörige „Modulation" oder Ausweichung in eine andere Skala (*geçki*= Übergang) mitmachen.

Obwohl hier und da Phrasen an späteren Stellen einer Komposition wiederkehren, obwohl einzelne Teilmotive, möglicherweise bedingt durch Ansprüche des Makam, mehrmals auftreten, müssen die selbständigen größeren Abschnitte als „durchkomponiert" gelten. Das gilt in vollem Umfange etwa für die *hane* und die Ritornelle der Instrumentalformen und vor allem für die ausgedehnten Hymnen, aber auch großenteils für die Lieder, bei denen allerdings oft bis zu zwei Zeilen melodisch identisch sind, so daß man sie mit Wiederholungszeichen niederschreiben kann. Das Durchkomponieren ist ja nur eine weitere Bestätigung vorderorientalischen Musikgeistes. Hier herrscht die Melodie, hier darf sich die menschliche Stimme frei entfalten, hier müssen sich Abwechslung und Vielfalt, unabdingbare Grundforde-

rungen der Musik schlechthin, allein in einem ständigen Vor-
wärtsbewegen, in dem Gebären von immer Neuem bewahr-
heiten. Aber die Wiederholung, die dem Zuhörer Gelegenheit
gibt, sich an schon Gehörtes zu erinnern und die Gesamtheit
des Gehörten innerlich zu gliedern, ein weiteres wichtiges
Urelement der Musik, fehlt in den türkischen Werken auch
nicht. Da gibt es die wiederkehrenden Zwischenspiele, die
Zeilenreprisen, die Anrufungen und vieles andere mehr.
Gerade die religiöse Musik wird beiden gegensätzlichen
Forderungen am ehesten gerecht: der „unendlichen Melodie"
einer Hymne wird da beispielsweise die Monotonie der
äußerst kurzgliedrigen *ilâhî*-Rufe gegenübergestellt.

Eine weitere Stileigentümlichkeit wurde ebenfalls schon
oben erwähnt, die Heterophonie, jene durch die Überlagerung verschiedener Versionen der gleichen Melodie zu-
standekommende vielschichtige Einstimmigkeit. Sie beläßt
bei aller Tonfülle die türkische Musik im wesentlichen im
Bereich des Linearen, dem sich als bescheidenes Element
des Klanglichen manchmal ein Bordun hinzugesellt. Am
häufigsten begegnet dieser im begleitenden Spiel einer oder
zweier getönter Trommeln. Sehr selten nur erklingt einmal
ein instrumental durchgehaltener Baßton *(dem)*. Daß es sich
dabei um Reminiszensen an die den Türken ursprünglich
eigene Musikhaltung handelt, beweist die viel stärkere Aus-
prägung ähnlicher Erscheinungen in der Volksmusik, die ja
das Eigenständige besser zu bewahren vermochte. Wir denken dabei vor allem an die Bordunsaiten der Langhalslaute.
Da gibt es aber noch einen weiteren Hinweis, daß nämlich
das Bordunspiel auch in der Kunstmusik immer mehr zu-
nimmt, je weiter man nach Osten kommt, von Persien über
Indien in den asiatischen Raum hinein.

Um all das hier nur Angedeutete ein wenig besser zu ver-
anschaulichen, folgen nun zwei Analysen je eines Vokal-
und eines Instrumentalstückes. Sie erscheinen stellvertretend

für eine Vielzahl von Beispielen, die man untersuchen müßte, um dem türkischen Musikstil ein wenig näher zu kommen, und sie müssen hier genügen. Es sind sicher nicht die schönsten und charakteristischsten Stücke, doch eignen sie sich für unseren Zweck recht gut durch ihre Kürze, klare Gliederung und relativ schlichte Gestalt. Während das Gesangstück aus dem 17. Jahrhundert stammt, wurde als Instrumentalstück ein Beispiel aus dem 19. Jahrhundert gewählt. Das besagt aber nicht, daß letzteres vielleicht weniger echt, typisch und originell sein muß. Die türkische Musik hat sich ja im Laufe der Zeit viel weniger gewandelt oder auch weiterentwickelt, wie wir das als Analogie zu unseren Verhältnissen erwarten möchten. Damit weiß sie sich eins mit fast allen außereuropäischen Hochkulturen. Dort ging das Wachstum der kulturellen Erscheinungen viel langsamer und unmerklicher vor sich. Traditionsverbundenheit stand an erster Stelle und nicht der schon lange vorhandene, im 19 Jahrhundert dann auf die Spitze getriebene Fortschrittsglaube des Abendlandes. Andererseits war außerhalb unserer Welt kaum historisches Denken entwickelt worden, so daß die Frage nach der Entstehungszeit und zeitlich stilistischen Einordnung, die Frage nach der vermeintlichen Entwicklungshöhe gar nicht gestellt werden konnte. Im alten Geiste Neues zu schaffen, Bewährtes zu variieren, war die Aufgabe des nichteuropäischen Künstlers. Diese Auffassung und als Gegensatz die unsere, lassen sich zwar miteinander vergleichen, aber nicht aneinander messen. Das eine hat so viel Sinn wie das andere, es ist aber nicht mehr oder weniger wert. Also wollen wir — nach dieser Abschweifung, durch die aber auf etwas sehr Wichtiges notwendigerweise mit Nachdruck hingewiesen werden konnte — auch das instrumentale Beispiel unbeschadet seines geringeren Alters voll gelten lassen.

Das Lied, ein *beste* im Makam *rebavî* und im *usul beref şan*, wurde von Buhûrizade Itrî Mustafa Efendi (1640—
—1711) (vgl. S. 29f., 128ff.) komponiert und im ersten *fasıl*-Heft der Klassiker-Reihe 1954 veröffentlicht. Der Text ist einstrophig und besteht aus vier Zeilen, die im Versmaß *bahr-i-remel* stehen und so zu skandieren sind:

fâ-i-lâ-tün / fâ-i-lâ-tün / fâ-i-lâ-tün / fâ-i-lün

also dreimal die Gruppe geschlossene, offene, geschlossene, geschlossene Silbe und die letzte Gruppe geschlossen, offen geschlossen. Jede Zeile erhält somit fünfzehn Silben. Die erste, zweite und vierte Zeile enden reimartig mit dem gleichen Wortende *„demisin"* und werden zur gleichen Melodie gesungen. Die dritte Zeile, das *meyan,* wird durch seine eigene Melodie hervorgehoben. Da alle Melodiezeilen sehr gedehnt sind, dürfen wir die Form der ganzen Strophe durch die großen Buchstabensymbole A-A-B-A ausdrücken. Doch ehe wir hier weitere Details betrachten, folge zuerst der Text in Türkisch und in einer freien deutschen Übertragung.

> Yine ey rûh-i-musavver kafes-î-tendemisin?
> Yoksa bir vuslat için dâmen-i-dilberdemisin?
> Va'adler etmiş idin âşıka rahm eylemeye
> (Enverî) sen dahi gör kendini defterdemisin?

> Ach, ihr Gedanken meiner Seele,
> Seid ihr wieder im Käfig des Körpers,
> Oder weilt ihr im Saum meiner Schönsten,
> Erfüllung der Liebe zu finden?
> Versprachst du, des Geliebten dich zu erbarmen?
> Schau, oh Dichter, ob auch du stehst
> Im Buch des Erbarmens?

Rehavi Beste[20]

Buhûrizade
Itri Mustafa Efendi

Berefşan

Yi _____ ne ey ru _____
En _____ ver i _____ sen _____

—hi hi mu sav _____ ver
da _____ da _____ hi gor ken

ka fe si ten _____
di ni def ter

ten _____ de mi sin a ca—
ter _____ de mi ___ sin a ca

—nım. ka fe si ten _____
—nım. di ni def ter _____

ten _____ de mi ___ sin vay
ter _____ de mi ___ sin

va _____ de ler et

mi _____ şi bes dim'

a _____ şı ___ ka rah _____ mey

le ___ mi ___ ye a ca ___ nim.

a _____ şı ___ ka rah _____

mey _____ le _____ me Gel vay

Der Makam *rehavî*, benannt nach der Stadt Urfa, die früher arabisch Reha hieß, benutzt die gleichen Töne wie *rast*, sein Grundton ist also g. Er geht nur wenig über die obere Oktave hinaus, betont aber unter dem Grundton und in Verbindung mit diesem das tiefere d. Darum enden alle Zeilen auf diesen beiden länger gehaltenen Stufen. *Berefşan*, eines der längeren rhythmischen Muster, erstreckt sich über 16 Halbe. Je dreimal wird es jeder Zeile unterlegt. In den Zeilen mit gleicher Melodie entfallen auf die erste rhythmische Einheit (der 16/2) acht Silben, die durch Wiederholung der fünften auf neun erhöht werden. Die restlichen sieben Silben der Zeile werden zu den beiden weiteren Rhythmus-Einheiten zweimal gebracht, wobei jedesmal die vierte Silbe verdoppelt wird und beim ersten Mal *„a canim"* (Oh meine Seele"), bei der Wiederholung aber nur *„vay"* („Ach") hinzugefügt wird. Damit ist die zweite Zeilenhälfte auf elf bzw. neun Silben gedehnt. Das *meyan* hat zwar die gleichen Zusätze in der wiederholten zweiten Hälfte, doch besteht diese jetzt aus acht Silben, von denen keine wiederholt wird, so daß zu dem ersten rhythmischen Muster dieser Zeile nur sieben Silben treten können. Wir wollen es uns ersparen, dieses Verhältnis zwischen textlicher und melodisch-rhythmischer Struktur in einer Tabelle darzustellen. Es ist sicher auch so deutlich geworden, wie kompliziert und zugleich ausgewogen hier ein Ganzes hergestellt wurde. Bei der Länge der Phrasen ergibt es sich von selbst, daß die Worte der Melodie nicht syllabisch unterlegt werden konnten. Damit berühren wir eine weitere Eigenart des türkischen Vokalstils. Zu jeder Silbe tritt nicht nur ein einziger Ton, wie es beispielsweise oft in den Volkstanzliedern der Fall ist, sondern eine lange Ligatur, eine ganze Reihe miteinander zu verbindender Töne, die mehr ist als reines Melisma, das sich meist als Verzierungsfloskel gibt, sondern eben Teil des großen Melodiezuges. Eine weitere Verkünstelung ist es, daß

die melodischen Zäsuren keineswegs immer mit der Unter-
gliederung des *usul* (3+5+2+2+2+2) zusammen fallen. Man
vergleiche dazu das zweite Auftreten des *usul,* wo zum
ersten Mal der Text *ka-fes* usw. erscheint. Dort ist die
Gruppierung in der Melodie nicht wie eben als typisch für
den Schlagrhythmus angegeben, sondern 5+2+2+2+3+2 oder
2+3+2+2+2+5. An anderen Stellen, wie zwischen erster und
zweiter rhythmischer Einheit, läuft die Melodie gar über den
Trennungspunkt hinweg. Klarer ist diesbezüglich die dritte
Zeile geformt. Zu Anfang bewegt sich die Melodie um die
Töne d, die Dominante, und h. Das d wird von c aus erreicht
und dann wie ein Anfangston gedehnt, und das h be-
schließt die erste Phrase. Die bisher engmelodische Bewegung
wird nun weiter und dehnt sich vom g bis zum f, bleibt
aber nach wie vor wellenförmig. Nach einer vorzeitigen
Schlußbildung auf dem d (Silbe „*ver*") folgt der kurze Übergang zum zweiten Rhythmusmuster, zu dem die bevorzugten Töne g und unteres d herangezogen werden. Danach ein
kurzteiliges Ausschwingen über˙die Dominante als Ruhe-
punkt bis zum oberen Oktavton und einer Zwischenfinalis
auf d, nach der die Linie in mehreren Etappen allmählich
wieder zum Gerüstton h absinkt. Es beginnt zum dritten Mal
der gleiche *usul* (bei gleichzeitiger Textwiederholung). Die
Melodie bleibt unter dem e, die Nebenstufen a und c werden
mehrmals angesprochen, das Finale wird vorbereitet, indem
schon vorher auf dem g eine Binnenkadenz vorgenommen
wird, während der Schluß der ganzen, oder besser gesagt
dreier Zeilen durch das lapidare Sprungmotiv g-d-g Gewicht
erhält. Es wird sich erübrigen, so genau auch das *meyan* zu
besprechen. Auch hier folgen sich kürzere und längere
Motive, werden Ruhepunkte eingelegt. Jetzt ist es das e, das
einmal besonders herausgestellt wird. Dem Usus entsprechend, werden hier in der dritten Zeile andere modale
Qualitäten angesprochen. Am auffälligsten ist aber wohl die

nochmalige Ausweitung des Ambitus bis zum a über dem Oktavton, das als Spitzenton immerhin viermal berührt wird. Das dann erfolgende Einschwenken des *meyan* in die Melodie des Hauptteils führt uns dazu, die vorkommenden Motive insgesamt einmal miteinander zu vergleichen. Dabei erleben wir eine große Überraschung. So sehr es uns beim flüchtigen Blick auf die Noten und auch nach einmaligen Anhören schien, als kehrten hier die gleichen Floskeln, wenn auch leicht verändert, immer wieder, so wenig ist das — von wörtlichen Wiederholungen abgesehen — tatsächlich der Fall. Wo das gleiche Motiv wieder auftaucht, hat es, da es ja in einen ganz anderen Zusammenhang gestellt ist, einen völlig veränderten Sinn, und außerdem ist es eben in sehr hohem Maße variiert, durch eine andere Lage die gleichzeitig die Schrittwerte verändert, durch eine neue Rhythmisierung, durch eine andere Akzentuierung oder auch Textverteilung usw. Greifen wir einmal ein paar schlichte Tongruppen heraus. Eine viertönige Gruppe, die sich ohne Tonwiederholung im Terzraum ergeht, kann theoretisch vier verschiedene Bewegungsbilder ergeben. Drei davon kommen in unserem Lied vor: die Folge (absolut durch die Ziffern 1—3, von unten nach oben ausgedrückt) 1—2—3—2 keinmal. 2—1—2—3 einmal, 2—3—2—1 viermal, aber stets auf einem anderen Ton beginnend, und 3—2—1—2 siebenmal mit fünf verschiedenen Kopftönen. Aber auch das auf dem gleichen Ton h beginnende Motiv hat jedesmal eine andere Gestalt: h-ais-g-ais, h-ais-g-a und h-a-g-a.

Von den sechs möglichen Viertongruppen im Terzraum, die einen Sprung enthalten, wird dagegen nur einmal eine verwandt (1-3-2-1). Viertönige Skalenausschnitte gibt es aufwärts gehend nur einen, aber — das scheint typisch für den Stil — abwärts sechs, von denen drei (e-d-c-h) sogar identisch sind. Weitere Übereinstimmungen bieten die Kopfmotive, die im *meyan* und den anderen Zeilen übereinstimmen und damit eine Verknüpfung schaffen, die später viel nachhaltiger wird, indem im *meyan* von der sechsten Halben der zweiten Rhythmusgruppe an die Melodie völlig mit der parallelen Partie des Hauptteils übereinstimmt. Auf diese Weise ist die dritte Zeile nicht einmal in der vollen ersten Hälfte selbständig.

Suchen wir nach weiteren Kongruenzen. Da finden wir die Ruhetöne d vor dem Ende des ersten *usul* und neun Halbe später von der völlig gleichen Umspielungsfigur vorbereitet. Nur noch eine entfernte Ähnlichkeit haben dagegen die Motive über der Silbe „si" des zweiten „ka-fe si" und der Silbe „ten" vier Halbe später. Außer der genannten großen Wiederholung gibt es noch eine weitgehende Übereinstimmung zwischen den durch Wertveränderungen verschiedenen langen Phrasen über den Textsilben „. . .-ne ey rû . . ." und „. . . sin a ca-nim".

Daß abwärts gerichtete Bewegungsabläufe bevorzugt werden, wurde eben schon vermerkt. Wir wollen dies zwar nicht weiter verfolgen, uns aber noch kurz die vorkommenden Intervalle und ihre Richtung vergegenwärtigen. Von 173 melodischen Intervallen sind 76 aufwärts- und 97 abwärtsgehend. Sie verteilen sich wie folgt:

	aufwärts	abwärts	
Halbtöne	22	32	54
Ganztöne	40	57	97
Übermäßige			
Ganztöne	1	2	3
Kleine Terzen	6	3	9
Große Terzen	2	1	3
Quarten	4	2	6
Quinten	1	--	1
	76	97	173

Aus dieser Aufstellung läßt sich noch ablesen, daß die Sekundbewegung bei weitem überwiegt. 154 Schritten dieser Art stehen nur 19 Sprünge gegenüber, das sind etwa 10 % zu 90 %. Wenn unter den Schrittintervallen mehr große als kleine Sekunden vorkommen, so liegt dies einfach an der Skalenstruktur, die ja stets mehr Ganz- als Halbtöne besitzt. Sieht man von dem im Makam *rehavî* normalerweise überhaupt nicht vorkommenden Eineinhalbtonschritt ab so ist das nächst häufige Intervall die kleine Terz. Daß nun nicht als nächste Größe die Großterz erscheint, wie es sonst sicher der Fall wäre, liegt an der besonderen Bedeutung der Quarte gerade für diesen Makam. Verfolgen wir nun noch die Massierungen der ohnehin schon dominierenden Sekundbewegung und die Richtung der geraden Fortbewegungen. Dabei wird wieder, wie auch bei der vorigen Übersicht der zweite Teil des *meyan*, der eine wörtliche Wiederholung bringt, nicht mit berücksichtigt.

Zahl der Gruppen mit Sekundbewegung bei Beteiligung von Tönen

	3	4	5	6	7	8	9	10	11	12	14	18
Bei gerader steigender Bewegungsrichtung	7	4	3	1								
Bei gerader fallender Bewegungsrichtung	11	9	4	1	1							
Bei wechselnder Bewegungsrichtung	1	1	1	-	2	1	3	2	3	1	2	1

Auch hier herrscht bei der geraden Bewegung die fallende Richtung vor, im übrigen sind unabhängig von der Bewegungsrichtung die aus wenigen Tönen bestehenden Gruppen am stärksten vertreten, mit anderen Worten, längere Skalenausschnitte, die melodisch unprofiliert sind und monoton wirken könnten, vermeidet man. Dem entspricht es, wenn bei wechselnder Richtung, also bei ausgeprägteren Motiven, Gruppen mit größerer Tonanzahl häufiger vorkommen, und zwar erscheinen solche mit zehn und mehr Tönen genau so oft wie kürzere Gruppen. Daß überhaupt ein Zusammenschluß von 18 Sekunden möglich ist, hängt mit der Seltenheit größerer Intervalle zusammen, die ja als einzige, neben Zäsuren und Tonwiederholungen, eine Sekundbewegung unterbrechen können.

Es bleiben nun noch Tonhäufigkeit und Ambitus zu untersuchen. Wir wollen beides wieder in Tabellen erfassen, jetzt aber das vollständige Lied heranziehen und gleichzeitig zunächst in die sechs Abläufe des gleichen rhythmischen Musters aufgliedern, von denen die ersten drei ja dreimal gesungen werden.

Zahl und Gesamtdauer der Töne in den sechs Abläufen des usul

(Die jeweils obere Ziffer nennt die Zahl der Töne, die untere dagegen die Tondauer, ausgedrückt in Zweiunddreißigsteln, d.h. den kleinsten vorkommenden Werten) Es ergibt sich hieraus, daß nicht der Grundton g am meisten und längsten berührt wird, sondern die Dominante d. Weiter erscheint c als ebenfalls gewichtiger Ton, wir sehen also wieder, das auch in einem primär melodischen Stil vorherrschende Gerüst aus Quarten bzw. Quinten betont. Berücksichtigt man die Oktavlage, so liegt das c noch vor dem d, denn nach beiden untersuchten Kriterien ergibt sich diese Rangordnung d'' (119/830), c'' (88/424) und g' (39/392). Läßt man dagegen die Oktavlage außer Acht, d.h.

	1.	2.	3.	4.	5.	6.	1.	2.	3.	Summe
	Mit Wiederholung für die zweite Zeile			M e y a n			Vierte Zeile			
d'	-	2	4	-	-	2	-	1	2	11
	-	16	44	-	-	22	-	8	22	112
e'	-	-	4	-	-	2	-	-	2	8
	-	-	40	-	-	20	-	-	20	80
fis'	-	-	4	-	-	2	-	-	2	8
	-	-	24	-	-	12	-	-	12	48
g'	6	4	12	-	-	6	3	2	6	39
	32	48	136	-	-	68	16	24	68	392
a'	4	-	16	-	-	8	2	-	8	38
	16	-	100	-	-	52	8	-	50	226
ais'	6	2	-	-	1	-	3	1	—	13
	20	8	-	-	4	-	10	4	-	46
h'	16	10	12	2	4	6	8	5	6	69
	100	48	52	6	20	28	50	24	26	354
c''	20	14	12	8	5	6	10	7	6	88
	104	52	64	42	20	32	52	26	32	424
cis''	4	6	-	-	3	-	2	3	-	18
	16	24	-	-	12	-	8	12	-	72
d''	26	28	6	14	12	3	13	14	3	119
	168	224	32	96	82	16	84	112	16	830
e''	12	14	2	10	9	1	6	7	1	62
	48	50	8	70	33	4	24	25	4	266
f''	2	8	-	3	8	-	1	4	-	26
	16	26	-	12	31	-	8	13	-	106
fis''	-	-	-	1	-	-	-	-	-	1
	-	-	-	4	-	-	-	-	-	4
g''	-	2	-	4	8	-	-	1	-	15
	-	8	-	10	38	-	-	4	-	60
a''	-	-	-	1	3	-	-	-	-	4
	-	-	-	8	20	-	-	-	-	28

addiert man die Werte gleichnamiger Oktavtöne, so rückt das d, wenn auch knapp, an zweite Stelle: d (130/942), g (54/452) und c (88/424). Die Reihenfolge der übrigen Töne bleibt die gleiche: d, e, a, f, cis, fis, ais. Es fällt auf, daß das leitereigene fis weniger vorkommt als das alterierte f, im übrigen rangieren sonst jedoch die skalenfremden Stufen am Ende. Außerdem bilden die ebenfalls wieder im Quint-Quart-Verhältnis stehenden Töne h - e - a eine Gruppe zweitwichtiger Gerüsttöne. Das d bleibt auch in der kontrastierenden dritten Liedzeile noch am stärksten, daneben spielt jetzt aber das e die wichtigste Rolle, während der Grundton g und seine Terz h sehr abfallen. Gleichzeitig gewinnt das f an Bedeutung. Die Sonderstellung des *meyan* zeichnet sich also auch in der Verlagerung des melodischen Geschehens auf vorher zweitrangige Töne ab, eine innere Modulation hat stattgefunden.

Aufschlußreich sind auch die Ambitus in den verschiedenen Zeilen. Die für drei Textzeilen verwandte Hauptmelodie bleibt im ersten *usul*-Durchgang relativ eng (g'-f''), wird in der Mitte nach oben und unten erweitert (d'-g''), um zur letzten Rhythmusgruppe die oberen Töne wieder abzubauen, den Tiefstton aber beizubehalten. Das *meyan* verlagert dann seine Motive in die oberste Oktave (h'-a''), wobei der Spitzenton des Stückes erreicht wird. Im weiteren Verlauf ist er ja dann identisch mit dem letzten Drittel der Hauptzeile.

* * *

Sinn dieser sehr eingehenden Analyse war es nicht so sehr, eine bestimmte Untersuchungsmethode durchzuexerzieren und dem Leser vorzuführen. Es sollte lediglich gezeigt werden, und wir glauben, daß das auch dem deutlich geworden ist, der alle Einzelheiten gar nicht genau verfolgt hat, daß ein so harmlos anmutendes, klassisches türkisches Lied ein außerordentlich fein durchgeformtes Kunstwerk ist, daß in ihm viele ausgewogene Beziehungen verborgen sind, daß sich in der großen Vielzahl eine logische Ordnung nachweisen läßt und vieles andere mehr. Damit ist nicht gesagt, daß nun jedes andere Lied oder gar Stück in gleicher oder auch nur sehr ähnlicher Weise gestaltet sein muß. Wir haben aber einmal einen genaueren Blick in den Organismus einer türkischen Komposition getan und dürfen diese mit allem Vorbehalt als stellvertretend für das übrige Repertoire ansehen und hoffen, daß wir unseren Lesern zumindest ein paar Fingerzeige an die Hand gegeben haben, die es ihm ermöglichen, beim selbständigen Anhören der fremden Musik von sich aus auf bestimmte Stilmerkmale zu achten.

Das Instrumentalstück soll nun nicht mehr so eingehend besprochen werden, zumindest wollen wir uns hier die statistischen Analysen sparen und nur in großen Zügen Melodie- und Rhythmusqualitäten beobachten. Es handelt sich um ein *peşrev* von Tambûrî Büyük Osman Bey (1816–1885, vgl. S. 38, 72f.). Es wurde, wie auch noch andere, im vergangenen Jahrhundert beim Zeremoniell der *mevlevi* gespielt, und so konnten wir es der religiösen Serie der Klassiker-Ausgabe entnehmen. Es ist dort unter der Nr. 243 aufgenommen und im Jahre 1934 gedruckt worden, und zwar als Einleitungsstück zu einem *âyin* von Musahip Seyyit Ahmet ağa, (auch Musahip Sait Ef., 1778–1885), dem dann noch ein Schluß-*peşrev* von Hicaz Salim bey folgt. Alle Stücke stehen im Makam *hicaz,* dessen Skala den charakteristischen übermäßigen Schritt b–cis enthält.

Hicaz makamında Peşrev[20]

Usul: Devri kebir

Tambûrî Osman Bey

[♩ =40]

İkinci hane

Üçüncü hane

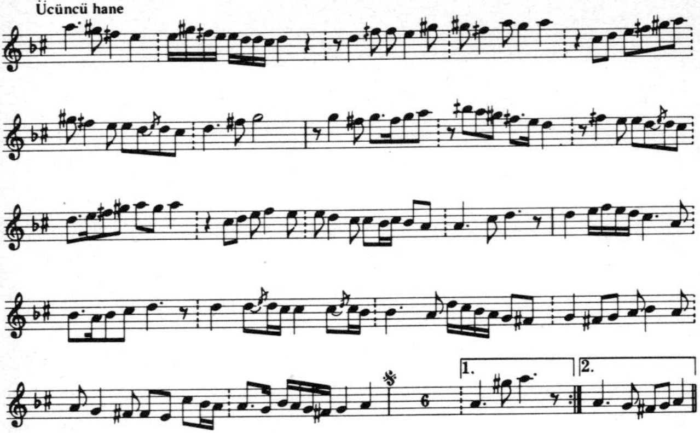

Dördüncü hane

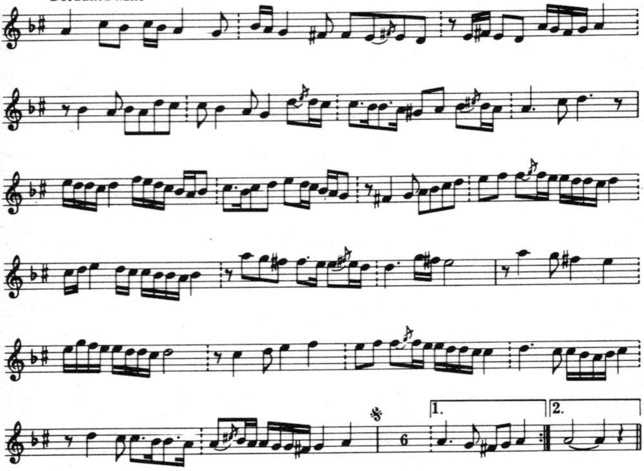

Das *peşrev* von Osman bey ist verhältnismäßig kurz, im allgemeinen bevorzugen die Tanzenden Derwische nämlich längere „Ouvertüren", um genügend Zeit für das einleitende mystische Zeremoniell des Schlagens der Hände auf den Fußboden und des Vorbeiziehens an dem Vorsteher zu haben. Allerdings wird dafür hier jedes der vier *hane* einschließlich des jedesmal folgenden *teslim* wiederholt. Jedes *hane* enhält drei Durchgänge des rhythmischen Musters, ebenso das *teslim*. Der *usul devri kebir* („der große Zyklus"), der für die religiösen *peşrev* verbindlich ist, wird in unserem Stück melodisch völlig überspielt, d.h. die Motiv- und Phrasengliederung nimmt weder von der Verteilung der längeren und kürzeren Schlagwerte, noch von der Halbierung des 14/2-Taktes in 7 plus 7 Notiz. Allerdings befindet sich am Ende jedes rhythmischen Durchgangs eine melodische Zäsur oder zumindest eine Binnenkadenz.

Der Ambitus innerhalb der einzelnen Durchgänge wechselt fast ständig, nur im ersten und zweiten, sowie — als Abrundung — in den beiden letzten, dem 12. und 13., sind sie jeweils gleich, einmal eine Septime von gis bis f umfassend, das andere Mal eine Dezime von fis bis a. Im übrigen wird der Gesamt-Tonraum erst allmählich erschlossen, von der Septime des Anfangs über die None (3. Durchgang) zur Dezime (5. u. 6. Durchgang). Den größten Umfang erreichen die *teslim* zwei und drei, die sich durch ihre Schlußnoten von den anderen Zwischenspielen unterscheiden und gerade hier die Erweiterungen auf eine Duodezime (d-a) erfahren. Das zweite *hane* ist gegenüber dem ersten sehr viel tiefer gelagert und als Gegensatz dazu bewegt sich der dritte Abschnitt sehr hoch (cis''-a'', a'-h'' und e'-f''). Ebenso wie hier die Tonräume gegeneinander verschoben sind, wechseln die Richtungen der Melodieverläufe, einer wesentlich deszendenten Bewegung folgt meist eine aszendente, groß angelegte Melodiezüge werden durch wellenförmige kleinere Bewegungen unterbrochen. Überall ist das Prinzip der inneren Belebung spürbar, einer wohldosierten Belebung natürlich, denn zugleich ist die feindurchdachte Ordnung nicht zu verkennen. Das gilt auch für die Anfangs- und Schlußtöne, für die stets nur Gerüsttöne gewählt werden. In dem ersten, zweiten und vierten *hane* sind es a, d und e, während der dritte Abschnitt in belebend ausweichender Absicht modulatorisch ein g heranzieht. Im übrigen sind diese Töne so verteilt, daß jeder Neueinsatz zu Beginn eines weiteren rhythmischen Durchgangs mit dem Ton anfängt, auf dem zuvor geschlossen wurde. Um diese konsequent durchgeführte Manier richtig erkennen zu können, müssen wir den Beginn des *teslim* als ein umspieltes a ansehen und in gleicher Weise den Kopfton des 12. Durchgangs als d. Damit sich auch die *teslim* diesem Schema fügen, haben sie jeweils verschiedene, dem Beginn des nachfolgenden *hane* angepaßte Schlußtöne, wobei noch eine andere überraschende Verbindung geschaffen wird, indem der erste Schluß (prima volta) eines der drei letzten *teslim* jeweils den zweiten Schluß (seconda volta) des voraufgehenden Ritornells übernimmt.

Sehen wir uns die Motive einmal an, so stellen wir sehr viel Ähnlichkeit mit den Figuren des besprochenen Liedes fest. Es sind dies eben musikalische Vokabeln aus dem Sprachschatz der türkischen Musik, die naturgemäß verwandt sein müssen, die den gleichen Stil aufweisen, so wie ja auch jede gesprochene Sprache ihre eigenen Gesetze der Silbenbildung besitzt. In der türkischen Musik tragen diese feststehenden Motive in ihrer Sekundbewegung vokale Züge, ihre Prägnanz und das Fehlen sehr unterschiedlicher, eng aufeinander folgender Notenwerte bilden aber auch eine instrumentale Komponente, die den Türken von ihrer Urheimat her nicht ganz verloren gegangen ist. Eine weitere Eigenart der türkischen Melodik ist die Vorliebe für Sequenzen, unmittelbar aufeinander folgende Wiederholungen eines Motivs auf einer anderen Stufe. Wir finden sie gerade im vorliegenden Stück an mehreren Stellen, man vergleiche nur einmal den Anfang des 7. Durchgangs. Das erste Motiv wird zwar nur einmal eine Terz tiefer und tonal wiederholt, dafür begegnet die nächste Figur gleich viermal, jeweils um einen Ton höher. Mit dem Spitzenton e wird dann ein weiteres fünftöniges Motiv eingeleitet, das noch einmal vollständig und dann noch einmal zu zwei Dritteln wiederkehrt. Zumal es sich in diesem Durchgang um eine zunächst nirgendwo unterbrochene Motivkette handelt, ließe sich bei der Suche nach Sequenzen an der zuletzt betrachteten Stelle auch ein anderer willkürlicher Schnitt vornehmen, indem man ein Fünftonmotiv herausgreift, in dessen Mitte der Spitzenton e steht (cis-d-e-d-cis) und das dann zweimal vollständig wiederkehrt. Wörtliche Wiederholungen längerer Phrasen gibt es in dem vorliegenden *peşrev* — von den großen Reprisen abgesehen — nicht. Das Stück ist wirklich „durchkomponiert". Trotzdem wollen wir die kleinen Ähnlichkeiten nicht übersehen. Sie sind so etwas wie unmerkliche Bindeglieder, wie kaum sichtbare Verstrebungen. So zeigen die Anfänge der Durchgänge 8 und 13 eine starke Übereinstimmung, ebenso die Kopfmotive in den Absätzen 2, 6 und 9, nur daß sie jeweils auf anderen Stufen stehen. Weiter finden wir die gleiche dreitönige Schlußgruppe im 2. Durchgang, sowie im zweiten Schluß des ersten *teslim* und im ersten Schluß des zweiten *teslim.* Eine andere Final-Klausel kommt sogar viermal vor, und zwar in den ersten Schlüssen des ersten und des vierten *teslim,* im 5. Durchgang und im zweiten Schluß des dritten *teslim.* Nicht identisch bezüglich ihrer Stellung in ihrem Absatz sind die längeren, durch den Sextsprung charakterisierten Phrasen, die im *teslim* über der 7. bis 10. Halben (der 14/2) und im 10. Durchgang über der 9. bis 12. Halben erscheinen.

Von dem Vorrecht, den Makam verlassen zu dürfen, macht hier nicht nur, wie üblich das zweite, sondern auch das dritte *hane* Gebrauch. Im ersten Durchgang (Nr. 5) und in noch vier weiteren Halben des zweiten *hane* bewegt sich die Melodie in der Skala *hüseyni aşiran* mit ihrem Grundton e. Dazu müssen b und cis zu h und c aufgelöst werden. Im dritten *hane*, wieder für eine gleich lange Strecke (8. Durchgang und Anfang des 9.), wird in das obere Pentachord der Tonleiter *zirgule* ausgewichen (d-e-f-gis-a), das bereits vorher, im ersten Schluß des ersten *teslim,* einmal angeklungen war.

Setzen wir nun unsere allgemeine Betrachtung des Musikstils noch ein wenig fort. Da ist vor allem eine Eigenart hervorzuheben, von der bisher noch nicht die Rede war: die in einem bevorzugt langsamen Tempo zum Ausdruck kommende Verhaltenheit der türkischen Kunstmusik. Ganz rasche Geschwindigkeiten gibt es kaum, und so tragen fast alle vokalen wie instrumentalen Werke einen scheinbar sakralen Charakter. Zumal — wie bei uns — aus früher Zeit keinerlei Angaben über die zunehmenden Tempi vorliegen, könnte man annehmen, die heutigen Zeitmaße entsprächen lediglich dem historisierenden Geiste einer wiederbelebten und fleißig geförderten Musikpflege, der die Ehrfurcht vor den Werken der großen Meister diese Verhaltenheit eingeben könne. Dieses Argument überzeugt jedoch nur wenig, die wirksameren Gründe dürften daher anderswo zu suchen sein. Vier Gesichtspunkte bieten sich dazu an. Die türkische Kunstmusik wurde immer bewußt in einer gewissen Distanz zur Volksmusik gehalten[57]. Hier gibt es die zahllosen Tanzformen, die vielleicht das ureigenste türkische Musikgut darstellen und die natürlich in schnellen Tempi ablaufen. Um also jede Parallele auszuschalten, bleibt der klassischen Musik nur die Wahl der behäbigeren Geschwindigkeit. Diese gilt ohnehin — das ist der zweite Punkt — in aller Welt, besonders aber im Orient, als die edlere und vornehmere

Bewegungsart. Als dritter Grund wird eine Rolle gespielt haben, daß man der religiösen Vorstellung folgte, nach der die Musik die Menschen zu sehr errege, sie aufpeitsche und niedriger Sinnlichkeit zuwende, statt höheren Gedanken. Insofern haftet der türkischen weltlichen Kunstmusik doch ein — wenn auch im übertragenen Sinne — sakraler Charakter an. In gleicher Richtung zielt auch die vierte Überlegung. Der enge Kontakt mit der byzantinischen Welt führte auf musikalischem Gebiete vornehmlich in den Bereich der Kirchenmusik Ostroms. Wenn man diesem Vorbild nacheiferte, mußte man auch *so* zwangsläufig in eine bestimmte Stilrichtung gelangen.

Zur Berührung mit der byzantinischen Musik[58] bedarf es — unsere Stilbetrachtungen abschließend — noch eines Wortes. Das Tempo gehört nach Auffassung der landläufigen europäischen Musiktheorie bzw. -ästhetik zu den sekundären oder peripheren Gestaltelementen. Die hierfür maßgebende Kategorisierung kann außerhalb Europas im allgemeinen gar nicht angewandt werden. Dort sind nicht immer nur Melodie, Harmonie und Rhythmus die Hauptgestaltelemente, den anderen Aspekten der Musik kommt sehr oft eine viel größere Bedeutung zu, sei dies nun das Tempo, die Agogik, die Dynamik, die Klangfarbe instrumentaler Art oder der angeborene bzw. gewählte Stimmklang und vieles andere mehr, was oft ganz unwägbar und undefinierbar mitschwingt, das musikalische Bild aber entscheidend mitbestimmen kann. Man spricht hier gerne von Klangstil. Fassen wir diesen bezüglich der türkischen Kunstmusik und des heutigen Aufführungsstils in der griechischen orthodoxen Kirche einmal ins Auge, so werden wir eine kaum erwartete Parallelität konstatieren. Da erscheinen die klingenden Konsonanten, die durch den Gesang der Buchstaben m und n mit geschlossenem Mund einen charakteristischen nasalen Klang erhalten, in den Hymnen der griechisch-orthodoxen Kirche wie in den Gebetsrufen und in den Koranrezitationen. Zu den weiteren Gemeinsamkeiten gehört das Überwiegen von Sekundschritten, wie wir es eben an dem Notenbeispiel des *peşrev* von Tambûrî Osman zeigen konnten und wie es in dem Akathistos-Hymnos auftritt. Ferner spielen starke Ornamentierungen, Neigung zu Sequenzbildungen, eine gewisse Neigung zur Formelhaftigkeit von Motiven in beiden Stilrichtungen eine wichtige Rolle. Auch die Einteilung der Skalen in Tetrachorde ist ein Verbindungspunkt. Betrachtet man noch die Zeichen des mittelbyzantinischen und des arabischen Alphabets und vergleicht beide mit den von Kantemiroglu (1673—1727) und Abdülbâki (1765—1821) entwickelten Notenschriften, so wird niemand mehr bezweifeln können, daß es schon in früher Zeit Verbindungen zwischen byzantinischen und türkischen Musikern gegeben haben muß, trotz der politischen Diskrepanz und der unterschiedlichen religiösen Auffassungen. Das verwundert insofern nicht so sehr, als selbst türkische Musikschriftsteller ja immer wieder darauf hinweisen, daß eine der Quellen der traditionellen türkischen Kunstmusik die Musik von Byzanz sei. Den Leser, der dennoch daran zweifelt, wollen wir darauf verweisen, sich zum Vergleich einen griechisch-orthodoxen, solo gesungenen Hymnus und ein *âyın* oder ein — wenn auch instrumental begleitetes — weltliches türkisches Kunstlied anzuhören. Neben vielen im Notenbild nachweisbaren Gemeinsamkeiten werden vor allem die Verhaltenheit, der Stimmklang und der vokal konzipierte Melodiefluß auffallen. Stil ist ja schließlich die Summe der greifbaren *und* der erlebbaren Gestaltelemente. So auch in der Kunstmusik in der Türkei, deren Wurzeln vielfältig ausgebreitet sind.

5. KAPITEL

Musikauffassung und Musikleben

Es mag ein wenig merkwürdig anmuten, daß hier im letzten Kapitel der Kunstmusik zwei so gegensätzliche Erscheinungen nebeneinander besprochen werden sollen, die geistige Haltung des Menschen in der Musik und die rein äußeren Bedingungen, durch die Musik zum Leben kommt. Mögen es zwei Pole sein, sie sind doch verbunden durch eine gemeinsame Mitte, und es ist gar nicht so unmöglich, hier wirklich unmittelbare Verbindungen zu sehen. Die Vorstellung von den Untergründen der Musik, von ihrer psychischen Kraft und physiologischen Wirkung, nehmen ganz zweifellos unmittelbar Einfluß auf die Realisation, auf Gewohnheiten der Aufführungspraxis, der Repertoireauswahl und vieles andere mehr. Und doch ist dies nicht allein der Grund, warum wir hier von Musikauffassung und Musikleben sprechen wollen, es sind beide Themen meist nur noch Zusammenfassungen, die hier zum Schluß Platz finden sollen, Zusammenfassungen all der Einzelheiten, die in den vorangehenden Kapiteln verstreut schon angedeutet worden sind und daneben ein paar noch nicht erwähnte Fakten.

Musik und Zahl miteinander in Verbindung zu bringen, ist ein in aller Welt begegnender Vorgang, zumindest von dem Augenblick an, als man sich theoretisch mit der Tonkunst zu beschäftigen gelernt hatte, als man bereits das bislang komplex erlebte Phänomen Musik in Einzelerscheinungen auflösen konnte. Wir kennen so die Zahlenspekulationen unseres Mittelalters, wir wissen, wie viele in Zahlen ausdrückbare Erfahrungen des persönlichen Lebens, der Historie, Religion und Philosophie verschlüsselt in die Werke etwa der niederländischen Meister eingegangen sind. Es wundert uns darum auch nicht, wenn die Wissenschaft von der Musik bei uns früher Teil des in Lehre und Forschung gepflegten Quadriviums war, eines Fachgebietes, zu dem ebenso Arithmetik, Geometrie und Astronomie gehörten. Ganz ähnlich war auch die Stellung der Musiktheorie im System der türkischen Wissenschaften. Die Zahlen, die man hier oder etwa mit ganz besonderem Anspruch in der Musikliteratur Chinas mit der Musik in Verbindung brachte, waren teilweise sogar genau die gleichen. Nur die fünf, die in Ostasien so wichtig erscheint, begegnet im türkischen Bereich nicht, gibt es hier doch auch kaum noch Pentatonik. Aber die Zahl 4, entsprechend den vier Elementen, den Himmelsrichtungen oder menschlichen Temperamenten usw., findet sich hier wie dort. Die Türken verglichen sie im Mittelalter vor allem mit den damals gebräuchlichen vier wichtigsten Makamen (*şube* = „Abteilung"). Mit der ebenfalls bedeutsamen Zahl 6 multipliziert, gelangte man zu dem Zyklus von 24 Makamen und traf man sich mit der anderen, ebenfalls aus der 6 entwickelten Reihe 6, 12, 24 und 48[59]. Die in der Musik, und nicht nur da, besonders mystische Zahl 7 geistert natürlich auch durch türkische Musikvorstellungen. Sie benennt gleichzeitig, verglichen mit der An-

zahl der Wochentage und Planeten, die Stufenzahl der Gebrauchsleitern[60], der Makame. Diese oder jene der herangezogenen Ordnungssysteme in den türkischen, wie auch anderen asiatischen und europäischen musiktheoretischen
Schriften wurden gerne graphisch, meist in einem Kreis,
dargestellt, in dem dann auch alle musikalischen und außermusikalischen Beziehungen ausgedrückt sind. Dies war so
selbstverständlich, daß man solche Abhandlungen direkt
„Buch der Kreise" (*kitab-ı edvar*) nannte.

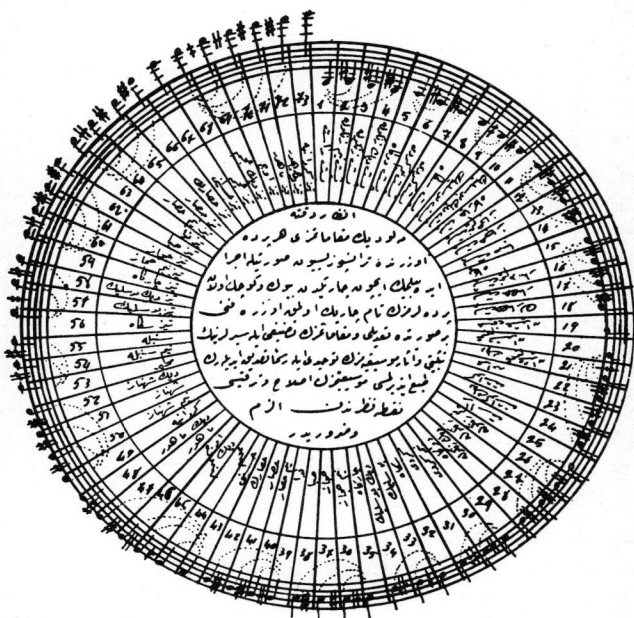

Kreis der Töne eines 24stufigen Systems aus der 1913 erschienenen Violin-Schule für das Spiel der klassischen türkischen Musik von Abdülkadir Töre (1873 -1946)

Da nicht allein die Astronomie, sondern auch die Astrologie mit Zahlen zu tun hat, liegt es nahe, hier eine Beziehung anzunehmen, zumal die Musik ebenso wie die Sternenwelt von vielen Geheimnissen umwittert ist. So gibt es eine Reihe von Anweisungen, die sich auf bestimmte Sternkonstellationen berufen und vorschreiben, welcher Makam zu einer bestimmten Zeit musiziert werden kann und welcher nicht, welcher dann und dann Glück verheißen und welcher ein Unglück heraufbeschwören kann. Zu ähnlichen Vorschriften führten auch andere magische Vorstellungen, doch hat man, wie Gültekin Oransay vermerkt[61], „keine Belege, daß diese Anweisungen auch tatsächlich befolgt worden sind".

Viel entscheidender als all diese außermusikalischen Bindungen dürfte aber die grundsätzliche Einstellung der Türken zur Musik sein. Sie ist in gewisser Weise zwiespältig, insofern nämlich, als man zwischen dem Dogma der Religion und der eigenen Natur schwankt. Der orthodoxe Islam steht, das wurde schon betont, der Musik sehr skeptisch gegenüber, obwohl aus dem Koran keine Musikfeindlichkeit herausgelesen werden kann. Diese Haltung wurde erst später von Vertretern der vier Ligistenschulen, die eine verderbliche und von Gott ablenkende Wirkung der Musik befürchteten, im 8./9. Jahrhundert vertreten und dann später beibehalten. So wurde vor allem das Musikhören und der Gesang, aber auch das Instrumentalspiel, besonders melodiefähiger Klangwerkzeuge abgelehnt. Erlaubt war nur das Anhören „natürlicher" Musik, z. B. des Vogelgesangs und der Liturgie. Jede andere Musikübung, vor allem weltlicher Art, ist selbst heute noch bei engstirnig Strenggläubigen verboten. Hinter dieser strikten Einstellung steht eine echte Erfahrung. Der vorderorientalische Mensch musiziert nur allzu gerne, um sich in nahezu sinnlicher Weise daran zu erfreuen, um sich förmlich in einen Rauschzustand hinein zu steigern, und das ist sicher einer religiösen Verinnerlichung nicht gerade zuträglich. Ob der nun einmal — aus welchen Gegebenheiten heraus auch immer — gepflegte Musikstil zu dieser musikalischen Haltung geführt hat, oder ob man, um eine aufpeitschende Wirkung der Musik zu erreichen, gerade diesen Stil bevorzugte, muß dahingestellt bleiben. Die Türken haben diese Haltung sicher nicht entwickelt und auf keinen Fall aus Asien mitgebracht, sondern vermutlich von den Arabern übernommen. Diese sind Wüstenmenschen, mit Entbehrungen lebend und ebenso fähig, unvermittelt in äußersten Fanatismus auszubrechen. So ist auch ihre Musik: glutvoll wie die sengende Sonne, aus lethargischer Monotonie, die ihre Parallele im Fatalismus hat, plötzlich sich steigernd zu höchster Ekstase. Das alles wußte eine weise mohammedanische Geistlichkeit, als sie das Verbot aussprach.

Über die Ausdrucksgewalt der Musik gibt es viele Berichte. Wir greifen ein paar heraus. Da wird erzählt, daß Dede Efendi (1777—1845) zu Tränen gerührt gewesen sei, als er zum ersten Mal den Rhythmus *remel* hörte und zwar in dem Lied eines Hafiz Efendi, das — wie Rauf Yekta zitiert — von Musikern als „Das *murabba,* das Dede Efendi weinen machte", bezeichnet wird. Früher stimmte man, wenn Truppen ins Feld zogen, das Lied „*Ey gaziler"* (Oh, ihr Krieger) an. Wenn es von Fanfaren begleitet wurde, sollen alle, die es hörten, geweint haben. Rauf Yekta nennt die Melodie bewegt und schildert, daß er 1896 beim Auszug der Soldaten in den türkisch-griechischen Krieg von diesem Lied so ergriffen gewesen sei, wie niemals mehr in seinem Leben. Wenn wir an die Verhaltenheit der klassischen türkischen Musik denken, so sind wir über das Wort des Sultans erstaunt, das er angeblich von der Musik des zu seiner Zeit lebenden berühmten Komponisten gesagt hat: „In Dede's Musik ist ein wildes reißendes Tier". Allerdings soll Dede Efendi über diesen Vergleich sehr betrügt gewesen sein und ein Jahr lang nicht mehr komponiert haben. Noch deutlicher zeichnet jene Geschichte das Bild von der erregenden, fast zur Raserei treibenden Kraft der Musik, nach der ein Kalif des 8. Jahrhunderts nach jedem Lied erst ein Bad nehmen mußte, um seine Erregung abzukühlen.

Vorhin wurde angedeutet, daß der vorderorientalische Musikgeist, der sich auch in den angeführten Beispielen offenbart, in Wechselbeziehung zum Musikstil stehen müsse. Das bedarf vielleicht noch einer kurzen Erläuterung. Als einen der Grundpfeiler auch der türkischen Musik hatten wir ihre Linearität, ihren primär vokalen und vor allem primär melodischen Charakter erkannt. Zum Wesen der Melodie gehört aber ihre kinetische Energie. Diese Bewegungskraft ist dann besonders groß, wenn sie sich in einer schritthaft, nicht sprunghaft gebildeten Linie entfalten kann. Sie steigert sich sogar noch, je mehr halbtönige oder gar noch kleinere Stufen dabei verwandt werden. Gerade die kleinen Schritte — man denke an unseren Leitton — haben das Bestreben, weitergeführt zu werden, sie besitzen die eigentlich treibende Kraft für den Bewegungsablauf und auch für die Steigerung. Wo aber gibt es mehr solche energiegeladenen Tonfolgen als in einer reich ornamentierten, biegsamen und weitgeschwungenen Melodie. Hier haben wir offenbar die Eigenschaften vor uns, die der vorderorientalischen Musik zu ihrer vorwärts drängenden, entäußernden, erregenden und bis zur Ekstase aufpeitschenden Wirkung verhelfen. Diese ins Sinnliche und nicht ins Geistige führende Wirkung hat der offizielle Kult durch eine Beschränkung auf die unverfänglichsten Gattungen und im übrigen durch strikte Verbote zu bannen gewußt, die Religionsgemeinschaften aber haben sie genutzt, indem sie die Ekstase in eine Gott zugewandte Selbstvergessenheit umzubiegen verstanden. Die Kunstmusik verblieb — es wurde bereits angedeutet — in einer gewissen Verhaltenheit, zweifellos auch,

162

um den — man möchte fast sagen — narkotisierenden Wesenszug der Musik gar nicht erst anzusprechen, und die Volksmusik ist ohnehin frei von solchem Musikgeist, sie ist ja viel weniger von ihrer Umgebung beeinflußt.

Um das orthodox-religiöse Verbot der Musik „hat man sich — wie in der ganzen islamischen Welt — auch im Osmanischen Reich wenig gekümmert. Dann und wann wurden Streitschriften für und wider das Verbot verfaßt. Doch das eigentliche Musikleben ging unbekümmert seiner Wege"[62]. Wie hätte die türkische Musik sonst auch ihre so großartige Entwicklung nehmen können. Ja, gerade der Sultan, zugleich religiöses Oberhaupt, pflegte die Musik in all ihren Gattungen, er hatte seine Hofkapelle, er förderte die Komponisten und ausführenden Künstler, manchmal komponierte er gar selber wie zum Beispiel Selim III (1760—1808). Und doch ist die These von der Musik als etwas Bösem im Bewußtsein vieler türkischer Menschen verwurzelt. Die Verfasser konnten dies oftmals im Zusammenhang mit ihren Volksmusikaufnahmen bei der bäuerlichen Bevölkerung konstatieren. Nicht allein, daß die immer etwas religiöseren Frauen nur selten zum Singen zu bewegen waren und auch viele Männer von einem gewissen Zeitpunkt an nicht mehr in der Öffentlichkeit singen zu dürfen glaubten, der Zusammenhang wurde gelegentlich auch ganz klar ausgesprochen. Da hieß es dann, nur die Zigeuner musizierten und sängen, oder — noch deutlicher — musizieren sei Sünde. Das sagten dann Leute, von denen wir wußten, daß sie gute Instrumentalisten sind, und es schien so, als wollten sie sich erst durch das Bekenntnis ihrer „Sünde" von vornherein eine Vergebung sichern. Auch das faßte ein Musikant einmal in Worte, als er auf unsere Bitte hin doch zu seiner Geige griff, indem er sagte, Allah werde ihm schon verzeihen. Darauf spielten wir dann von uns aus in ähnlichen Situationen an, wenn wir äußerten, alle Musik komme doch von

Gott, oder wir zitierten das allerdings wohl neuzeitliche Sprichwort „Müzik ruhun gıdasıdır” (Die Musik ist die Speise der Seele). Die emanzipierte städtische Bevölkerung mag von solchen Vorbehalten vielleicht schon freier sein, zumindest spricht man hier nicht mehr so offen davon.

Musikpflege

Kunstmusik wurde genau so wie früher bei uns fast nur in den Gotteshäusern, an Höfen und in den Häusern einer gebildeten Oberschicht gepflegt. Den frei wirkenden auf sich selbst gestellten Musiker oder Komponisten gab es hier wie dort nicht, dafür aber den in den Diensten der genannten Institutionen stehenden Berufsmusiker, dem sich dann bei Gelegenheit Angehörige des Adels oder der bürgerlichen, oft militärischen Oberschicht, also die Brotherren der Musiker, gesellten. Sie waren zwar Laien, doch waren unter ihnen im Laufe der Jahrhunderte zahlreiche begabte und berühmt gewordene Künstler, so die Sultane Mahmud I. und II., sowie Selim III, oder der General Yusuf Paşa (1820–1885). Meist genossen diese Berufsmusiker ein verhältnismäßig hohes Ansehen, sie wurden, vor allem, wenn sie ein besonders ansprechendes Werk geschaffen oder einen neuen Makam erfunden hatten, oft fürstlich entlohnt. Wenngleich die Sultane, hohe Beamte usw. vielfach selber für die Ausbildung geeigneten Nachwuchses sorgten und begabte junge Leute, nicht selten aus dem Kreis der Gefangenen und Sklaven, ausbilden ließen (vgl. S. 27f., 30), gab es doch auch so etwas wie eine Musikergilde, deren Mitglieder von sich aus für den Fortbestand ihrer Kunst eintraten. Sie hatten – ebenfalls wieder wie in unserem Mittelalter — ihre „Berufsgeheimnisse", ihre eigene Musiktechnik, ihr Lehrsystem und vor allem ihr mehr oder weniger großes Repertoire. All das hatten sie von ihren Lehrern gelernt, hatten es erweitert, vielleicht auch verbessert, und gaben es wieder weiter an den Kreis ihrer eigenen Schüler, den sie sich selber ausgewählt hatten. Ein echt handwerkliches Meister—Lehrling—Verhältnis, dem die hohe Traditionsverbundenheit der türkischen Musik ebenso zu danken ist, wie die Feinheit und Ausgereiftheit der Kunstsprache und nicht zuletzt die Fülle der mündlich weitergetragenen Werke, die man dann seit dem vergangenen Jahrhundert mittels der übernommenen Notenschrift endgültig der Gefahr des Vergessenwerdens entreißen konnte. Diese orale Tradition konnte einen derartigen Erfolg nur dadurch haben, daß man die Schüler mit allem Nachdruck in der Fähigkeit des Auswendiglernens förderte und ihnen außerdem wenigstens Abschriften der Texte zur Hand gab. Auch das ist ein schönes Zeugnis für die tatsächliche Musikpraxis. Der literarische Text ist eher unantastbar als die dazu geschaffene Weise. Diese will man offenbar lange Zeit gar nicht fixieren, teils um sie Unbefugten gegenüber geheim halten zu können, andererseits, weil man sich damit ja der Möglichkeit beraubt, die Weise frei nachzugestalten, sie in der besprochenen Weise mit anderen Ornamenten zu versehen usw.

Am Sultanshofe selbst bzw. in seiner nächsten Umgebung gab es zeitweise zwei musikalische Ausbildungsstätten. Während das *meşk hane* zunächst lange Zeit nur als Schreibschule existierte und erst später sich auch der Musik annahm, pflegte man an der wohl bedeutenderen Schule im nahe dem Saray gelegenen Schloß Enderun von Anfang an auch die Musik. Diese unter Murat I. (1359—1389) gegründete Ausbildungsstätte hatte ein sehr hohes Niveau und war im Grunde eine Universität, sie wurde erst 1908 aufgelöst.

Inzwischen gab es ja auch schon andere Musiklehrstätten, obwohl der Bedarf an ausgebildeten Musikern sicher nicht in dem gleichen Maße wie bei uns gewachsen war, da es in der Türkei niemals zu einer breiteren Verbürgerlichung der Musikpflege gekommen ist. Die Kunstmusik hat bis ins 20. Jahrhundert hinein ihren, wenn auch nicht gerade mehr nur höfischen, so doch ausgesprochen exklusiven Charakter bewahrt. Das hängt teils mit der seit Beginn des vorigen Jahrhunderts zunehmend geförderten Einbeziehung der europäischen Musik in das allgemeine Musikleben, teils aber auch mit dem Aufkommen einer neuen Musikgattung zusammen, einer leichten Unterhaltungsmusik *(piyasa musikîsi)*, die vornehmlich in Istanbuler Vergnügungsstätten gespielt wurde, heute aber im Programm der Radiostationen beispielsweise jenen breiten Raum zwischen der Volks- und der klassischen türkischen wie europäischen Musik einnimmt, den auch wir kennen.

Eingeleitet wurde dieser Einbruch der westlichen Musik durch die 1794 erfolgte Gründung einer Saray-Kapelle, der *muzika-ı hümayun* (kaiserliche Musik). Ihre Musiker wurden aus den Janitscharen herangezogen, und ihre Aufgabe war u.a. auch die Pflege europäischer Musik. Diesen Zweig suchte man später noch mehr zu fördern, indem man 1828 den dann bald zum Paşa ernannten, von uns im Zusammenhang mit der Notation schon erwähnten Giuseppe Donizetti ins Land holte. Dieser verpflichtete eine Reihe von europäischen Musikern für die Musikausführung am Sultanshofe und für die Ausbildung türkischer Musiker. Das reorganisierte Orchester, das sich jetzt ausschließlich westlicher Musik widmete, bestand etwa hundert Jahre weiter, ehe es dann von Atatürk nach der neuen Hauptstadt Ankara geholt wurde, wo es noch heute als Symphonie-Orchester des Staatspräsidenten (*cumhurbaşkanlığın senfoni orkestrası*) existiert.

Die erste, vom Hofe unabhängige und nicht mit konzertanten Aufgaben betraute Ausbildungsstätte wurde 1912 in Istanbul gegründet. Es ist das heutige Städtische Konservatorium, mit dem viele Musiker und auch Musikschriftsteller bzw. -theoretiker unseres Jahrhunderts aufs engste verknüpft waren und sind. Es bildet bis auf den heutigen Tag Künstler für die klassische und türkische Kunstmusik aus. Eine zweite Abteilung hat aber noch einen anderen Zweig, der sich mit der türkischen Volksmusik beschäftigt. Beide Fachgebiete sind getrennt, aber die in den beiden Schüler-Orchestern mitwirkenden Studierenden, denen in Proben und Aufführungen viele arrivierte Musiker vorangestellt wurden, gehören teilweise beiden Ensembles an. Sie betreiben daneben ohnehin auch europäische Musik, die man in einer weiteren Abteilung des Konservatoriums studieren kann, denn nur so können sie sich später die notwendige Existenzgrundlage schaffen.

Die Wirkungsmöglichkeiten für einen Musiker oder Sänger der klassisch-türkischen Musik sind nämlich heute — darüber muß man sich klar sein — nicht mehr allzu groß. Dem Broterwerb müssen viele notgedrungen in Unterhaltungskapellen oder rein europäischen Ensembles nachgehen. Damit ist zugleich gesagt, daß die Pflege der traditionellen Musik nur noch auf einer sehr schmalen Basis ruht. Sie war früher verhältnismäßig eng begrenzt durch ihre Beschränkung auf die Oberschicht und ist es heute durch die fast vollständige Anpassung an das westliche Musikleben. Gewisse Kreise des gebildeten Bürgertums sind aber mehr denn je der Tradition treu geblieben. So sind in den letzten Jahren, da man sich wieder mehr auf die eigene Kultur besinnt, Abteilungen für türkische Musik in weiteren Konservatorien eingerichtet worden. Auch in einigen Universitäten, u.a. in Istanbul, Ankara, Izmir und Eskişehir, gibt es musikwissenschaftliche Lehrveranstaltungen und Institute, die

junge Wissenschaftler heranbilden. Unter diesem Ge-
sichtspunkt ist das Musiki Folklor Arşivi (Archiv für
musikalische Folklore), zu dem Bartók durch seine mu-
sikethnologische Forschungsreise nach Anatolien 1936
wesentliche Anregungen gab, das einst der bedeutende
Muzaffer Sarızösen leitete und das eine große Sammlung
türkischer Volksmusik birgt, vom Konservatorium in Ankara
übernommen worden. Ebenfalls in Ankara entwickelt das
Milli Folklor araştırma dairesi (Institut zur Erforschung
nationaler Folklore), das dem Kultusministerium unter-
stellt ist, unter seinem Leiter Nail Tan große Aktivität. Auch
Rundfunk und Fernsehen sorgen in der letzten Zeit zunehmend dafür, daß sowohl die Volks- als auch die Kunstmusik weiterleben. Hier haben sich die wirklich besten
Musiker und Sänger zusammengefunden, so daß man
sich, ohne mit Ausführungsschwierigkeiten kämpfen zu
müssen, ausschließlich um eine optimale und historisch
getreue Wiedergabe bemühen kann, daß man durch die
Breitenwirkung des Rundfunks jeden Interessierten anzusprechen vermag, und das überkommene Repertoire so
lebendig erhält wie es nur möglich ist. Auch wird den zeitgenössischen Komponisten, die nach wie vor im klassischen
Stil schreiben, Gehör verschafft. Zwar ist es ein gravieren-
des Negativum, daß die Sendezeiten für die rein türkische
Musik außerordentlich knapp bemessen sind. Im dritten
Programm des türkischen Fernsehens singt einmal in der
Woche ein klassischer Chor, und es werden *fasıl*-Zyklen
geboten. Auch im zweiten Programm kann man Kunst- und
Volksmusik hören und sehen. Verhältnismäßig viel Volksmusik, häufig arrangiert, gibt es im ersten Programm, aber
die türkische klassische Musik steht gegenüber der europäischen und der städtischen orientalischen Unterhaltungsmusik (*şarkı*) im Hintergrund. Das liegt wohl, wie wir
erfuhren, daran, daß die Jugendlichen, wie bei uns, Unter-

haltungsmusik lieber mögen. Studenten aber sollen sich mehr und mehr für türkische klassische Musik interessieren. Daher gibt es in allen Universitäten Gruppen, die Kunst- und Volksmusik ausführen und die dann auch in Konzert- sälen auftreten und weiteres Interesse für die eigene Musik erwecken. So ist es nicht erstaunlich, daß zunehmend Konzerte mit einheimischer Musik, vokal oder instrumental, meist beides zusammen, veranstaltet werden.

Zur Aufführungspraxis im engeren Sinne müßten noch einige Aufschlüsse gegeben werden. Sie sind für die ver- gangenen Jahrhunderte nur sehr spärlich vorhanden. Ebenso wenig, wie man früher die Musik überhaupt aufzeichnete, notiert man auch die Art der Ausführung. Dies blieb ohnehin ganz den Musikern überlassen. Jedoch die Stärke der Be- setzung verblieb vielfach in einem gewissen Rahmen. Türki- sche Musik wurde meistens kammermusikalisch aufgeführt. Selbst am Hofe haben oft der Sänger, ein Lautenspieler und vielleicht ein Trommler genügt. Bei festlichen Anlässen sind dann mehr Instrumente hinzugezogen worden. Niemals aber dürfte sich ein Orchester europäischen Ausmasses zusam- mengefunden haben. Das würde völlig dem linearen Charak- ter der türkischen Musik widersprochen haben. Im Gegen- teil, oft wird es nur ein Sänger gewesen sein, der sich selber begleitete und seinen Herrn unterhielt. Damit wurde schon angedeutet, daß die klassische Musik — im besten Sinne natürlich — der Unterhaltung diente. Denken wir doch nur einmal an die weltlichen Werke Bachs, die großenteils ja auch nur geschrieben worden sind, um einen fürstlichen Herrn bei der Tafel oder abendlicher Unterhaltung zu er- freuen. So auch hier, sei es nun beim kaiserlichen Mahl, sei es bei geselligem Beisammensein oder sei es im *harem*, wo die Musiker etwa die Bauchtänze zu begleiten hatten und dazu einen Stil wählten, der ein wenig unter dem Niveau der eigentlichen klassischen Kunstmusik lag.

Auf die kammermusikalische Haltung der reinen Kunstmusik weist auch der Begriff der *ince saz* (feine Instrumentalmusik) hin, der offenbar verschiedene Bedeutung hat. Oransay[63] versteht darunter denjenigen weltlichen „Zweig der traditionellen türkischen Kunstmusik, der zur Aufführung in geschlossenen Räumen bestimmt ist", während Rauf Yekta[64] ihn den aus etwa acht Mann bestehenden kleinen Kapellen (*ud, 2 lavta, kanun, 2 kemençe rumi, 2 def*) zuweist, die zu seiner Zeit in den Caféhäusern von Pera (Istanbul) musizierten.

Nach Informationen von Etem Üngör dagegen wurde zu Zeiten des Sultanats streng darauf geachtet, daß die Instrumente der *ince saz* — Musik nur einfach besetzt waren, zu denen *ney, keman, kemençe, kanun, tanbur* und *ud* gehören konnten. Eine große Rolle spielten die Sänger in diesen Gruppen. So leitete der erste Sänger, der *baş hanende,* der gleichzeitig *def* spielte, die Aufführung und gab das Tempo an.

Zur *ince saz*-Musik gehören auch die *şarkı-fasıl.* Sie beinhalten wie die anderen *fasıl*-Aufführungen ein Anfangspeşrev. und am Schluß ein *saz-semaî* (vgl. S. 101ff.). Dazwischen werden mehrere *şarkı* gesungen, die im langsamen, schweren (*ağır*) usul beginnen und dann in leichtere schnellere Rhythmen überwechseln. Je nach der gewünschten Länge des Konzerts können auch *taksim* eingefügt oder weggelassen werden.

Heute gibt es keine *ince saz*-Musik mehr in der alten Art. In Istanbul wird noch gelegentlich in ein, zwei Lokalen *ince saz* geboten, allerdings in vollkommen anderer instrumentaler und sängerischer Besetzung. Im Gegensatz zu den traditionellen *fasıl* werden die *şarkı* in verschiedenen Makamen ausgeführt.

Während bei der *ince saz*-Musik früher mit Bestimmtheit nur einige Sänger mitwirkten, war es bis vor kurzem noch unklar, ob man schon immer — so wie heute vielfach — die Lieder chorisch gesungen hat oder nicht. Aufgrund der Kenntnis anderer vorderorientalischer Musikkulturen und darüber hinaus der Erfassung des Musiklebens früherer Jahrhunderte aus türkischen Miniaturen (vgl. Anm. 8) darf mit ziemlicher Sicherheit angenommen werden, daß der Sologesang im Vordergrund stand. Er entspricht ja auch viel mehr dem im wesentlichen kammermusikalischen Geist höfischer Musik. Das schließt nicht aus, daß es auch größere Besetzungen gab. Vor allem wird man bei längeren Konzerten auf Abwechslung Wert gelegt haben. Man denke doch nur daran, wie oft eine Musikvorführung bei Hofe oder sonstwo eine ganze Nacht hindurch gedauert haben mag. Ebenso wie man dabei mehrere *fasıl* hintereinander musizierte und dabei natürlich viele Makame erklingen ließ, so mag man auch einmal ein Lied solo, ein anderes aber von einer Sängergruppe, einem Chor haben singen hören wollen, einmal nur auf wenige, dann wieder auf mehrere Instrumente Wert gelegt haben.

Fand ein höfisches Zeremoniell im Freien statt oder wollte man sich außerhalb des Palastes musikalisch unterhalten lassen, so trat ohnehin immer eine stärkere Besetzung in Aktion. Da wurden dann Trommeln und vor allem auch mehr Blasinstrumente herangezogen. Oder es zog eine ganz andere Musikkapelle auf, über die hier noch ein weniges zu sagen ist, die *mehterhane.*

Die Janitscharen (*yeniçeri* = neue Truppe) waren eine militärische Elitetruppe, die sich die türkischen Herrscher aus den Söhnen hochgestellter christlicher Familien der unterworfenen Völker zusammenstellten. Die von ihnen ausgeführte Musik ist im Abendland durch die Türkenkriege bekannt geworden und wurde danach allgemein als Janitscharenmusik bezeichnet. Zu dieser Zeit übernahm man auch — wie bereits bei den Instrumenten erwähnt — eine Reihe von typisch türkischen Tonwerkzeugen. In der Türkei nannte man diese Militärkapelle *mehterhane,* sie war keineswegs, zumindest ursprünglich nicht, Bestandteil des Janitscharenkorps, sondern geht auf ähnliche Einrichtungen der frühen osmanischen Zeit zurück. Damals hatte der Seldschukenherrscher Osman dem Ersten (1288—1326) zusammen mit anderen Geschenken auch eine Trommel *davul* und eine Oboe *zurna* geschenkt. Diese Instrumente wurden dann zum ersten Mal während der Zeit des Mittagsgebetes gespielt, woraus sich eine Tradition entwickelte. die man *nevbet vurmak* (etwa die Wache ausführen oder schlagen) nannte. Die Herrscher hörten sich diese Musikvorführung immer stehend an. Schließlich schuf Mehmed der Eroberer diesen Brauch im 15. Jahrhundert ab. Inzwischen hatte sich aus der Musikantengruppe eine Militärkapelle mit *davul zurna* entwickelt. Ihre Aufgabe war es u.a., im Kriege die Feinde zu erschrecken und ihre Moral zu untergraben. Man nannte sie jetzt auch *tabılhane* (Trommel-Kammer) und bald danach *mehterhane.* Unter *mehter* (persisch: Vorsteher der Diener) verstand man bereits im 15. Jahrhundert u.a. Musik, Musiker und Musikmeister. Zur Unterscheidung von den *mehter*-Bediensteten im Zelt des Sultans hießen die Musiker auch *çalıcı mehter* (Musiker-*mehter*). Die von ihnen gebildete Kapelle, das *mehterhane,* spielte zwar noch weiterhin Militärmusik, im Kriege beispielsweise täglich vor des Sultans Zelt und im Frieden im Hofe des *saray,* man suchte aber gleichzeitig nach einer Verfeinerung der musikalischen Formen und deren Ausführung. So war es möglich, daß manche der danach auch anderwärts gebräuchlichen musikalischen Gattungen hier entstanden, daß viele gute Musiker hier eine sorgfältige Ausbildung erhalten konnten, auch wenn sie dann nicht Miglied des *mehterhane* blieben.

Gleichzeitig weiteten sich die Aufgaben. Das *mehterhane* war nun einfach nur die Kapelle für Freiluftmusiken, wozu es durch seine Besetzung mit lautstarken Instrumenten prädestiniert war, im Gegensatz zur „Kammermusik" des *ince saz.* Sie hatte zu spielen bei allerlei festlichen Anlässen, bei sportlichen Veranstaltungen, Vergnügen, Staatsakten usw. Die Zahl der Mitglieder war nicht konstant, in jedem Falle waren jedoch alle Instrumente vielfach besetzt. Bei kleineren Veranstaltungen wirkten aber nicht alle mit, sondern eines der *kat,* eine der kleineren Besetzungen, die alle einen eigenen Leiter hatten. Zu den kleineren Konzerten gehörte auch nach wie vor die mittägliche Vorführung des *nevbet.* Vor dem Sultan und bei großen Festen spielten dann alle neun *kat,* d.h. das vollständige *mehterhane* zusammen.

Einen Teil der Instrumente haben wir schon besprochen, die weiteren werden uns im Zusammenhang mit der Volksmusik interessieren. Wir dürfen sie aber hier schon alle aufführen, um uns ein Bild von dem Charakter der *mehterhane* machen zu können. Dabei halten wir uns an die von Rauf Yekta[65] gemachten Zahlenangaben. Jede Instrumentengruppe besteht danach aus neun Musikanten und die ganze Kapelle aus 54 Leuten, zu denen noch zwei „Dirigenten" treten. Den Stamm bilden die Oboisten (*zurnacı*) und die Spieler der großen, von uns „türkisch" genannten

Trommel *davul*. Melodie und Rhythmusinstrumente sind hier also paritätisch verteilt. Dies Bild ändert sich dann jedoch durch die anderen Instrumente, und zwar zugunsten der Schlaginstrumente bzw. Rasseln. Zu letzteren sind die Schellenbäume (*çağana*) zu zählen, die man nach der Übernahme in unsere Militärkapelle so genannt hat. Sie werden im *mehterhane* von Erziehern der internierten Schüler gespielt. Die gedoppelten kleinen Pauken, deren Spieler als einzige sitzen, die großen Becken und — als letzte Gruppe — die Trompeten haben wir schon kennengelernt. Der musikalische Chef der ganzen Trompeten ist zugleich der *zurna*-Spieler, er steht, ohne allerdings zu „dirigieren", vor seiner Gruppe inmitten des Kreises, den das *mehterhane* bei seiner Vorführung bildet. In dem Kreis fungiert ferner noch der Anführer der Schellenbaum-Spieler, er steht dem Kapellenleiter gegenüber.

Mit der Ausrottung der Janitscharen im Jahre 1826 verschwand auch das *mehterhane*. Es wurde im Zuge der von Donizetti geleiteten musikalischen Reformen durch eine europäisch zusammengesetzte Militärkapelle ersetzt. Da bis dahin kaum Stücke aus dem Repertoire des *mehterhane* aufgeschrieben worden waren, können wir uns keine genaue Vorstellung von der alttürkischen *mehter*-Musik im allgemeinen machen. Einige wenige Kompositionen sind in den Notenhandschriften Ali Ufkî's (17. Jhdt.), Hamparsum's (19. Jhdt.) und Kantemiroğlu's (1673—1723) erhalten geblieben. Aus der letzteren stammt das *Elçi peşrevi* (Botschafter-*peşrev*) im Makam *irak* und im *usul düyek*. Dieses Stück wurde zu Mozarts Zeiten wahrscheinlich bei den osmanischen Botschaften häufig gespielt. Es wird daher angenommen, daß auch Mozart diesen Marsch neben anderer Janitscharenmusik gehört und möglicherweise Stilmerkmale der *mehter*-Musik in seine *alla-turca*-Kompositionen, vor allem in den türkischen Marsch der A-dur-Klaviersonate, eingearbeitet hat, wenn auch keine unmittelbaren Ähnlichkeiten mit einem dieser Stücke, auch nicht mit dem Botschaftermarsch erkennbar sind.[66] Man muß sich diese Musik sehr feurig, temperamentvoll und aufpeitschend vorstellen, denn sie sollte ja nationale Gefühle erwecken und die Soldaten in Kampfstimmung versetzen.

Makam: İrak.
Elçi peşrevi[20]
Botschafter — peşrev
Usul: Düyek
♪♩ =120 Ser-hâne

Mülâzime ve Terkib i intikaal

Terkib-i intikaal

Intikaal

Son

Hâne-i sânî

175

Hâne-i sâlis

Das Notenbeispiel ist entnommen aus: Haydar Sanal, Mehter musikisi, İstanbul 1964, S. 234 ff. Vgl. auch die Schallplatte Pathé-Lemi XPTX 607. Tarihi Mehter Marşları, Seite 1, cut 3.

Mevlevi

Über die Musik der *mevlevi* ist zwar nicht mehr sehr viel nachzutragen, da das meiste schon bei der Besprechung der Instrumente, des Stils der Musikauffassung usw. mitgeteilt werden konnte. Indem sich der im 13. Jahrhundert von dem Mystiker Celâleddin-i Rumî gegründete Orden der Tanzenden Derwische von dem islamischen Musikverbot frei machte, bot er einer Vielzahl künstlerischer Bestrebungen den geeigneten Nährboden. Nur so ist es denkbar, daß man — wie schon zitiert wurde — den Orden gerne als die „Musikschule des Osmanischen Reiches" bezeichnete. Zuerst müssen die in den Orden eintretenden Novizen *(çile)* eine dienende Funktion, sei es in der Küche des *mevlevi hane* oder sonstwo, ausüben. Man nennt das zwar die 1001 Tage, praktisch sind es aber nur 40 Tage. Danach werden sie in den religiösen Schriften und Regeln unterrichtet, und vor allem, soweit sie sich dazu eignen, im Instrumentalspiel, das ja einen so großen Raum im Zeremoniell des Ordens einnimmt. So wurden im Laufe der Zeit zahllose glänzende *ney*-Spieler herangebildet, die dann zugleich meistens auch komponierten. Wie groß der Anteil der *mevlevi* am Gesamtwerk der türkischen klassischen Musik ist, kann man ermessen, wenn man einmal verfolgt, wie viele der bekannten Komponisten den Titel *dede* führen. *Dede* heißt wörtlich Großvater, Alter, und bedeutet in den Derwischorden so etwas wie Meister, das ist ein Ordensbruder, der die Novizenzeit der 1001 Tage hinter sich gebracht hat, im Gegensatz zu den nicht im *mevlevi hane* lebenden Laienbrüdern vergleichbaren *muhip*. Auch unter ihnen gibt es eine ganze Reihe bedeutender Komponisten. Daß die des Instrumentalspiels mächtigen Derwische bei den Tänzen und dem übrigen Zeremoniell mitzuwirken hatten, ist selbstverständlich.

In Konya, wo Celâleddin wirkte und das als Zentrum des Ordens angesehen wird, befand sich die Tanzfläche *(semazen tahtası)* in einem Raum unmittelbar neben der berühmten Moschee, in der auch der Religionsstifter aufgebahrt ist. Die weiteren *mevlevi-hane,* die auch im Ausland gegründet worden waren, z.B. in Kairo und Damaskus, und von denen das Istanbuler Haus vielleicht das bedeutendste war, sind dagegen meist selbständig. Sie sind oder waren religiöse und geistige Zentren einer gar nicht so kleinen Gruppe der gebildeten Oberschicht, bis Atatürk im Jahre 1925 ein Weiterwirken zumindest in der Türkei verbot. Ganz davon abgesehen, daß noch heute zahlreiche ehemalige Derwische leben, ist in der Bevölkerung, vor allem in Konya, das Wissen um Wesen und Form der *mevlevi* doch recht lebendig geblieben. Alljährlich im Dezember findet jetzt dort ein *mevlevi*-Festival statt, bei dem das alte Zeremoniell in historisierend-musealer Form wieder zum Leben erweckt wird. Den alten Ordensmitgliedern bedeutet das eine vorübergehende Wiedergeburt und liebe Erinnerung, den Besuchern aber großartiges und erhebendes Erlebnis. Da es nun keine ständigen Musiker mehr gibt, stellt man aus den besten Instrumentalisten des Landes jedesmal ein Ensemble zusammen, von dem angenommen werden darf, daß es die *mevlevi*-Musik in der denkbar ursprünglichsten Weise zu interpretieren versteht, zumal ja immer noch alte Ordensmusikanten als Berater zur Verfügung stehen. Dabei verwendet man natürlich nicht nur Flöten und Trommeln, sondern, wie es zuletzt im Orden üblich gewesen ist, auch *keman* (europäische Violine), *kanun*, *rebab* (Stachelgeige) und *ud* und ganz neuerdings auch noch die Langhalslaute *tanbur* und die Fiedel *kemençe rumi*. Im übrigen läuft die Vorführung dann im wesentlichen nach dem alten Ritus ab, der hier abschließend noch ein wenig genauer als bei der Formbetrachtung beschrieben werden soll.

Zu Beginn des Zeremoniells wird der Vorsteher des *mevlevi hane*, der *şeyh*, durch den Anführer der Tänzer (*semazen başı*) begrüßt. Sodann werden zwei Gebete gesprochen, das eine vom Platz der Musiker (*mıtrıp*) aus, das andere durch den *şeyh* selber. Dann beginnt der musikalische Teil mit dem Gesang einer Lobeshymne *na't*, nach der der Anführer der *ney*-Gruppe, der *ney başı*, ein *taksim* auf der Flöte improvisiert, das selbstverständlich im Makam der ganzen Zeremonie steht. Jetzt folgt das *peşrev*, vom ganzen Ensemble ausgeführt, und jetzt beginnt auch der *sema*, der eigentliche Tanz, indem die am Tanz beteiligten Derwische — wie oben schon mitgeteilt — zuerst mit den Händen auf den Fußboden schlagen, was die Auferstehung aus den Gräbern und das Erwachen aus Gleichgültigkeit versinnbildlichen soll, und dann in einem mystischen Zeremoniell an dem *şeyh* vorüberziehen. Währenddessen erklingen bereits auch die Allah-Anrufungen, die *zikir*, mit denen dieser Teil beendet wird. Jetzt kommt das Herzstück des Ritus, die *mevlevi*-Hymne *âyin*. Während der von Instrumenten begleitete Chor die Hymne intoniert, grüßt zunächst der Haupttänzer den Vorsteher und bleibt danach rechts von diesem stehen. Die *semazen* verharren solange in ihren langen weißen Gewändern stehend, indem sie die Hände vor der Brust kreuzen und auf ihre Schultern legen und gehen dann ihrerseits einzeln zu dem *şeyh*, küssen dessen Hand und erhalten einen Kuß auf ihre *fez*-artige hohe Kopfbedeckung. Danach beginnen sie den eigentlichen Drehtanz, der dem Orden, zumindest im Abendland, seinen Namen gegeben hat. Dabei strecken sie ihre Arme von sich und halten die Fläche der rechten Hand nach oben, die linke Handfläche aber nach unten zum Boden hin. Der Kopf ist leicht nach rechts geneigt, der Blick auf den Daumen der linken Hand gerichtet. Die Tänzer drehen sich erst langsam links herum um sich selbst und werden dann zunehmend schneller, wobei die strahlend weißen Gewänder sich weit auffalten. Dabei bilden sie einen großen äußeren und inneren Kreis auf der runden Tanzfläche. Der Reigen besteht aus vier Teilen (*selâm*), die oft als die Bewegung der Planeten um eine Urkraft oder als die symbolisierte Einheit des Leibes und der Seele und die stufenweise Annäherung an die Erkenntnis und Gott selbst gedeutet werden. Auf den letzten *selâm* folgen die schon erwähnten Instrumentalstücke *son peşrev* und *yürük semaî*. Mit dem gemeinsamen langgezogenen „Huuu . . ." (=Er) wird die Zeremonie beendet.[67]

Die Ausführungen über die türkische Kunstmusik sollen mit der Betrachtung zweier, zum Teil gegensätzlicher Bestrebungen, beendet werden, die entweder in erster Linie die Tradition zu wahren suchen oder einer Synthese mit der abendländischen Musik das Wort reden.

Einsichtige Musikverleger, wie İskender Kutmani in Istanbul (1878—1960), hatten es sich seit langem zur Aufgabe gesetzt, das überlieferte Repertoire der Kunstmusik zu publizieren und damit ein interessiertes Publikum zur Wiederbelebung des musikalischen Erbes anzuregen. Damit war schon einige Vorarbeit getan, an die eine Kommission anknüpfen konnte, die im Auftrage des Istanbuler Konservatoriums 1924 eine Klassiker-Ausgabe herauszugeben begann. Sie ist heute noch nicht abgeschlossen, ist aber auch nicht die einzige Quelle zum Studium der alttürkischen Musik geblieben, da inzwischen das, wenn auch manchmal nur wissenschaftliche Interesse hieran weiter gewachsen ist.Die Klassiker-Ausgabe erfolgte nicht nach einheitlichen Gesichtspunkten, sondern hatte, dem Material angepaßt, verschiedene Editionspraktiken geübt. Da gibt es zunächst die 180, zum Teil noch mit arabischen Lettern textierten Hefte mit je einem Lied oder Instrumentalstück, oder die 1934 begonnene Reihe religiöser Musik mit 208 *ilahî*, sowie 118 *âyin* und Instrumentalstücke, die zu 41 Zyklen der *mevlevi*-Zeremonialmusik gehören. 1940 wurde die erste Reihe mit den Nummern 181 bis 321 und noch weiteren nicht nummerierten 42 Stücken fortgesetzt, diesmal in sinnvoller Gruppierung nach einzelnen Komponisten oder Makamen. Noch mehr auf den praktischen Gebrauch zugeschnitten sind dann die zwischen 1954 und 1958 erschienenen 21 Hefte mit je einem *fasıl*-Zyklus. Verschiedene Kompositionen einzelner Komponisten wurden in den Jahren 1970—1972 erneut vom Türkischen Erziehungsministerium herausgegeben. Daneben gibt es noch einige Sonderhefte. Außer den gedruckten Publikationen sind in den letzten Jahren auch Schallplatten und Kassetten in großer Zahl herausgebracht worden. Schon vor dem ersten Weltkrieg veröffentlichte Orfeon Rekord klassische türkische Musik Es folgte dann die Reihe des Konservatoriums mit Kunst- und Volksmusik, und heute kann man den Schallplatten- und Kassetten-Markt kaum noch überblicken.

Es ist nicht möglich, die Namen all derer hier anzuführen, die sich um die Bewahrung und Wiederbelebung der klassischen Kunstmusik bemüht haben und noch bemühen. Dank gehört neben all den Künstlern und Wissenschaftlern auch den vielen, oft gar nicht Musikerkreisen angehörenden Sammlern, die die verlorengegangene Tradition der für Hauskapellen angefertigten Niederschriften fortsetzen, die vielleicht noch im eigenen Musikunterricht Berührung mit dem Werk eines großen Lehrers hatten und sich Notensammlungen anlegten. Vieles dieser Art liegt als ungehobener Schatz heute noch ebenso in öffentlichen oder privaten Bibliotheken, wie das Material der alten großen Haushalte der militärischen, adligen, gebildeten und Beamtenoberschicht. Zählt man zu all diesen schlummernden Potenzen die tatsächlichen praktischen Bemühungen um das türkische Musikerbe hinzu, wie sie von all den vorhin genannten Institutionen der Konservatorien, des Rundfunks und Fernsehens oder privater Kreise ausgehen, so muß man zu dem Schluß kommen, daß der einst so breite Strom eines aktiven originalen türkischen Musiklebens zwar nur noch bescheiden rinnt, daß er aber nicht versiegt ist, sondern die Verbindung in die Vergangenheit hält und sich vielleicht allmählich wieder aufstaut zu neuer Lebendigkeit. Zu dieser Hoffnung kann man ermutigt werden durch die Bemühungen des Musikgelehrten, Gültekin Oransay, der mit viel Schwung große Pläne zur Restauration der traditionellen türkischen Kunstmusik und der Musikwissenschaft zu verwirklichen begonnen hat und der in der Universität Izmir das Musikwissenschaftliche Institut (Musiki Bölümü) leitet. In dem 1963 von ihm gegründeten Musikarchiv werden alle möglichen Quellen, Manuskripte, Notendrucke und Bücher gesammelt, werden Schallplatten und Tonbänder und vieles andere mehr aufbewahrt. Es darf angenommen werden, daß hier eine großartige Zentralstelle für die Pflege und Erforschung der türkischen klassischen Musik vorhanden ist.

Manch einer mag uns auf den vorhin geäußerten Pessimismus erwidern, er habe in orientalischen Ländern und auch in der Türkei doch genug bodenständige Musik zu hören bekommen. Das stimmt und stimmt auch nicht. Wir müssen ihn enttäuschen, denn das, was er meistens hörte ist eben jenes musikalische Zwischenreich, das wir schon einmal angesprochen haben, das große Tummelfeld unverbindlicher und oft kurzlebiger Unterhaltungsmusik. Sie bedient sich gewiß vieler Stileigentümlichkeiten der seriösen Musik, sie ist aber eine Musik aus „zweiter Hand" und keine hohe Kunst. Sie genau zu definieren und abzugrenzen ist gewiß nicht leicht, weshalb es verständlich ist, wenn man sie zunächst mit der reinen Kunstmusik verwechseln konnte. Man denke nur einmal an die ähnliche Situation bei uns. Einem mit der abendländischen Musik nicht Vertrauten wird es ja ebenso wenig möglich sein, etwa Kompositionen unserer Klassiker oder Romantiker von den aus gleicher oder späterer Zeit stammenden Erzeugnissen der leichten Muse auf Anhieb zu unterscheiden.

Diese Unterhaltungsmusik ist auch darum weniger originell, weil sie allzu anfällig für fremde Einflüsse ist. Nirgendwo wird man Beispiele finden, die nicht schon Zugeständnisse an einen internationalen Salongeschmack aufweisen. Wer aufmerksam beobachtet, wird feststellen, daß die Musik dieser Art allenorts einer gewissen Uniformierung zutreibt. Noch aber erkennt man auch hier das lokale Kolorit, noch ist die Wandlung nicht vollzogen.

Hier sollte aber nicht von dieser Wandlung gesprochen werden, wiewohl das aufgezeigte Problem — wenn auch auf einer anderen Ebene — ebenfalls zum Musikleben gehört. Was uns mehr interessiert, sind die ernsthaften und bewußten Bestrebungen, die alte türkische Musik mit Elementen der abendländischen Tonkunst zu verschmelzen, ein wirklich Neues zu schaffen, das zwischen diesen beiden Welten existieren kann. Rauf Yekta und Sadettin Arel hat — wir erwähnten es — so etwas vorgeschwebt, wobei sie so optimistisch waren, es für möglich zu halten, daß bei einer solchen Wandlung das Wesen der türkischen Musik keinen Schaden nehmen werde. Es ist gewiß schwer, hier Prognosen zu stellen. Der Anhänger der traditionellen Musik — in der Türkei wie überall — wird dafür eintreten, das Eigene rein erhalten zu wollen, bewahren zu wollen. Er muß darum die Berührung mit der großen abendländischen Musikkunst nicht ablehnen, er kann sie ebenso schätzen, aber er möchte keine Blutübertragung, keine Vermischung, die eben doch eine Verbastardisierung bedeuten kann. Das ist praktikabel, man denke zum Beispiel nur einmal an die Musiker des japanischen Hoforchesters. Sie spielen einmal uralte traditionelle Musik, die über tausend Jahre fast unverändert sich vererbt hat und greifen bald danach zu einer Violine, etwa um im großen Orchester oder kammermusikalisch einen Wiener Klassiker zu musizieren. Es geht, aber der Zug der Zeit ist ein anderer. Wir mögen es wahr haben wollen oder nicht, die Verwestlichung ist in vollem Gange, die Akkulturation wird kaum aufzuhalten sein. Das mag kultur-pessimistisch klingen, es entspricht aber einer realistischen Denkweise. Wir sollten durch diese Entwicklung nicht zur Resignation gelangen, sondern aus dem laufenden Prozeß das Bestmögliche machen.

Das versuchen heute in der Türkei viele namhafte Komponisten. Dabei liegt das Problem hier besonders schwierig. Wir konnten schon oben darauf hinweisen, und dabei Arel und Yekta zitieren. Es ist leichter, Einflüsse aus einer verwandten Musikkultur aufzunehmen und einzuschmelzen als aus einer prinzipiell anders gearteten musikalischen Welt. Die türkische Musik ist primär melodisch, ist linear, die europäische Musik dagegen kennt die räumliche Komponente des Harmonischen. Sie ist darum verarmt in ihrer Melodik und in ihrer Rhythmik. Das aber sind gerade die Grundpfeiler der türkischen Musik. So, wie sie uns in ihrer reinen Gestalt entgegentritt, ist sie gar nicht harmonisierbar. Ihre Melodik trägt keinerlei latente Klanglichkeit in sich, sie ist noch weniger funktional harmonisch faßbar. Sie muß also erst durch Minderung der melodischen Ornamentik, durch die Aufgabe aller von den Hauptstufen abweichenden Töne und durch eine Vereinfachung ihrer rhythmischen Struktur auf die beabsichtigte Verschmelzung vorbereitet werden. Was ihr dann noch bleibt, ist fraglich. Dennoch erscheint vielen modernen türkischen Komponisten ein solcher Versuch nicht aussichtslos. Sie sind zweifellos besten Willens und voller Hoffnung, schaut man sich aber das Ergebnis an — wir müssen es einmal deutlich aussprechen und bitten um Verständnis dafür — so zeigt sich, daß sich Orient und Okzident nicht als gleichberechtigte Partner auf der Mitte ihres Weges getroffen haben, sondern daß der Treffpunkt sehr nahe an den abendländischen Gefilden liegt. Das erscheint uns unvermeidlich. Was bliebe vergleichsweise an Elementen der europäischen Musik erhalten, wollte man sich unterfangen, sie der vorderorientalischen Musik anzunähern. Sie müßte auf ihre Mehrstimmigkeit verzichten und gänzlich fremde Eigenschaften aufnehmen. Gelänge dies, so hätten wir dann doch nur eine im wesentlichen türkische Musik vor uns. Man erwidere nicht, es habe bei uns ja einmal eine *alla turca*-Musik gegeben. Nun, das waren harmlose Spielereien, durch die ein rein europäisch gebliebener Gegenstand nur ein paar Farben aufgesetzt erhielt, einen instrumentalen Klangeffekt oder eine kleine orientalisch anmutende Floskel.

Ähnlich wie diese Musik erscheinen nun Teile der zeitgenössischen türkischen Musik ebenfalls als rein westliche Klanggebilde mit nur aufgesetztem Kolorit. Solche Kompositionen werden von der eigenen Bevölkerung überhaupt nicht verstanden, es sei denn, von den intellektuellen Bewohnern der großen Städte. Manche dieser Kompositionen sind aus landeseigenen Konservatorien hervorgegangen, wo eine Vielzahl europäischer Lehrer, z.B. Paul Hindemith, wirkte, und wo auch Türken unterrichteten, die im Westen studiert haben. Von allen ist an erster Stelle wohl Adnan Saygun (geb. 1907) zu nennen, der auch in Europa bekannt geworden ist, nicht zuletzt durch sein Oratorium Yunus Emre nach Texten des großen gleichnamigen Mystikers. Eines seiner letzten Werke ist die Oper Köroğlu (1973), die ein türkisches Volksepos zum Hintergrund hat.

Zu dieser „ersten Generation" seit der Gründung der Republik, den sogenannten „Türkischen Fünf" (*türk beşleri*), gehören außer Saygun, Ulvi Erkin (1906–1972), Hasan Ferid Alnar (1906–1978), Necil Kazım Akses (1908) und Cemal Reşit Rey (1904). Sie alle komponieren europäisch unter dem Einfluß der Impressionisten Ravel und Debussy und setzen ihren Werken durch Einarbeitung von Themen und einzelnen Elementen aus der Volksmusik nur ein türkisches Kolorit auf. Nicht ganz so bekannte Tonschöpfer dieser Richtung, die aber doch genannt werden müssen, sind: Ferit Hilmi Atrek (1908), Nuri Sami Koral (1908), Raşit Abet (1910–1968), Ekrem Zeki Ün (1910).

Manche Komponisten haben den Versuch unternommen, türkische Volksmusik als thematisches Material zu verwenden. Wir werden später sehen, daß es da eine bestimmte Gruppe von Melodien, meist Tanzmelodien, gibt, die sich viel Eigenarten eines asiatisch-türkischen Musikstils erhalten konnten. Hier sind noch latent klangliche Elemente vorhanden, die sich einer mehrstimmigen Verarbeitung eher beugen. Unter diesem Aspekt baute Kemal İlerici (1910) seine Harmonielehre auf, die aber nicht auf der Dreiklangsharmonik, sondern auf den Hauptintervallen der Volksmusik, den Quarten basiert, die er übereinander schichtet. Innerhalb solcher Akkordschichtungen muß der Grundton immer in der Mitte stehen. Er ist zwar austauschbar hat aber nie dieselbe Funktion wie in der westlichen Harmonik, darf also nie im Baß als Grundlage erscheinen. Neben Modi verwendet Ilerici auch Metren und Strukturen der Volksmusik. Auf Vorbilder der Volksdichtung, z.B. auf das Reim- und Zeilenschema des *koşma* a-b-c-b (vgl. in Band 2 „Musik der Türkei", S. 24ff.) überträgt er musikalische Formen.

Zu Ilerici's Schülern gehört vor allem der berühmte Muammer Sun (1932) und İlhan Baran (1934). Diese zweite Generation, zu der auch Bülent Tarcan (1914), Sabahattin Kalender (1919), Nevit Kodalli (1924), Ferit Cenan Akın (1932) zu zählen sind, will eine Synthese zwischen der türkischen Musik auf der Grundlage des Systems İlerici's und der westlichen Musik mit Bartók als Vorbild erreichen. Neben diesen Bestrebungen ist eine andere Richtung erkennbar, deren Verfechter — zu ihnen gehört Bülent Arel (1919), İlhan Usmanbaş (1921) und Cengiz Tanç (1933) — sich fast nur noch nach Westen orientieren. Sie sind beeinflußt von der Wiener Schule der Zwölftöner und suchen durch zusätzliche elektronische und neue orchestrale Gestaltungen und anderes mehr zu eigenen Formen zu kommen.

Zur allerjüngsten Generation gehören Turgut Aldemir, Necati Gedikli und Hayrettin Akdemir, die alle in Europa studiert haben. Auch sie versuchen türkisches Klangmaterial

mit den neuesten westlichen Kompositionstechniken zu verbinden. Unter dem Aspekt, daß die türkische Musik auf
keinen Fall verloren gehen dürfe, daß sie aber über ihre
Grenzen hinaus internationale Anerkennung erhalten müsse,
geht Akdemir, der auch ein Schüler İlerici's ist und in Berlin
wohnt, eigene Wege. Über sparsamen atonalen Klangschich-
tungen läßt er in einigen seiner Kompositionen — eine davon
ist ein Liederzyklus mit dem Namen „Cemo" — der Volksmusik entlehnte oder nachempfundene lange, metrisch freie
Melodien (uzun hava) (vgl. in Band 2 „Musik der Türkei",
S. 17ff., 102ff., 117ff.) mit reicher Ornamentik erklingen. Er gibt also der melismatischen Melodie den Vor-
tritt gegenüber der instrumentalen Begleitung, die fast
bordunalen Charakter hat. So versucht er auf eine neue Art
und Weise türkische Volksmusik mit westlicher Musik zu
verquicken und zu einer eigenen Kunstrichtung zu kommen.
Hier mögen echte Chancen gegeben sein, und es ist vielleicht
nur eine Frage der künstlerischen Potenz, wie weit und mit
welchem Erfolg es letztlich zu einer Verbindung zwischen
der türkischen und der europäischen Musik kommen mag.

ANMERKUNGEN

1 Näheres zu älteren Erwähnungen der türkischen Musik in der europäischen Literatur findet sich bei Oransay 1964, S. 21–23.

2 Außer den Abhandlungen von Rauf Yekta, Sadettin Arel, Suphi Ezgi, Gültekin Oransay, Yılmaz Öztuna wurden als wichtige türkische Quellen herangezogen: İbnülenin Mahmut Kemal İnal, Mustafa Rona, Mahmut R. Gazimihal, Baki Süha Edipoğlu, Vural Sözer und die Zeitschrift Musiki Mecmuası (Hrsg. Etem Üngör), vgl. Literaturverzeichnis.

3 Alle außereuropäischen Namen und Fachausdrücke werden in türkischer Schreibweise wiedergegeben, da es sich um ein Buch über türkische Musik handelt. Nur solche Wörter, die seit langem in unserer Sprache integriert sind, werden in unserer Schreibweise notiert, wie z.B. Mohammed, Koran, Pascha, Bosporus usw.

4 Hier ist vor allem Oransay zu nennen, der die einschlägigen Quellen sammelte und mit wissenschaftlichen Methoden inter - pretierte (1964).

5 Rum hieß zunächst „römisch", „Römer", „Byzantiner", wurde dann aber auf die oströmische Bevölkerung, also auf die Griechen in Anatolien bezogen. Rumi bedeutet auch allgemein „klein - asiatisch", „aus Anatolien".

6 Şah Kulu, auch Kuloğlu genannt, war ein Wandersänger *(aşık)* aus Safranbolu. Eines seiner Lieder „Gel benim nazlı yavrum gel" (Komm, mein reizendes Kind, komm) ist in der aus dem 17. Jhdt. erhaltenen Handschrift Ali Ufki's aufgeschrieben (Vgl. Anm. 7) und Öztuna, 1969–76, S. 17.

7 Darin befinden sich die ersten Notenaufzeichnungen türkischer klassischer und auch Volks-Musik in europäischer Notenschrift. Bobovsky soll die europäische Notation streng geheim gehalten haben, wohl weil er fürchtete, daß man ihn sonst als Lehrer festgehalten hätte und er nie wieder in sein Heimatland Polen hätte zurückkehren können. Aufgrund dieser Geheimhaltung sind der Nachwelt unzählige klassische Werke und auch Volkslieder verlorengegangen.

8 Die Ansicht, daß Kunstmusik und Volksmusik bis zur Tulpenzeit keine Verbindung miteinander gehabt hatten, mußte nach Ein-sicht in die türkischen Miniaturen des 16. bis 18. Jhdts. revidiert werden. Die Verfasser haben auf diesen Bildern, die großenteils aus dem Topkapı saray sind, Volksmusikinstrumente im Zusam-menspiel mit Kunstmusikinstrumenten entdeckt. Vgl. Reinhard 1981 und Ahrens/Reinhard: Musikdarstellungen auf türkischen Miniaturen (im Druck).

Darüber hinaus wurden weitere Erkenntnisse über die Besetzung der Ensemble gewonnen, die teilweise größer waren, als man bisher angenommen hatte. Auch die Volksmusikinstrumentengruppe *davul-zurna*, die heut meist aus zwei Spielern besteht, war aus mehr Musikanten zusammengesetzt. Dagegen waren die Melodieinstrumente zwei- oder dreifach besetzt. Sie wurden aber fast immer von Rhythmusinstrumenten, sehr oft von der Rahmentrommel ohne Schellen *(mazhar)* begleitet. Das letztere ist heute ungewöhnlich. Dafür traten im allgemeinen mehr Rhythmusinstrumente zu den Melodieinstrumenten als heute. Die *def* aber fehlte ganz. Auf den Bildern sind ebenfalls Chöre dargestellt, was der heutigen Aufführungspraxis der Kunstmusik entspricht. Wenn es auch fraglich ist, ob die Wiedergabe der Miniaturen wirklich naturgetreu ist, so wird man bei der Akribie der Zeichnungen, in denen sogar oft die Anzahl von Saiten gezählt werden kann, nicht zweifeln, daß die oben angeführten Charakteristika den Tatsachen entsprechen.

9 Ausnahmen bilden diesbezüglich Schwarz-Afrika, sofern man dessen Musik, die noch nicht in Folklore und Kunstmusik scheidbar ist, hierzu rechnen will, Teile Ostasiens und Indonesiens und vor allem auch in Europa eine ältere Schicht, wie etwa in Litauen und in der Musikkultur Islands, und eine sporadische Region nördlich des Mittelmeeres vom Kaukasus, über die östliche Adriaküste und Korsika bis zu den Balearen, einzelne Gebiete des Balkan, z.B. auf der ägäischen Insel Karpathos, im Nord-Epirus, Albanien und bei den Aromunen in Makedonien und auch in Afghanistan und Nepal, wo sich eine eigenartige Form volkstümliche Mehrstimmigkeit findet. Vgl. Brandl 1982, im Druck.

10 Auf das Vorhandensein primär klanglicher und primär melodischer Musikkulturen als erster aufmerksam gemacht zu haben, ist das Verdienst von Rudolf von Ficker („Primäre Klangformen" im Jahrbuch der Musikbibliothek, Leipzig 1929). Weitere neuere Ausführungen zu diesem Thema bietet der Aufsatz von Kurt Reinhard: Gedanken zur Statik in der Musik. Neue ethnomusikologische Forschungen. Festschrift Felix Hoerburger zum 60. Geburtstag, Regensburg 1977. Der Verfasser schreibt auf S. 240 f.: Dennoch sind „die Musiktypen primär melodisch und primär klanglich nicht nur unüberbrückbare Gegensätze, sondern eng verzahnt." So gibt es melodische Eigenarten „primärer oder in unserem neu definierten Sinne sekundärer Art . . ."

Hier wird primär im Sinne von hauptsächlich, nicht ursprünglich gebraucht. Nach mündlicher Mitteilung soll es in der sowjetischen Musikwissenschaft neuerdings eine ähnliche Einteilung nach alpha-, beta- und gamma-Melodik geben. Diese Thesen sind durch neuere Forschungen über Schwebungsdiaphonie wieder ins Gespräch gekommen. Vgl. R. M. Brandl 1982.

11 Der Begriff Heterophonie, der sich — ohne genaue Definition — in Platos „Staat" findet, wurde von Carl Stumpf in die Terminologie der Vergleichenden Musikwissenschaft eingeführt.

12 In einem 1964 geführten Gespräch mit den Verfassern gebrauchte Münir Nurettin Selçuk (geb. 1900), Sänger, Komponist und ehemaliger Leiter der Abteilung Klassische Türkische Musik am Konservatorium zu Istanbul, folgende Formulierung: „Die türkische Musik kennt zwar keine Harmonik, dafür ist ihre Melodik aber besonders reich gestaltet und ausgewogen durch ihre (im übertragenen Sinne) ‚innere Harmonie'."

13 Yekta 122, S. 3062 ff und Arel 1964, S. 26–43.

14 Auf Quinten- und Quarten-Reihen sind fast alle Tonsysteme der Welt aufgebaut. Töne, die in diesen Intervallen stehen, haben einfache Schwingungsverhältnisse (2:3 bzw. 3:4), die nicht nur durch entsprechende Saitenteilung leicht darstellbar sind, sondern auch vom Gehör wegen ihrer hochgradigen Konsonanz schnell erkannt und rein eingestimmt werden können. So lassen sich beispielsweise die Werte einer siebenstufigen Skala folgendermaßen ermitteln, wobei wir uns hier einmal der abendländischen Tonnamen bedienen wollen. Von *f* ausgehend, jeweils die höhere Quinte gewählt, ergibt die Reihe *f-c-g-d-a-e-h*. Diese Stufen, in den Raum *einer* Oktave verlegt, bilden die Reihe *f-g-a-h-c-d-e,* also eine lydische Tonleiter. Die Projektion in einen Oktavraum kann praktisch, etwa bei der Stimmung eines Saiteninstrumentes, auch so vor sich gehen, daß man bereits den zweiten Quintton um eine Oktave nach unten verlegt, ein Vorgang, der bei der an Identität grenzenden Konsonanz von Oktavintervallen gehörmäßig leichter zu bewerkstelligen ist als die Einstimmung von Quinten. Schließlich ist hier die besprochene Reihenbildung noch einfacher durchzuführen, wenn man jeweils eine Quinte aufwärts und dann eine Quarte abwärts schreitet.

15 Zumal auch im folgenden zur Verdeutlichung der verschiedenen Tonsysteme immer wieder die Cents-Rechnung angewandt werden wird, sei dies hier kurz erläutert. Sie wurde von dem Engländer John Ellis 1884 (Tonometrical Observations on some existing non-harmonic Scales) eingeführt, um Intervalle nicht nur durch zwei Schwingungszahlen oder ein daraus resultierendes oft sehr unhandliches und unanschauliches Zahlenverhältnis (z.B. 531441: 524208 = Pythagoreisches Komma) ausdrücken zu müssen, sondern relative Meßwerte zu gewinnen, die für gleiche Intervalle immer dieselben bleiben, ganz gleich, in welcher Oktave die betreffenden Töne liegen, bzw. welche Frequenzen sie haben. Er teilte dazu die Oktave in 1200 gleiche Teile ein, so daß der abend-

ländisch temperierte Halbton genau 100 Cents erhält. Da nun in diesem temperierten System keine reinen Intervalle, auch keine reinen Quinten vorkommen, folgert daraus, daß diese keine glatten, sondern komplizierte Cent-Werte besitzen müssen. Die reine Quint (2:3) hat 702 Cents. Die in der vorigen Anmerkung beispielhaft genannte siebenstufige Leiter ist naturgemäß als rein anzusprechen und repräsentiert folgende Cents-Werte:

$$0 - 204 - 408 - 612 - 702 - 906 - 1110 - 1200$$

Die in ihr enthaltenen Ganz- und Halbtöne sind alle 204 bzw. 90 Cents groß. — Das Pythagoreische Komma läßt sich so berechnen: zwölf reine Quinten zu je 702 Cents ergeben zusammen 8424 Cents, sieben Oktaven zu je 1200 Cents jedoch nur 8400 Cents, die Differenz beträgt demnach 24 Cents. Vgl. auch Reinhard 1976.

16 Es versteht sich von selbst, daß die Haupt- und Zwischentöne dieses rein türkischen, sowie aller früheren und späteren Systeme sich nicht bzw. nicht allein der europäischen Tonnamen bedienen. Jeder der Töne hat selbstverständlich seine eigene, meist arabische oder persische Benennung. Es würde verwirren, sie im Text alle aufzuführen, dem interessierten Leser sollen sie dennoch hier unter den Anmerkungen mitgeteilt werden, dazu — soweit bekannt — ihre wörtliche Bedeutung. Es muß dabei aber nachdrücklich darauf hingewiesen werden, daß die sprachliche Herkunft der Bezeichnungen nichts über die Entstehungsorte oder Schöpfer der Skalen, Töne usw. aussagt. Das Arabische, die Sprache des Korans, war eben früher das Mitteilungsmedium der Gebildeten. Alle wissenschaftlichen Bücher wurden in ihm abgefaßt (oder auch in Persisch), ähnlich wie bei uns im Mittelalter allgemein Lateinisch geschrieben wurde. Es gibt dazu noch eine engere Parallele: die musikalische Fachsprache selbst. Sie ist im Abendland das Italienische und sagt auch nichts aus beispielsweise über die Entwicklung der deutschen oder englischen Musik usw.

In der nun folgenden Aufstellung sind die zusätzlichen Worte, die die Oktavlage anzeigen, wie *kaba* („groß"), *pest* („tief") *und tiz* („hoch"), weggelassen worden. Wo aber ein Ton seiner absoluten Lage entsprechend, mit einem gänzlich anderen Namen bezeichnet wird, ist dies angegeben, die beiden Begriffe sind dann durch Kommata getrennt.

Es bleibt ohnehin zu bedenken, daß die Töne nur dann in der angegebenen absoluten Lage verwendet werden, wenn die begleitenden Instrumente in *mansur* gestimmt sind. In allen anderen Fällen klingen ohnehin andere Töne als die im Notenbild erscheinenden und entsprechend bezeichneten Stufen. So entspricht beispielsweise einem c' auf einem in *bolahenk* gestimmten *kanun* klanglich ein g', während ein Chor häufig dann, wenn er c' liest, ein f singt. Im übrigen wurden in die Tabelle auch die Tonnamen aufgenommen, allerdings in Klammern gesetzt, die Ekrem Karadeniz (vgl. Anm. 17) für sein 41stufiges System verwendet.

Ton	Benennung	Bedeutung
c	*çargâh*	„vierte Stelle", auch ein Makam
	(niyaz)	„Bitten, Flehen", auch ein von Nasır Abdulbakî (1765–1820) erfundener Makam
	(dikçe niyaz)	
	nim hicaz	siehe unter *hicaz*
	hicaz	nach der Küstenlandschaft am Roten Meer, auch Makam
	(dikçe hicaz)	
	dik hicaz	(bei Karadeniz nicht)
d	*yegâh, neva*	*yegâh* = „erste Stelle"; *yegâh* und *neva* auch Makame; der Ton d heißt im 15. Jahrhundert *pençgâh* = „fünfte Stelle"
	(gülzar)	„Rosengarten", auch ein Makam
	(dikçe gülzar)	
	nim hisar	siehe unter *hisar*
	hisar	„Festung"; *hisar* bezeichnete im 15. Jahrhundert den Ton fis; auch ein Makam
	(dikçe hisar)	
	dik hisar	(bei Karadeniz nicht)
e	*hüseyniaşiran, hüseyni*	auch *şeşgah* = „sechste Stelle"; *hüseyni* = „der kleine gute"; beide Begriffe auch für verschiedene Makame
	(dilaviz)	
	(dikçe dilaviz)	
f	*acemaşiran, acem*	*acem* = „Perser, persisch"; *acemaşiran* ist auch ein Makam
	dik acemaşiran, dik acem	(bei Karadeniz nicht)
	(nevruz)	„Neujahrsfest der Perser"
	(dikçe nevruz)	
	irak, eviç	*irak* nach dem gleichnamigen Land; *eviç* („höchste Stelle") früher für h; sonst auch *heftgâh* = „siebente Stelle" ·
	geveşt, mahur	beide auch Makame
	(dikçe mahur)	
g	*dik geveşt, dik mahur*	
	rast, gerdaniye	*rast* = „recht, gerade"; beides auch Makame
	(nigâr)	auch ein Makam
	(dikçe nigâr)	

nim zirgule, nim şehnaz siehe nächsten Ton
  zirgule, şehnaz   beide auch Makame
  (dikçe zirgule)
  dik zirgule, dik şehnaz

a   *dügâh, muhayyer* *dügâh* = „zweite Stelle", *muhayyer* = „der, der die
                        Wahl hat"; beide auch Makame
  dilarâ   „gefällig, angenehm"
  (dikçe dilarâ)
  (nim kürdi)   siehe unter *kürdi*
  kürdi, sünbüle   *kürdi*, nach dem Stamm der Kurden, *sünbüle*
                       = „Stern der Jungfrau"; beide auch Makame
  (ussak)   „die Liebenden"; auch ein Makam
  dik kürdi, dik sünbüle (bei Karadeniz nicht)

h   *segâh*   „dritte Stelle"; früher *eviç* = „hoch, höchste
                  Stelle"; *segâh* ist auch ein Makam
  puselik   auch ein Makam
  (dikçe puselik)
  dik puselik

c   *çargâh*   siehe ersten Ton

17 Dem an den theoretischen Zusammenhängen besonders interessierten Leser werden hier die oben nur kurz beschriebenen
wichtigsten Tonsysteme in Tabellenform mit Centsangaben (s.
Anm. 15) geboten. Die von Zalzal durch Einführung eines entsprechenden Lautenbundes und -griffes geschaffene neutrale
Terz (22:27) entspricht 355 Cts. Die genaue Mitte zwischen
großer (4:5) und kleiner Terz (5:6), also zwischen den Werten
386 und 316 Cts., hat eine Größe von 351 Cts. — Den Systemen
von Al-Kindi, Farabî und Ibn Sina liegt ein Quintenzirkel von
zwölf Tönen zugrunde. Von einem Ton ausgehend werden also
elf Quintschritte unternommen und die jeweils sich ergebenden
Töne wieder durch Transposition in die gleiche Oktave verlegt.
Das Ergebnis ist eine chromatische Tonleiter. Da der zwölfte
Quintschritt nicht getan wird, übergeht man die Schwierigkeit,
die bereits Pythagoras erkannt hatte, daß nämlich die zwölfte
Quinte um ein Komma (24 Cts.) höher liegt als die siebente
Oktave, d.h. beispielsweise, daß — wenn man von *c* ausgeht —
das *his* um den Wert des pythagoreischen Kommas über den Ausgangston hinausschießt. Diese Mißlichkeit wurde ja erst im Abendland recht offenbar, als man bei fest abgestimmten Instrumenten
Stufen suchte, die im Zusammenklang stets Konsonanzen ergeben. In rein linearer Musik spielt der kleine „Schönheitsfehler"
keine Rolle, und so kann man auch, um eine in sich geschlossene
Reihe zu erreichen, anstelle der zwölften Quinte einfach wieder
den Grundton setzen. Nehmen wir bei unserer erläuternden Dar-

stellung d als mittleren Ton, da wir dann fast ebenso viele Ernie-
drigungszeichen wie Kreuze benutzen können. Endpunkte auf
beiden Seiten sind dann *as* und *gis,* die beiden Töne also, die fast
identisch sind, aber eben um die 24 Cts. auseinanderliegen. Anstelle des *gis* setzen wir dann aber einfach wieder das *as*. Die
Quintenreihe heißt dann as-es-b-f-c-d-a-e-h-fis-cis-as. Die Cents-
werte sind, bei Verwendung der reinen Quinte mit 702 Cents,
alsdann folgende, wobei unter dem tatsächlichen Wert jeweils
die durch Subtraktion von 1200 Cents, oder einem Vielfachen
davon in den Oktavraum projizierte Größe gesetzt ist:

as	es	b	f	c	g	d	a	e	h
0	702	1404	2106	2808	3510	4212	4914	5616	6318
0	702	204	906	408	1110	612	114	816	318

fis	cis	as	(gis)
7020	7722	8400	(8424)
1020	522	1200	(24)

In eine auf *a* beginnende Tonleiter umgewandelt, ergibt sich diese
Reihe:

a	b	h	c	cis	d	es	e	f	fis
0	90	204	294	408	498	588	702	792	906
	90	114	90	114	90	90	114	90	114

g	as	a
996	1086	1200
90	90	114

Wie aus der letzten Zahlenreihe hervorgeht, enthält dieses
System nur zwei Halbtongrößen zu 90 und 114 Cts. Da zwei
der größeren Werte (114) niemals nebeneinander vorkommen,
gibt es auch nur zwei Ganztongrößen, 180 (90+90) und 204
(90+114). Alle Quarten und Quinten sind rein (498 bzw. 702
Cts.) bis auf das Intervall *cis-as* (678) und seine Umkehrung
(522). Hier macht sich das nicht ausgeglichene, sondern durch
die Gleichsetzung von *gis* und *as* übergangene pythagoreische
Komma bemerkbar. — Das 17stufige System des Safieddîn,
wollen wir nicht so umständlich erläutern. Wir geben vielmehr
nur die sich aus ihm ergebende Skala wieder. Dabei bedienen wir
uns der Darstellungsweise von Liberty Manik, 1967, dessen um-
fassende und frühere Darstellungen korrigierende Behandlung
des gesamten vorderorientalischen Tonsystems manche bisheri-
gen Unklarheiten beseitigt hat. Diesmal benutzen wir eine auf *c*
transponierte Leiter:

```
c    des   eses  d     es    fes   e     f     ges   asas
o    90    180   204   294   384   408   498   588   678
  90    90    24    90    90    24    90    90    90
```

```
g     as    heses  a     hes   ces         deses      c
702   792   882    906   996   1086        1176       1200
  24    90     90    24    90     90          90        24
```

Hier stehen also an viel mehr Stellen die beiden Ganztongruppen (180 und 204) sowie die verschiedenen Halbtonschritte (90 und 114) und außerdem zahlreiche Kombinationsmöglichkeiten für die größeren Intervalle zur Verfügung. Dieses, wie alle anderen Systeme, stellt ja nur einen Tonvorrat bereit, aus dem sich dann die unterschiedlichen siebenstufigen Gebrauchsskalen auswählen lassen. – In noch einfacherer Darstellungsweise (ohne Tonnamen) folge hier das 24stufige System, wie es Suphi Ezgi im ersten Band seines fünfbändigen *„Nazarí ve Amelí Türk Musiki - si"* (Theorie und Praxis der türkischen Musik, Istanbul 1933– 1953) vorlegt:

```
0   90   114   180   2o4   294   318   384   408   498   522
  90   24    66    24    90    24    66    24    90    24    66
```

```
588   612   678   702   792   816   882   906   996   1020
  24    66    24    90    24    66    24    90    24    66
```

```
1086   1110   1176   1200
   24     66     24
```

Hier haben wir unter den kleinen Werten neu die Größe 66, die aus der Subtraktion von 90 minus 24 entstanden ist. Daß die Kombinationsmöglichkeiten hier noch viel reicher sind, versteht sich am Rande. Mit diesem System ist es wiederum um einiges leichter, die feinstufige Melodik, die die Praxis entwickelt hat, in theoretisch fundierten Tonleitern zu erfassen. Betrachten wir einmal die Schritt-Intervalle bis zum Eineinhalbton-Schritt, so stehen hier folgende Werte zur Verfügung: 24, 66, 90, 114, 138, 180, 204, 228, 270, 294 und 318 Cts. Bei Rauf Yekta (1922) sieht die Reihe, da sie von einem anderen Punkt aus aufgebaut ist, an vier Stellen anders aus: die Werte 522 und 1020 fehlen, dafür erscheinen neu 494 und 972. Das ändert aber nichts Grund- sätzliches an der Struktur, denn die „kleinen Werte" sind hier die gleichen wie bei Ezgi. – Schließlich muß noch das 41stufige

System des Ekrem Karadeniz (geb. 1904) kurz erläutert werden, das dieser den Verfassern zunächst als Manuskript übergeben hatte, das dann Liberty Manik in seine Betrachtungen einbezog und korrigierte, und zu dem in einer, von Gültekin Oransay herausgebenen musikwissenschaftlichen Zeitschrift „bağlama", 1. Heft Ankara April 1965, ein vorbereitender Artikel erschienen ist. Das Werk „Türk Musikîsinin Nazariye ve Esasları." Türkiye İş Bankası Kültür Yayınları, o.O., o.J. erschien nach Karadeniz's Tod 1983.

Karadeniz strebt offenbar im Rahmen seiner 41 Stufen eine Art Temperierung an. Die Werte, die z.T. aus den Intervallen eines 53stufigen Systems gewonnen wurden, sind durch die Fülle der Töne so klein geworden, daß zu ihrer Darstellung die Cents-rechnung nicht mehr ausreicht. Der Ganzton zu 204 Cents besteht bei ihm aus 9 Kommata, demnach wäre ein Komma 22 2/3 Cts. groß. Das Komma selbst ist auch ein zu verwendender Wert und dazwischen gibt es noch weitere kleine Intervalle von 1,5   2,5   4,   5 und 8 Kommagrößen. Aber auch das sind nur Annäherungswerte. Um jedoch noch übersichtlich zu bleiben, werden in der nachfolgend aufgeführten Reihe auch nur volle Centswerte gegeben, obwohl sich dadurch scheinbar rechnerische Fehler dartun:

```
0    34   68   89   124   159   182   204   237   271   294
   34   34   23   34    34    23    23    34    34    23    34

328  363  386  419  453   475   498   532   567   590
   34   23   34   34    23    23    34    34    23    34

624  659  680  702  736   770   792   827   860   884
   34   23   23   34    34    23    34    34    23    23

906  940  973  996  1031  1065  1088  1121  1155
   34   34   23   34    34    23    34    34    23

          1177  1200
             23
```

Die Summe von 24 Werten zu 34 Cts. und 17 Werten zu 23 Cts. ergibt die für eine Oktave zu große Summe von 1218. Setzt man aber statt 23 jeweils 22 2/3 Cts., so kommt man fast auf den genauen Oktavwert. Genau beträgt das aus einer 53fachen Teilung der Oktave gewonnene Komma 22,64151 (abgerundet) und der eineinhalbfache Wert (das Intervall zu rund 34 Cts.) 33,96226

197

Cts. Es wäre aber müßig, nun noch die Möglichkeiten für die verschiedenen Größenkombinationen aus den beiden Kleinwerten oder gar die aus dem System ableitbaren Gebrauchsskalen aufzuzählen, zu zeigen war lediglich, daß man auch heute noch bemüht ist, die Fülle der in der praktischen Musikausübung benutzten Tonnüancen in ein logisches Tonsystem einzufangen. Es mag ein rein mathematisch-philosophisches Denkgebäude darstellen und — was wahrscheinlich ist — ohne Einfluß auf die Musik selber bleiben, zumal derart irrationale Stufen kaum auf einem Instrument einstimmbar sind, es beweist aber, daß es immer noch Kräfte in der Türkei gibt, die sich um das Fortleben der klassischen Kunstmusik bemühen. Vgl. Reinhard 1976.

18 Vgl. Reinhard 1958.

19 Der Begriff „modal", der der abendländischen Theorie entlehnt ist, soll hier nur die sieben Modi bezeichnen, die sich in dem genannten natürlichen heptatonischen System bilden lassen und tatsächlich etwa bei den Griechen, den Chinesen und in unserem Mittelalter Anwendung gefunden haben. Die Grundstruktur, die Abfolge von zwei Ganztönen, einem Halbton, drei Ganztönen, einem Halbton, zwei Ganztönen, einem Halbton, drei Ganztönen usw. bleibt stets die gleiche, die einzelnen Tongeschlechter unterscheiden sich nur durch die Lage des Grundtons. Kurzum, es sind unsere mittelalterlichen Kirchentonarten, die nur die Stammtöne c-d-e-f-g-a-h-c verwenden, jedoch einmal auf c, einmal auf d usw. beginnen.

Diese Kirchentonarten kennen bei uns heutzutage keine Erhöhungen und Vertiefungen einzelner Töne, wie sie in den Tonreihen des Vorderen Orients Usus sind. Jedoch sind solche Abweichungen in früherer Zeit üblich gewesen, so daß die hier verwendeten Bezeichnungen einer älteren komplizierten Praxis nahekommen.

20 Die Vorzeichen, die man heute in der Türkei verwendet, um bei Benutzung der europäischen Notenschrift die abweichenden Stufengrößen zu benennen, werden leider nicht einheitlich gehandhabt. Obwohl Oransay (1957 und 1964) Vorschläge für noch differenziertere Zeichen unterbreitet hat, halten wir uns an die von Suphi Ezgi (vgl. Anm. 17) angewandten Akzidenzien, zumal diese sich auch in den Klassiker-Ausgaben und in vielen anderen Musikschriften finden. Sie haben folgende Bedeutungen:

♭ erniedrigt einen Ton um 180 Cents
♭ erniedrigt einen Ton um 114 Cents
♭ erniedrigt einen Ton um 90 Cents
♮ erniedrigt einen Ton um 24 Cents

erhöht einen Ton um 24 Cents
erhöht einen Ton um 90 Cents
erhöht einen Ton um 114 Cents
erhöht einen Ton um 180 Cents

21 Diese Zahl erscheint nirgendwo im türkischen Schrifttum. Sie wurde lediglich aus der vorhandenen Literatur, bzw. aus den Klassiker-Ausgaben ermittelt. Sie ist keine unumstößliche Größe, wurde aber für unsere Betrachtungen zugrundegelegt, um nicht die ganze Fülle der tatsächlich, wenn auch oft nur selten gebrauchten Leitern ausbreiten zu müssen. Bei Rauf Yekta (1922) sind 30 Leitern verzeichnet, von denen 24 in unseren 32 enthalten sind.

22 Wie die Tabellen unter Anm. 24 ergeben werden, handelt es sich um je zwei Skalen in „Dorisch", „Phrygisch" und „Hypophrygisch", sowie um eine „mixolydische" Leiter.

23 Vgl. Vural Sözer, S. 260.

24 Hier folgt eine Übersicht und eine nach verschiedenen Gesichtspunkten vorgenommene Aufgliederung und Ordnung der herausgegriffenen 32 Skalen.

a) *Die 32 Grundskalen nach ihrer absoluten Lage geordnet.*

Die von der türkischen Theorie (vgl. Anm. 23) genannten 13 „nicht zusammengesetzten" *(basit)* Leitern sind unterstrichen. Wenn die betreffenden Tonleitern meist abwärts gehend gebraucht werden, ist dies besonders vermerkt. Soweit die wörtlichen Bedeutungen der Bezeichnungen nicht schon bei den Tonnamen (vgl. Anm. 16) gegeben wurden, sind sie hier beigefügt. Die in ganzen Noten geschriebenen Töne sind die Grundtöne, die Halben bezeichnen die Dominanten. Wenn hier von „absoluter Lage" gesprochen wird, so gilt das mit der unter Anm. 16 gemachten Einschränkung der bei gewissen Instrumenten- und Chorstimmungen erfolgenden Transposition bei gleichbleibender Tonbenennung.[20]

Yegâh	mixolydisch
Şedaraban	abwärts — şed — „stark ziehen"
Sultanî Yegâh	„sultanischer yegân"
Ferahnak	jonisch „heiter"
Suzidil	abwärts — „Herzensbrand"
Hüseyni-aşiran	äolisch
Acem-aşiran	abwärts — jonisch
Eviç	hypophrygisch — „höchste Stelle"

199

[Auf dem Einlegeblatt ist dieses Notenbeispiel in größerer und besser lesbarer Form mit weiteren eingefügten Informationen noch einmal abgedruckt.]

b) *Den kirchentonartlichen Modi verwandte Skalen.*

Jonisch (Dur):   in Original-Lage: *Çargâh*
                    transponiert: *Ferahnak, Acemaşiran, Rast,*
                                 Mahur, Nişaburek

Dorisch: transponiert: *Neva, Hüseyni*
Phrygisch: transponiert: *Kürdî, Segâh*
Mixolydisch: transponiert: *Yegâh*
Äolisch (Moll) in Original-Lage: *Puselik, Uşşak, Beyati*
                 transponiert: *Hüseyniaşiran. Nihavent*
Hypophrygisch: transponiert: *Eviç*

200

Daß sich hier als identisch aufgeführte Skalen dennoch in Kleinigkeiten unterscheiden können, zeigt die übernächste Aufstellung.

c) Folgende Leitern benutzen die absolut gleichen Töne, beginnen nur jeweils auf anderen Stufen:

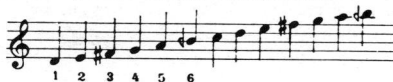

1 ist Beginn von *Yegâh*
2 ist Beginn von *Hüseyniaşiran*
3 ist Beginn von *Eviç*
4 ist Beginn von *Rast*
5 ist Beginn von *Neva*
6 ist Beginn von *Hüseyni*

1 ist Beginn von *Acemaşiran*
2 ist Beginn von *Kürdî*

1 ist Beginn von *Suzinak*
2 ist Beginn von *Karcığar*
3 ist Beginn von *Hüzzam*

1 ist Beginn von *Puselik*
2 ist Beginn von *Çargâh*

d) die 17 modalen Reihen, d.h. die Skalen ohne Eineinhalbton-Schritt, erscheinen in insgesamt drei Strukturen, also Intervallkombinationen, wobei selbstverständlich wieder die einzelnen Skalen auf verschiedenen Stufen des Systems einsetzen können. Hierbei zeigt sich, daß im wesentlichen ähnliche Modi doch nicht die gleichen Ganz- (180 oder 204 Cts.) und Halbton-Größen (90 oder 114 Cts.) zu besitzen brauchen. So sind beispielsweise die jonischen Tonleitern verschieden strukturiert: *Ferahnak, Rast* und *Nişaburek* gehören in das

eine System, *Çargâh*, *Acemasiran* und *Mahur* in ein anderes.
Ebenso unterscheiden sich *Kürdî* und *Segâh*. Die fünf äoli-
schen Leitern gehören sogar allen drei vorkommenden Systemen an. Die Zahlen der folgenden Tabelle sind die in Cents
ausgedrückten Größen der einzelnen Schritte.

1. System mit nur gleichen Ganz- und Halbton-Größen (204
und 90 Cts.)

= 204-204-90-204-204-204-90=204-204-90-204-204-

1   2   3

Bei 1 beginnen *Acemasiran, Mahur* und *Çargâh*
Bei 2 beginnt *Kürdî*
Bei 3 beginnen *Nihavent* und *Puselik*

2. System mit zwei verschiedenen Ganzton-Größen (180 und
204 Cts.), aber gleichen Halbtönen (114 Cts.):

=204-180-114-204-180-114-204=204-180-114-204-180-114

1   2   3   4   5 f

Bei 1 beginnt *Yegâh*
Bei 2 beginnt *Hüseyniasiran*
Bei 3 beginnt *Eviç* und *Segâh*
Bei 4 beginnen *Rast, Ferahnak* und *Nişaburek*
Bei 5 beginnen *Neva* und *Hüseyni*

3. System mit je zwei verschiedenen Ganz- und Halbtönen:
=180-114-204-204-90-204-204

Dieses System und zugleich diese Reihe vertreten *Beyati* und
Uşşak

e) Die Skalen, die ein oder zwei Eineinhalbton-Schritte einbeziehen, sind naturgemäß noch komplizierter. Jedoch werden
auch hier keineswegs alle theoretisch denkbaren Kombinationsmöglichkeiten ausgenutzt. Die jetzt notwendigen drei
Intervallkategorien, Halbtöne (H), Ganztöne (G) und Übermäßige Ganztöne (Ü), können auf mehrere Arten zusammengestellt werden, und außerdem erscheinen hier wieder in
wenigen Cents abweichende Schrittgrößen: H mit 90 oder
114 Cts., G mit 180 oder 204 Cts. und Ü mit 270 oder 294
Cts. Bei den Skalen mit nur einem übermäßigen Schritt
begegnen folgende Kombinationen, die alle außer dem Ü je
drei H und drei G aufweisen und bei denen stets der übermäßige Schritt zwischen zwei Halbtönen liegt:

G H G G H <u>Ü</u> H
G G H G <u>H Ü H</u>
    G H <u>H Ü H</u> G G
    <u>H Ü H</u> G H G G

Im einzelnen sieht das so aus:

G H G G H Ü H kommt nur einmal vor, und zwar im *Sultani Yegâh* mit 204 - 90 - 204 - 204 - 90 - 294 - 114
G G H G H Ü H hat zwei verschiedene Größen-Verteilungen, von denen die erste durch vier Modi, die zweite aber nur einfach vertreten ist:
=204-180-114-204-114-270-114=204-180-114-204-114-

    1   2   3   4

Mit 1 beginnt *Suzinak*
Mit 2 beginnt *Karcığar*
Mit 3 beginnt *Hüzzam*
Mit 4 beginnt *Nikriz*

=90-294-114-204-180-114-204= diese Skala ist *Hicaz*
G H H Ü H G G mit =180-114-114-294-90-204-204= ist *Saba*
H Ü H G H G G mit =114-270-114-204-90-204-204= ist *Uzzal* und *Hümayun.*
Bei den Skalen mit zwei übermäßigen Schritten sind diese jeweils alle beide in Halbtöne eingebettet, so daß nur noch ein Ganzton verbleibt. Es dominiert die Kombination H Ü H G H Ü H, und zwar
mit =114-270-114-204-114-270-114= als *Zengule*
mit =114-270-114-204- 90-294-114= als *Şedaraban* und *Suzidil*
mit =114-294- 90-204-114-294- 90= als *Evcara*
mit =114-294- 90-204-114-270- 114= als *Hicazkâr*

Daneben kommt nur noch eine Skala, *Nevesęr,* in der Kombination G H Ü H H Ü H mit = 204-114-270-114-114-270 114= vor, die eine modale Abwandlung der Tonleiter *Zengule* darstellt.
Es ließen sich schließlich noch viele weitere Ordnungen des gebräuchlichen Tonleiter-Vorrates durchführen, doch mag bereits das hier Vorgelegte genügen, um zu zeigen wie fein gegliedert die türkischen Skalen sind, wie gesetzmäßig sie sich erklären lassen und wie wenig man doch von der Fülle der theoretischen Möglichkeiten überhaupt Gebrauch zu machen gezwungen ist.

24f Touma (1968) erklärt Makam aus „Maqamat", einer literarischen Form, die seit dem 10. Jhdt. von gebildeten Arabern gepflegt wurde.
25 Vgl. Uz und siehe in der Neuaufl. S. 43.
26 Yekta 1922, S. 2995.
27 Dominante wird hier nicht im Sinn der Funktions-Harmonik gebraucht. Es bedeutet hier lediglich dominierender Ton.

28 Oransay 1964, S. 43. Vgl. auch Anm. 13 in Band 2 „Musik der Türkei".
29 Vgl. Curt Sachs: Musik der Fremdkulturen. Heidelberg, 1959, S. 47/48.

Josef Kuckertz verglich in einer Vorlesung über vorder-orientalische Musik im WS. 1982/83 den Makam mit einem Baum, der für jeden als ein solcher erkennbar ist. Dennoch ist kein Baum wie der andere. Jeder Baum ist gewissermaßen eine Variation der Vorlage, der Gattung Baum. So steht auch hinter den Tonreihen, den Motiven und Regeln eines jeden Makam, das nicht hörbare Klangmodell, die gedankliche Melodievorlage, die jedes Mal variiert wird, die ihren eigenen Gang geht und woran der orientalische Musiker den jeweiligen Makam erkennt.

30 Weitere Bedeutungen von Makam-Namen, die nicht schon im Text oder unter den Anm. 16) und 24) genannt wurden, sind folgende: *Canfeza* heißt wörtlich „die Seele weitend'', *dilkeş* bedeutet „bezaubernd" und *ferahfeza* „angenehm'. *Güldeste* („Rosenbund") ist ein seltener Makam, den *Neyzen* (Flötist) Salih Dede (gest. etwa 1887) angewandt, den aber erst ein anderer definiert und benannt hatte. *Huzi* ist wieder ein Landschaftsname und bezeichnet Chusistan in Südwest-Persien während *müstear* lediglich besagt, daß dieser Makam „entlehnt" ist. *Naz* („kokettierendes Neinsagen") und *niyaz* („Bitte") sind zwei von Nâsır Abdülbâki Dede (1765—1820) eingeführte und benannte Makame, die sinnvollerweise oft zusammen verwandt werden. *Nesím* ist der „Lufthauch" und *nühüft* bedeutet „verheimlicht" Das zusätzliche Wort in dem Namen *nihavent-i rumi* weist darauf hin, daß dieser Makam in der Türkei zu Hause ist und nicht in Persien, wo man nur die Ortsbezeichnung Nihavent gebraucht. *Rahatfeza* heißt wörtlich „Gemütlichkeit vergrößernd" und *revnâk-nüma* „der, der Glanz zur Schau stellt". Den Makam *ruhefza* („die Seele verjüngend") hat der eben schon genannte *Abdülbâki* nominiert. *Safa* ist das „Vergnügen im Freien". Den Makam *suzidilara* („mit Herzensbrand Versehender") hat der komponierende Sultan Selim III. (1760—1808) erfunden. Wenn wir weiter den Angaben von Oransay 1964 folgen, hören wir, daß der Hofmusiker Hilmi Bey um 1890 den Makam *şerefi hamídí* („Ehre Sultan Abdulhamids II'") erfand, den Suphi Ezgi (vgl. Anm. 16) später in *şerefnüma* („Ehre zeigend") umbenannte. Mehrere Makame sind mit dem Begriff *şevk* („Lust und Liebe") verbunden, so *şevkaver* („der Aufmunternde"), *şevkefza* („Lust-Vermehrender"), *şevkengiz* („Lust-Erzeugender"), *şevkitarab* („Lust zur Fröhlichkeit") und das von Selim III. erfundene *şevkidil* („Lust der Seele"). Während *zemzeme* („das Murmeln") und *zevkitarab* („Genuß der Musik") poetisch-ästhetische Um-

schreibungen sind, geht der als letzter zu nennende Name *zinderud* wieder auf eine geographische Bezeichnung zurück, auf den Namen eines Flusses bei Isfahan in Persien.

31 Vgl. Brailoiu und Anm. 13 im 2. Band „Musik der Türkei"

32 Rauf Yekta (1922) nennt 40 rhythmische Muster, von denen die meisten hier wiedergegeben werden. Die unter der Linie stehenden Noten, deren Hälse nach oben zeigen, sind die tieferen Hauptschläge (düm) und werden mit der rechten Hand ausgeführt, die anderen Noten bezeichnen die hellen, mit der linken Hand hervorgebrachten Nebenschläge (*tek*). Rauf Yekta benutzt zur Notation zwar — im Gegensatz zu unserer vereinfachten Darstellung — zwei Linien, vermerkt aber trotz der· gegebenen Möglichkeit nicht die halbstarken Schläge, die beim Memorieren als „*ke*" oder „*ka*" gesprochen werden. Zu den Rhythmen, hinter deren Namen ein Kreuz gesetzt ist, folgen anschließend noch weitere Bemerkungen.

Sofiyan

Semaï, stammt aus dem Abendland, dient der Imitation des europäischen Stils

Düyek („zwei—eins"). Bei Yekta auch in „2. Form" mit doppelten Werten

Süreyya. Um 1870 erstmalig von Hacı Arif Bey (1841—1896) benutzt

Yürük semaï („gehendes semaï"). In langsamerem Tempo: sengin semaï („steinernes semaï")

Devri hindi („indischer Zyklus"). Sehr alt, heißt mit doppelten Werten Ağır devri hindi

Mandıra („Hürde für Weidetiere")

Katakofti („Aufschneiderei")

Çifte düyek („doppelter düyek")[+]

Aksak („hinkend"). Vgl. die Ausführungen im Text. Heißt mit doppelten Werten bei Yekta: Ağır aksak

Sofiyan, 2. Form

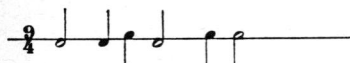

Evfer, wird fast nur in der mevlevi-Musik verwendet, und zwar im 2. und 4. Abschnitt (selam) der ayîn

Aksak semaî. Heißt mit doppelten Werten Ağir aksak semaî und mit halben Werten *Curcuna*[+]

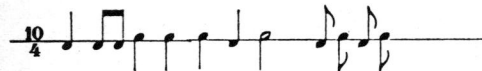

Fahte[+]

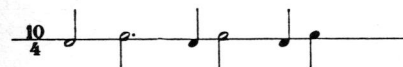

Lenk fahte („hinkender fahte")

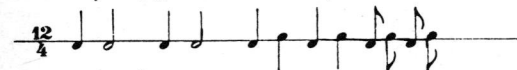

Frenkcin[+] („von den Europäern übernommen")

206

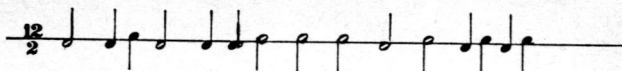

Çember („Kreis"), von den alten Persern übernommen. Heißt mit
doppelten Werten Ağır çember

Şarkı devri revan. Vornehmlich in Liedern

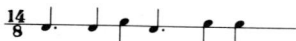

Devri revan.[+] Bei Yekta auch in „2. Form" mit zumeist doppelten Werten, nur sind die punktierten Werte dabei nur um ein
Viertel ihres Wertes verlängert, so daß ein 26/4-usul entsteht

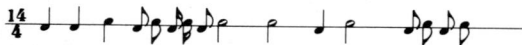

Devri kebir („großer Kreis"), vornehmlich in den ayîn der mevlevi

Frengi feri[+] („aus dem Französischen hergeleitet")

Muhammes („Fünfeck")

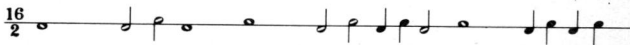

Feri, vollständig: Muhammes feri („aus dem muhammes abge-
leitet")

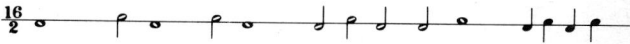

Berefsan[+]

Nim devir („halber Kreis"), vom devri kebir abgeleitet

$\frac{26}{8}$

Evsat

$\frac{28}{2}$

Remel, zugleich ein arabisch-persisches Versmaß

$\frac{32}{4}$

Hafif („leicht")

$\frac{48}{4}$

Sakil („schwer"). Daneben gibt es auch einen Nim (halb) sakil[+)]

$\frac{88}{4}$

Zarbi fetih[+)] („das Schlagen der Eroberung")

Mandıra wurde vor allem von bulgarischen Hirten benutzt, die in der europäischen Türkei wohnten und ihre Tänze mit einer Sackpfeife begleiteten.

Çifte düyek wird auch *sade düyek* („einfacher *düyek*") genannt. Er wurde meist in der alten türkischen Kunstmusik verwendet. Rauf Yekta führt als Beispiel für diesen Rhythmus eine Komposition an, wie sie in den türkischen Kreisen bewahrt wurden, die viel Musik von den Indern übernommen hatten. Gedruckt wurden ähnliche Werke in der Türkei nicht, und jeder der eines als Manuskript besaß oder auch nur im Gedächtnis bewahrte, hütete es eifersüchtig als wertvollen Besitz. Rauf Yekta hatte die bei ihm wiedergegebene Melodie selber nach dem Gesang eines Freundes aufgezeichnet.

Curcuna verwenden verschiedene anatolische Stämme in ihren Volkstänzen, z.B. Kurden und Armenier.

Fahte ist ein persisches Wort und bedeutet Turteltaube. Entsprechend alten persischen Berichten soll dieser Rhythmus den Gesang der gleichnamigen Vögel imitieren. Der türkische usul *fahte* ist aber von dem iranischen sehr verschieden.

Frenkçin. Dieser Rhythmus soll 1543 entstanden sein. Zekai Dede (1824—1897) erzählt dazu laut Rauf Yekta folgende Geschichte. Unter der Regierung Süleymans, des Eroberers von Konstantinopel, kamen erstmalig französische Musiker in die Türkei. Während eines Konzertes am Hofe wurde der Sultan auf einen jambischen Rhythmus aufmerksam, den die Musikanten benutzt hatten, und befahl seinen eigenen Musikern, diesen zu übernehmen. Einer von ihnen erfand daraufhin den dann *frenkçin* genannten *usul,* einen 12/4-Takt, der mit zwei jambischen Versfüßen beginnt und aus einander abwechselnden Vierteln und Halben besteht, (vgl. Reinhard 1981 b) und komponierte dazu mehrere Stücke, die dem Herrscher sehr gut gefallen haben sollen. Es gibt über diesen Rhythmus auch noch eine andere Anekdote, die aber wenig Wahrscheinlichkeit für sich hat, da man sich nur schlecht vorstellen kann, daß sich nach den darin geschilderten Vorkommnissen der *usul frenkçin* überhaupt durchsetzen konnte. Es heißt, Süleyman sei über die französischen Musiker, die ihm François I. gesandt hatte, zwar auch sehr begeistert gewesen, er soll ihnen aber nach mehreren Konzerten dann bei Androhung der Todesstrafe befohlen haben, sein Land zu verlassen. Er hatte sich nach Anhören der Musik nämlich so erregt, daß er sich ganz entnervt vorkam und fürchtete, das gleiche könne bei seinem Volke auftreten und dessen kriegerischen Geist vernichten. — *Ağır çember* gilt unter den türkischen Musikern als besonders schwierig auszuführender Rhythmus.

Devri revan wird in Liedern nicht angewandt (im Gegensatz zum *şarkı devri revan*), seine mystisch-vornehme Bewegungsart brachte es vielmehr mit sich, daß sehr viele religiöse Tänze von Derwischen in diesem *usul* stehen. *Frengi feri:* auch in diesem Rhythmus mit den 14/4-Takten, soll sich der Einfluß zeigen, den die im 16. Jahrhundert nach der Türkei gekommenen französischen Musiker ausgeübt haben (vgl. Bemerkung zu *frenkçin*).

Berefşan ist nach Rauf Yekta (1922) einer der ältesten orientalischen Rhythmen. In arabischen Musikschriften taucht er seit dem 18. Jahrhundert unter dem Namen *sakili-evel* („erster schwieriger

Kreis") auf, während die Perser ihn *véréchan* nennen. *Nim sakil:* dieser „halbe" *sakil* besteht tatsächlich aus nur 24 Vierteln. Er übernimmt vom *sakil* die ersten 15 Zählzeiten unverändert, dann jedoch folgen abweichend ein Viertel, eine Ganze und noch vier Viertel in der Schlagverteilung düm-tek-düm-tek-düm-tek. Bei Edipoğlu wird der *nim sakil* merkwürdigerweise als aus 23 Zählzeiten bestehend bezeichnet, und zwar gegliedert in Gruppen zu 4 + 6 + 4 + 9 Teilen. *Zarbi fetih:* Anläßlich der Eroberung von Täbris (1382) soll der am persischen Hofe tätige bedeutende Musiker und Theoretiker Abdulkadir ein Stück komponiert haben, für das er einen neuen, aus 50 Schlägen bestehenden Rhythmus geschaffen und entsprechend benannt hatte. Im Laufe der Zeit wandelte sich der *usul* zu einem Gebilde von 88 Zählzeiten, das man dann nur für *beste* und *peşrev* verwandte, allerdings nur bis etwa 1800. Bei Oransay (1964) wird der Rhythmus unter *darbi-i fetih* geführt. *Zarbi* und *darbi* bedeuten beide „Schlagen", „Schlagart". Der *zarbi fetih* galt stets als Symbol für die hohe Kunst des klassischen Istanbuler Stils. — Neben den hier aufgeführten Rhythmen gibt es auch noch andere *usul*, die durch Verkürzung oder Kombination aus anderen Rhythmen gewonnen wurden. Als wichtigste seien folgende genannt: *havi* ist ein arabisches Wort und bedeutet etwa „welcher enthält". Gemeint ist damit, daß dieser Rhythmus den Ausschnitt aus einem anderen *usul*, und zwar aus dem zuletzt erwähnten Muster *zarbi fetih*, darstellt. Er beginnt mit der 23. Zählzeit (also nach 22 Vierteln) und läuft zunächst bis zur 50., dann wird eine Halbe ausgelassen, und ab dem 53. Viertel folgt der Rhythmus dann dem Vorbild bis zum Schluß. Auch dieser *usul* gilt als schwer spielbar, weshalb man ungeübten Musikern empfiehlt, an seiner Stelle zweimal hintereinander den Rhythmus *hafif* zu schlagen, wodurch ebenfalls ein Muster von 64 Viertel entsteht. *Zincir* („Kette") ist aus fünf anderen Rhythmen zusammengesetzt, aus *çifte düyek*, *fahte*, *çember*, *devri kebir* und *berefşan*. *Zarbeyn* ist die allgemeine Bezeichnung für verschiedene rhythmische Kombinationen. Man kann dabei nicht beliebig verfahren, sondern ist an bestimmte Regeln gebunden, die die für einen Rhythmus notwendige Homogenität garantieren.

33 Wenn u.a. Rauf Yekta (1922) die von europäischen Musikwissenschaftlern behauptete Abhängigkeit der türkischen Rhythmen von den griechischen nachdrücklich verneint, so fühlt sich der Verf. hier nicht getroffen, da seine Hypothese sich nur auf die asymmetrischen Rhythmen bezieht, die seiner Meinung nach von den Griechen zumindest angeregt, dann aber sicher von den Türken ausgebaut wurden.

34 Béla Bartók hielt in Unkenntnis der tatsächlichen Zusammen-

hänge die in Bulgarien angetroffenen asymmetrischen Rhythmen typisch nur für dieses Land.

35 Zu den türkischen Notationen vgl. Ezgı (Anm. 17), Bd. 5, S. 526 (Kantemiroglu), 528 (Abdülbâki Nâsır Dede) und 530 (Hamparsum), ferner Selâmî Bertuğ, Sema' ve eski bir Kitapta bulunan Ayîn notasi, in „Musiki Mecmuasi" Nr. 202, S. 295—298.

36 Das Original dieser anonymen Sammlung (Mevlevî saz eserleri mecmuası) befindet sich unter der Nr. 38726 in der Bibliothek der Dil ve Tarih Fakültesi (Sprach- und Geschichts-Fakültät) der Universität Ankara und stammt als Nr. 76 aus der Privatbibliothek des Mahmut Celâleddin Ef. (1848—1908). Unser Beispiel befindet sich darin auf S. 44. Das gleiche Stück ist auch in der Klassiker-Ausgabe, Mevlevî-Ayinleri XXV (Istanbul 1937) unter der Nr. 287, sowie in zwei weiteren Sammlungen („Chants Turcs", S. 330, und „Nöbet Elhan", S. 180, beide in arabischer Schrift) veröffentlicht. Diesen Publikationen hat offenbar nicht die vom Verf. benutzte Hamparsum-Niederschrift vorgelegen, da sie in Einzelheiten (Punktierungen, Bindungen, Tonlängen, Verzierungen usw.) Abweichungen zeigen.

37 Vgl. Kurt Reinhard; Beitrag zu einer neuen Systematik der Musikinstrumente. Die Musikforschung 13 (1960), S. 160—164.

38 Vgl. Kurt Reinhard (1981 a), S. 520ff.

39 Vgl. Sözer, S. 59.

40 Ebda., S. 295.

41 Yekta (1922), S. 3018 ff.

42 Oransay (1964) nennt sogar das Jahr 1870 für die Wiedereinführung des *kanun*.

43 Kaum ein Wort aus der musikalischen Fachsprache hat so viele Wandlungen durchgemacht wie die weit verbreitete Bezeichnung *pandur* bzw. *tanbur*. Sie benennt nicht nur Saiteninstrumente, sondern sogar auch Trommeln und vieles andere mehr.

44 Rauf Yekta (1922) gibt auf S. 3016 f. die genauen Maße der Bünde eines *tanbur*. Zum Vergleich folgen hier die entsprechenden Angaben nach einem in der Musikethnologischen Abteilung des Museums für Völkerkunde Berlin befindlichen, vom Verf. erworbenen Instrument (Signatur VII b 36). Die Gesamtlänge der Leersaite mag bei diesem Instrument mit der des von Rauf Yekta gemessenen *tanbur* übereingestimmt haben. Der Benutzer hat aber einen neuen Sattel angebracht. Danach wird er auch die Bünde entspechend verschoben haben. Wie genau er es nahm, ersieht man aus den Bleistiftstrichen, die er für den Stand des Steges auf der Decke des Korpus angebracht hat. Da das Instrument unmittelbar vor dem Ankauf noch gespielt wurde und sich an seiner Anlage bis zum Meßvorgang nichts verändert hat, müssen wir die gewonnenen Werte als von dem Musiker gewollt

ansehen. Umso erstaunlicher bleibt es, wie viele kleine Ungenauigkeiten er offenbar in Kauf nahm. Dem Verfasser scheint dies ein weiterer Beweis für die Kluft zu sein, die sich zwischen dem theoretischen Ideal und der musikalischen Wirklichkeit auftun kann. Daß es dagegen aber auch mathematisch exakt eingerichtete *tanbur* geben kann, zeigen die Angaben von Rauf Yekta. Es entspricht dem oben Gesagten, wenn die obere Oktave mit ihren 21 Bünden vier Töne weniger enthält als die unter Oktave, will man durch diese Maßnahme doch eine allzu große Dichte der Bünde vermeiden. Es werden dabei aber nicht einfach nur Töne ausgelassen, sondern Mittelwerte gesucht. So vertritt in der oberen Oktave der 29. Bund mit 211 Cts. die beiden durch die Bünde 4 und 5 gewonnenen Werte 193 und 292 Cts. der unteren Oktave. Ähnlich verhält es sich mit folgenden Gruppen zu je drei Bünden: 17, 41 und 18 ergeben 837, 855 und 867 Cts., ferner erscheinen die Bünde 21, 44 und 22 mit 1067, 1075 und 1095 Cts., und schließlich entsprechen den Bünden 23, 45 und 24 die Centszahlen 1124, 1138 und 1153. Im übrigen läßt sich aus der vorliegenden Stimmung kein klares System ablesen. Die Bundeinteilung könnte an sich dem 24stufigen System entsprechen, die darin vorherrschenden Intervalle (vgl. Anm. 17) sind 24, 66 und 90 Cts. Diese Werte werden hier aber nicht bevorzugt. Wir haben nur vier Kleinstintervalle zu 24 Cts., dafür bilden sich gewisse Schwerpunkte um die Größen 28, 29 30 und 31 Cts., sowie um 37 bis 40 Cts. Weitere mögliche Zusammenhänge mag der Leser aus der nun folgenden Tabelle selber ersehen.

[siehe gegenüberliegende Seite]

45 Zur Geschichte der *ıklığ* hat vor allem Mahmut Ragib Gazimihal (Asya ve Anadolu Kaynaklarına Iklığı, Ankara 1958) wesentliche Erkenntnisse beigesteuert.
46 Diese Informationen hat Necdet Varol, der Kanunspieler und Theorielehrer am Konservatorium Istanbul der Verfasserin im Jahre 1981 freundlicherweise gegeben. Während Öztuna schreibt, die *gazel* sei ohne Form (*kalıpsız*), beschreibt Necdet Varol sie wie im Text dargelegt.
47 Ezgi (vgl. Anm. 17), Bd. 3, S. 221–285.
48 Sözer definiert *nakış* allerdings genau umgekehrt als instrumental begleitete Lieder ohne *terennüm*.
49 İbnülemin Mahmut Kemal İnal gibt in seinem „Hoş Sadâ" (1958) auf S. 246 ein *kâr-ı nâtik* von Refik Fersân (geb. 1893) wieder, in dessen 34 Zeilen 30 Makame je einmal und der Haupt-Makam *rast* dreimal benannt werden.

	Länge in mm	Abstände in Cents	Cents-Reihe	Intervalle	Abweichung in Cents
Leersaite	1043	83	0		
1. Bund	994	30	83		
2. Bund	977	59	113	Halbton 15:16	+ 1
3. Bund	944	21	172	Kl. Ganzton 9:10	−10
4. Bund	933	99	193	Gr. Ganzton 8:9	−11
5. Bund	881	38	292		
6. Bund	862	24	330	Kl. Terz 5:6	+ 14
7. Bund	850	31	354	Zalzal-Terz 22:27	− 1
8. Bund	835	19	385	Gr. Terz 4:5	− 1
9. Bund	826	86	404		
10. Bund	786	104	490	Quarte 3:4	− 8
11. Bund	740	26	594		
12. Bund	729	29	620		
13. Bund	717	51	649		
14. Bund	696	78	700	Quinte 2:3	− 2
15. Bund	667	35	778		
16. Bund	652	24	813	Kl. Sexte 5:8	− 1
17. Bund	643	30	837		
18. Bund	632	33	867	Gr. Sexte 3:5	− 17
19. Bund	620	89	900		+ 16
20. Bund	589	78	989	Kl. Septime 9:16	− 7
21. Bund	563	28	1067		
22. Bund	554	29	1095	Gr. Septime 8:15	+ 7
23. Bund	545	29	1124		
24. Bund	536	44	1153		
25. Bund	523	102	1197	Oktave 1:2	− 3
26. Bund	493	39	102	Halbton 15:16	− 10
27. Bund	482	40	141		
28. Bund	471	30	181	Kl. Ganzton 9:10	− 1
29. Bund	463	96	211	Gr. Ganzton 8:9	+ 7
30. Bund	438	48	307	Kl. Terz 5:6	− 9
31. Bund	426	37	355	Zalzal-Terz 22:27	± 0
32. Bund	417	47	392	Gr. Terz 4:5	+ 6
33. Bund	406	65	439		
34. Bund	391	81	504	Quarte 3:4	+ 6
35. Bund	373	38	585		
36. Bund	365	38	623		
37. Bund	357	49	661		
38. Bund	347	71	710	Quinte 2:3	+ 8
39. Bund	333	37	781		
40. Bund	326	37	818	Kl. Sexte 5:8	+4
41. Bund	320	45	855		
42. Bund	311	91	900	Gr. Sexte 3:5	+ 16
43. Bund	295	84	991	Kl. Septime 9:16	− 5
44. Bund	281	63	1075	Gr. Septime 8:15	− 13
45. Bund	271	59	1138		
46. Bund	262		1197	Oktave 1:2	− 3

50 Um die Lied- und Rhythmus-Arten, die alle mit dem Wort *semaî*
verbunden sind, recht auseinanderhalten zu können, folge hier
eine entsprechende Übersicht.

aksak semaî	als Rhythmus in der gleich-namigen Liedgattung und im *ağır semaî*	als Liedgattung im gleichnamigen Rhythmus
yürük semaî	als Rhythmus in der gleich-namigen Liedgattung	als Liedgattung im gleichnamigen Rhythmus
sengin semaî	als langsamer *aksak semaî* Rhythmus in der gleich-namigen Liedgattung und im *ağır semaî*	als Liedgattung im gleichnamigen Rhythmus
ağır semaî		nur Liedgattung im *aksak* oder *sengin semaî*-Rhyth-mus

51 Sözer erwähnt immerhin noch, daß es auch in der Türkei vokale
taksim gibt, während Oransay (1964) nur von instrumentalen
Improvisationen spricht.

52 Sözer behauptet, daß auch ein *taksim* in einem bestimmten *usul*
gehalten ist. Das entspricht aber nicht dem historischen Tat-
bestand und auch nicht der heutigen, auch vom Verfasser be-
obachteten Praxis. Touma (1968) dagegen definiert das *taksim*
als die instrumental improvisierte Darstellung eines Makam, in
der dem Tonräumlichen eine feste, dem zeitlichen eine freie
Organisation zugrunde liegt. (S. 94)

53 Vgl. Reinhard 1981 c.

54 Der arabische Text der sieben „Grund"-Zeilen des Gebetsrufes
lautet:
"Allahu akbar // Ashadu an la ilaha illah 'llah //
Ashadu anna Muhammedan Rasulu 'llah // Hayya 'ala-'l-salat //
Hayya 'ala 'l-falah // Allahu akbar // La ilaha illa 'llah"

Zu den Gebetsrufen vgl. Hoerburger 1975 und Touma 1975.

55 Vgl. Reinhard 1970 und „Das Na't des Itrî und seine Versionen"
(im Druck), ebenfalls dazu und zum *mevlevi*-Zeremoniell die
Schallplatte „The Music of Turkey, The Music of the Whirling
Dervishes: Ast 4003.

56 Die türkischen termini technici werden hier teilweise angeführt,
obwohl sie oft auch von einheimischen Musikschriftstellern unterschiedlich verwandt werden. Wir müssen sie hier also cum
grano salis verstehen. Gültekin Oransay (1964) versucht, viele
dieser Begriffe eindeutig festzulegen und führt dabei auch neue
Bezeichnungen ein. Unter *güçlü* beispielsweise will er nicht mehr

214

die Dominante verstanden wissen, sondern den ersten Gerüstton über dem Schlußton. Vgl. auch Anm. 27.

57 Vgl. Reinhard 1978

58 Vgl. Reinhard 1975b

59 Die 12 scheint eine der bevorzugtesten Zahlen in aller Welt zu sein. Man denke daran, wie viele Kulturen früher das Duodezimal-System kannten, das heute noch, nachdem wir das Dezimal-System anwenden, in unseren Zahlennamen anklingt, die bis zur zwölf selbständig sind und erst danach wie mehrstellige Zahlen behandelt werden (drei-zehn, vier-zehn usw.), man denke an den Begriff Dutzend, man denke an die Jahresgliederung nach 12 Monaten, die alle — entgegen dem Begriff, der zunächst den Mondumlauf meint — länger als vier Wochen sind. Fast genau würden 13 Monate (= Mondumläufe) mit dem Sonnenjahr über-einstimmen, aber die mystische 12 hat sich hier durchgesetzt. Warum? Der Verf. hat einmal („Chinesische Musik", Kassel 1956) die Frage aufgeworfen, ob nicht die natürliche Bedeutung der 12 in der Musik, d.h. die Zwölf Halbtöne in der Oktave, ge-wonnen aus 12 Quintfolgen, die beispielsweise die Chinesen schon vor über dreitausend Jahren erkannt hatten, zu der bevor-zugten Stellung dieser Zahl in so vielen Lebensbereichen beige-tragen haben könnte.

60 Auf der anderen Seite ist die 7 eine in der Musik zwangsläufig gemiedene Zahl. Unter den Intervallen werden gerade diejenigen ausgelassen, deren Schwingungs- bzw. Saitenlängenverhältnis diese Zahl enthalten müßte (6:7 und 7:8), während das nächst klei-nere und das nächst größere Intervall gebraucht werden (8:9 = großer Ganzton, 5:6 = kleine Terz). Auch meidet man den 7. Teilton der Obertonreihe, die Naturseptime (4:7).

61 Oransay (1964), S. 11, Anm. 31.

62 Ders., S. 13.

63 Ders., S. 5 und 42.

64 Yekta (1922), S. 3015 (Abbildung) und S. 3018 unter „Lavta".

65 Ders. S. 2981 mit Abbildung

66 Vgl. zu diesem Kapitel Reinhard 1981 a, in dem der Verfasser die *mehter*-Musik näher charakterisiert und untersucht, welche Stilelemente dieser Musik Mozart bei der Komposition des Türki-schen Marsches aus der Klaviersonate A-dur, K.V. 331, des Vio-linkonzertes Nr. 5 in A-dur, K.V. 219 und der Entführung aus dem Serail, K.V. 384 inspiriert haben könnten.

67 Ritter gibt eine genauere Beschreibung des *mevlevi*-Zeremoniells als sie hier möglich ist, dazu eine historisch-symbolistische Deu-tung.

HINWEISE ZUR AUSSPRACHE DES TÜRKISCHEN

Für das ältere Osmanisch — Türkische bediente man sich Jahrhunderte lang der arabischen Schrift. Seit 1928 jedoch benutzen die Türken, einem Beschluß der Nationalversammlung unter Mustafa Kemal Atatürk entsprechend, die lateinische Schrift. Das Alphabet erhielt nun 29 Buchstaben, von denen die meisten wie im Deutschen ausgesprochen werden. Es gibt nur eine geringe Zahl von Konsonanten und Vokalen, die uns fremd sind, und von denen die wichtigsten hier aufgeführt seien.

c wird weich gesprochen wie *dsch,* z.B. in Hicra wie Hidschra

ç wird dagegen hart gesprochen wie *tsch,* z.B. in kemençe wie Kementsche

ş entspricht unserem sch, so spricht man z.B. Berefşan wie Berefschan

ğ ist ein weiches g und ist nur schwach hörbar wie ein gehauchtes h ch, z.B. in ağıt

ı, ein i ohne Punkt, klingt ähnlich wie unser e am Ende eines Wortes in Mütze. In dem Wort kızı („seine Tochter') erscheinen beispielsweise zwei derartige dumpfe ı

â und û, zwei Vokale mit Zirkumflex hellen voraufgehende g, k und l auf, wodurch oft andeutungsweise ein j vor dem Vokal erklingt, oder sie dienen nur zur Unterscheidung gleich geschriebener, aber hell oder gedehnt auszusprechender Silben

î fungiert meist als adjektivierendes Suffix und wird wie ein gewöhnliches i gesprochen

z hört sich wie unser stimmhaftes s an, z.B. in ezan

s dagegen wird scharf gesprochen wie unser ss, z.B. taksim als takssim

v entspricht dem deutschen w, z.B. in mevlevi = mewlewi

y ist gleich unserem j

Ferner ist zu beachten, daß im allgemeinen die Worte auf der letzten Silbe betont werden.

LITERATURVERZEICHNIS

Arel, Hüseyin Sadettin: Türk Musikisi Kimindir. Istanbul 1969 [1969 a]

—,—: Türk Musikisi için Âhenk Dersleri/Armoni. Musiki Mecmuası, No. 242—251. (1969) [1969 b]

Aymutlu, Ahmed: Arûz. Istanbul, 1962

Bertuğ, Selâmî: Sema' ve eski bir Kitapta bulunan Ayın notası, Musiki Mecmuası, No. 202 (1964)

Bobovsky, Albert: Serai Enderun. Wien, 1667

Borrel, Eugene: La Musique turque. Revue de Musicologie 3. (1922/23), Nouvelle Serie Nr. 1—4, S. 149—161. Nouvelle Serie Nr. 5—8, S. 26—32 und S. 60—70

—,—: Contribution à la Bibliographie de la musique turque. Revue des Etudes Islamique 2, (1928), S. 513—527

Brailoiu, Constantin: Le rhythme Aksak, Abbeville. 1952

Brandl, Rudolf: Über das Phänomen Bordun (Drone). Studien zur Musik SO-Europas, Beiträge zur Ethnomusikologie 4, (1976), S. 90—121

—,—: Die Schwebungs-Diaphonie aus musikethnologischer und systematisch-musikwissenschaftlicher Sicht. Vortrag Göttingen, 1980 und München, 1982 (im Druck)

Burada, Teodor T.: Scrierile Musicale ale lui Dimitrie Cantemir. Bukarest 1911

Campbell, Richard G.: Zur Typologie der Schalenlanghalslaute. Collection d'études musicologiques/Sammlung musikwissenschaftlicher Abhandlungen, Band 47, Strasbourg/Baden-Baden, 1968

—,—: Instrumentenkundliche Notizen zu sechs türkischen Miniaturen. Beiträge zur Musik des Vorderen Orients und seinen Einflußbereichen, Kurt Reinhard zum 60. Geburtstag, Berlin, 1975, S. 31—39.

Edipoğlu, Baki Süha: Ünlü Türk Bestekârları, Istanbul, 1962

Elçin, Şükrü: Ali Ufkî: Mecmûa-i Sâz ü söz. Istanbul, 1976

Ettinghausen, Richard: Türkische Miniaturen vom 13. bis zum 18. Jh., München, 1965

Ezgi, Suphi: Nazarî ve Amelî Türk Musikisi, 5 Bände Istanbul, 1933—1953

Farmer, Henry G.: Turkish Instruments of Music in the Seventeenth Century. Journal of the Royal Asiatic Society, 1936, S. 1—43

—,—: Turkish Instruments of Music in the Fifteenth Century. Journal of the Royal Asiatic Society, 1940, und Oriental Studies, 1953

—,—: Islam. Musikgeschichte in Bildern. Band 3, Leipzig, 1966

Frobenius, Leo: Eine keinasiatische Waltharisage. Vom Kulturbereich des Festlandes, Dokumente zur Kultur — physionomik, Berlin, 1923, S. 307—321

Gazimihal M. Ragıp: Musiki sözlüğü, Istanbul 1961

—,—: Türk Nefesli Çalgıları. Kültür Bakanlığı Millî Folklor Araştırma Dairesi Yayınları, 12, (1975)

—,—: Türk Vurmalı Çalgıları. Kültür Bakanlığı Millî Folklor Araştırma Dairesi Yayınları, 14, (1975)

—,—: Ülkelerde Kopuz ve Tezeneli Sazlarımız. Kültür Bakanlığı Millî Folklor Araştırma Dairesi Yayınları,15,

Hoerburger, Felix: Gebetsruf und Qo'ran-Rezitation in Kathmandu (Nepal), Beiträge zur Musik des Vorderen Orients und seinen Einflußbereichen, Kurt Reinhard zum 60. Geburtstag, Berlin, 1975, S. 121—138

İlerici, Kemal: Türk musikisi tonal sistemi ve armonisi. Istanbul, 1948

İnal, İbnülemin Mahmut Kemal: Hoş Sadâ, Son Asır Türk Musikişinasları. Istanbul, 1958

İncirci, Tahsin und Kolland, Hubert: Musik der Türkei, Türk Müziği, o.O. und J. (1982?)

Karadeniz, Ekrem: Yeni Musiki sistemi. Bağlama I, 1965

220

Kuckertz, Josef: Musik in Asien, Musik international. Köln 1975

—,—: und Massoudieh, Mohammed Taghi: Musik in Būšehr (Süd-Iran). Ngoma, Studien zur Volksmusik und außereuropäischen Kunstmusik, Band 2, München/Salzburg, 1976

Kütahyalı, Önder: Çagdaş Müzik Tarihi, Ankara, 1981

Manik, Liberty: Das Arabische Tonsystem im Mittelalter. Leiden, 1969

Miller, Barnette: The Curriculum of the Palace School. The Mac-Donald Presentation Volume. Princeton, N.J., 1933

Neubauer, Eckhard: Islamic religious music. The New Grove Dictionary of Music and Musicians 9, (1980) S. 342—349

Okyay, Erdoğan: Die Schulmusikerziehung in der Türkei ; ihre geschichtliche Entwicklung und ihr heutiger Zustand. Mitteilungen der Deutschen Gesellschaft für Musik des Orients, 12. (1973/74), S. 5—39

Oransay, Gültekin: Das Tonsystem der türkei-türkischen Kunstmusik. Die Musikforschung 10. (1957), S. 250—264

—,—: Die traditionelle türkische Kunstmusik. Ankara, 1964

—,—: Die melodische Linie und der Begriff Makam der traditionellen türkischen Kunstmusik vom 15. bis zum 19. Jahrhundert. Ankara, 1966

—,—: Dinî Türk Musikisinde XVII: Yüzyılda Kullanılmış Makamlar. Ankara Universitesi Ilâhiyat Fakültesi Dergisi, XIX, (1973), S. 75—82

Öğütmen, Filiz: XII.—XVIII. Yüzyıllar Arasında Minyatür Sanatından Örnekler, Istanbul, 1966

Öztuna, Yılmaz: Türk Besteciler Ansiklopedisi. Istanbul, 1969

——: Türk Musikisi Ansiklopedisi. 3 Cilt, Istanbul 1969—1976

Panoff, Peter: Das musikalische Erbe der Janitscharen. Atlantis 10 (1938)

Reinhard, Kurt: Türkische Musik. Berlin 1962 [1962 b]

—,—: Betrachtungen zur türkischen Kunst- und Volksmusik. Orient 5, (1964), S. 91—94

—,—: Türkische Musik. Musik in Geschichte und Gegenwart (MGG), (1965) [1965 b], S. 954—968

-,—: Musik in Urzeiten und Außereuropäische Musik. Knaurs Weltgeschichte der Musik, München/Zürich 1968, 1979, S. 9—19 und S. 20—56

—,—: Cultivation and Encouragement of Traditional Music in Turkey. Creating a wider Interest in Traditional Music. International Institute for Comparative Music Studies and Documentation, Conference Berlin, 1969, S. 160—169

-,—: Strukturanalyse einer Hymne des türkischen Komponisten Itrî (1640—1711). Musik als Gestalt und Erlebnis. Festschrift Walter Graf zum 65. Geburtstag, Wien/Köln/Graz, 1970, S. 158--177

-,—: Der mystische Geist der Ney-Taksim. Mevlâna Güldestesi 1971, Ankara, 1971, S. 89—95

-,—: Grundlagen und Ergebnisse der Erforschung türkischer Musik. Acta Musicologica, Vol. 44, (1972), S. 266—280

—,—: Einleitung zum Kapitel Vorderer Orient und Die Türkei im 19. Jahrhundert. Musikkulturen Asiens, Afrikas und Ozeaniens im 19. Jahrhundert. Band 31, Regensburg 1973 [1973 a], S. 17—48

—,—: Musikalische Gestaltungsprinzipien der âyin, dargestellt an der anonymen Komposition im Makam pençgâh. Uluslararası Mevlâna Semineri, Bildiriler, Ankara 1973 (1973 b), S. 315—333

-,—: Zur Systematik von Tonsystemen und Gebrauchsleitern. Die Musikforschung, 28, (1975) [1975 a], S. 173—188

-,—: Über die Beziehungen zwischen byzantinischer und türkischer Musik. Musica Antiqua IV, Acta Scientifica, Bydgoszcz, (1975) [1975 c], S. 623—632

222

—,—: Albert Bobovsky's Aufzeichnungen türkischer Musik als geschichtliche Quelle. Musica Antiqua V. Acta Scientifica, Bydgoszcz, (1978), S. 373—382

—,—: Turkey. The New Grove Dictionary of Music and Musicians, 19, (1980)[1980 a], S. 268—278

—,—: Türkei. Außereuropäische Musik in Einzeldarstellungen. Kassel, 1980 [1980 b], S. 165—179

—,—: Mozarts Rezeption Türkischer Musik. Kongreßbericht des Internationalen Musikwissenschaftlichen Kongresses Berlin 1974, 1981 [1981 a], S. 518—523

—,—: Die sogenannten Französischen Rhythmen der Türkischen Kunstmusik. Kongreßbericht des Internationalen Musikwissenschaftlichen Kongresses Berlin 1974, 1981 [1981 b] S. 615—617

—,—: Turkish Miniatures as Sources of Music History. Music in East and West, Essays in Honour of Walter Kaufmann, Festschrift Series 3, New York, 1981 [1981 c], S. 143—166

—,—: Das Na't des Itrî und seine Versionen. Jahrbuch für Musikalische Volks- und Völkerkunde (im Druck)

Reinhard, Kurt und Ursula: Turquie. Les Traditions Musicales, Berlin 1969

—,—: Volksmusikelemente in der Türkischen Kunstmusik. II. Milletlerarası Türk Folklor Kongresi Bildiriler, III, Ankara, 1983

Ritter, Helmut: Der Reigen der „Tanzenden Derwische". Zeitschrift für Vergleichende Musikwissenschaft 1, (1933), S. 28—48

Rona, Mustafa: 50 yıllık Türk Musikisi, Istanbul, 1960

—,—: Yirminci Yüzıl Türk Musikisi. Istanbul, 1970

Sachs, Curt: Vergleichende Musikwissenschaft. Musik der Fremdkulturen. Heidelberg, 1959

Saygun, Ahmed Adnan: La musique Turque. Encyclopédie de la Pléiade, Band 9, 1960

Seidel, Heinz Peter: Studien zum Usul „Devri kebir" in den Peşrev der Mevlevi. Mitteilungen der Deutschen Gesellschaft für Musik des Orients, XII, (1973/74), (1973/74 a), S. 7—70

—,—: Die Notenschrift des Hamparsum Limonciyan. Mitteilungen der Deutschen Gesellschaft für Musik des Orients, XII, (1973/74) [1973/74 b], S. 72—125

Sieglin, Angelika: Untersuchungen zur Kompositionstechnik in den Peşrev des Tanburî Cemil Bey. Beiträge zur Ethnomusikologie, Band 5, (1975)

Signell, Karl L.: Makam, Modal Practice in Turkish Art Music. Washington, 1977

Sözer, Vural: Müzik ve Müzisyenler Ansiklopedisi. Istanbul, 1964

Stumpf, Carl: Die Anfänge der Musik. Leipzig, 1911

Thibaut, Jean Baptiste: Le Musique des Mevlevis ou derviches tourneurs. Revue Musicale 2, 1902, S. 346—356, 384—392

Touma, Habib Hassan: Der Maqam Bayati im arabischen Taqsim. Beiträge zur Ethnomusikologie, Band 3, (1968), (1976)

—,—: Die Musik der Araber. Taschenbücher zur Musikwissenschaft, Band 37, Wilhelmshaven 1975

—,—: Die Koranrezitation: Eine Form der religiösen Musik der Araber. Beiträge zur Musik des Vorderen Orients und seinen Einflußbereichen, Kurt Reinhard zum 60. Geburtstag, Berlin 1975 [1975 b], S. 87—120

Uz, Kâzim: Musiki Istılâhatı, Ankara, 1964

Üngör, Etem Ruhi: Halk çalgılarımız üzerine inceleme gezisi notları. Musiki Mecmuası, Yıl 21, No. 247—255 Yıl 23, Nu. 256—260, (1960/1970)

Ünver, S.: Levnî. Istanbul, 1951

Yekta, Rauf: Le Compositeur du Pechrev dans la mode Nihavend und Les modes orienteaux. Revue Musicale 7 (1907), S. 117—121 und S. 290—294

—,—: La Musique turque. Encyclopédie de la Musique et Dictionnaires du Conservatoire. Première Partie, Vol. 5. Paris 1922 (Manuskript 1913)

Yönetken, Halil Bedii: À propos de l'analyse modale de la musique d'art turque et de certain mélodies populaires par les „Makam". Bulletin de l'Institut de Musiques de l'Académie Bulgare des Sciences, Sofia, 1969, S. 141— 175

DISCOGRAPHIE

Diese Discographie ist nicht vollständig. Die vor dem Jahre 1969 von uns erfaßten Schallplatten bitten wir aus dem Buch „Turquie" von Kurt und Ursula Reinhard, Berlin 1969, zu ermitteln. Von besonderem Interesse sind unter den alten Veröffentlichungen die etwa 275 Privatpressungen des Städtischen Konservatoriums Istanbul mit ungefähr zur Hälfte Kunst- und Volksmusikaufnahmen aus den zwanziger bis fünfziger Jahren.

Die Platten der letzten Jahrzehnte haben die Verfasser mehr oder weniger zufällig erworben oder kennengelernt, da Kataloge bis heute entweder ganz fehlen oder nur unvollständig sind. Das ist umso erstaunlicher, als zumindest in der Türkei in den letzten Jahren eine ganze Flut von Klangbeispielen erscheint, die aber nur im Lande selbst erworben werden können. Auch in Europa und den USA ist das Interesse allgemein an außereuropäischer und damit auch an türkischer Musik gestiegen. Die Discographie ist daher gegliedert nach in Europa erschienenen Schallplatten und solchen aus der Türkei. Darüber hinaus wird sie in dem hier vorliegenden ersten Band unterteilt nach Kunstmusik und Religiöser Musik, obwohl die letztere selbstverständlich auch zur Kunstmusik gehört. Sie hat aber doch ihre eigenen Gesetze, da sie von einer breiteren Schicht verstanden und nachvollzogen werden soll, während die weltliche Kunstmusik überwiegend der elitären höfischen und der intellektuellen Gesellschaft vorbehalten war und noch ist.

In Europa und den USA erschienene Schallplatten

Kunstmusik

Folk and Traditional Music of Turkey. Folkways FE 4404, New York 1953

The History of Music in Sound. Ancient and Oriental Music. His Master's Voice HLP 2, Band 5

Klassische Türkische Musik. Aufnahme und Kommentar von Kurt Reinhard. Herausgegeben von der Musikethnologischen Abteilung des Museums für Völkerkunde Berlin, Staatliche Museen Preußischer Kulturbesitz. KM 0002 (Klangdokumente der Musikwissenschaft). Neuauflage in Vorbereitung)

L'art vivant de Talip Özkan. Ocora 558 561. Vol. 1

Meditation on the Ney, by Kutsi Erguner, Turkey. Philips 6586 039

Musique Classique Ottomane. Enregistrement Jean Claude Chabrier. Pathé STX 218

Music of the Seraglio. Recorders by Jean Claude Chabrier. Arion Farn 91026

Musique traditionelle turque, by Bernhard Mauguin. Ocora OCR 56

Nuit précieuse au sérail, par Jean-Claude Chabrier. Arion 30 U 97

Turkey II. Classical and Religious Music. Aufnahme und Kommentar von Bernhard Mauguin. Herausgegeben vom Internationalen Institut für Vergleichende Musikstudien und Dokumentation, Berlin. Unesco Collection: A Musical Anthology of the Orient. Bärenreiter Musicaphon BM 30 L 2020

Religiöse Musik

Chant des dervishes de Turquie. Musique Soufi — La Ceremonie du Zikr. Arion ARN 33446

Dervish Ceremonial Music, by Deben Bhattacharya. Argo
ZFB 91

Dervishes tourneurs des Turquie. Musique Soufi-La Cérémo-
nie. Arion ARN 34603 vol. 2

Flûtes orientales sacrées des Dervishes Tourneurs. Enregistré
par Jean-Claude Chabrier. Disques Vogue CLVLX 542

Turkey I, The Music of the Mevlevi. Aufnahme und Kommentar von Bernhard Mauguin. Herausgegeben vom Internationalen Institut für Vergleichende Musikstudien und
Dokumentation, Berlin. Unesco Collection: A Musical
Anthology of the Orient. Bärenreiter Musicaphon BM
2019

Turkey II. S. unter Kunstmusik

*The Music of Turkey, The Music of the Whirling Dervishes
(Mevlevi).* Aufnahme und Kommentar von Kurt Rein-
hard. (An Anthology of the World's Music, 4). In
Cooperation with the Society for Ethnomusicology. An
Anthology Record and Tape Corporation AST 4003

In der Türkei erschienene Schallplatten

Kunstmusik

Dede Efendi, Klâsik Türk Müziği Korosu (Choruses from
the Turkish classical music). Aras CL 50007

Fasıl. Coşkun Plâk HC 8-LP 608 und HCB-LP 610

Fasıl: Aras LP 21002, (vol. 1); LP 21004, (vol. 2), 21006,
(vol. 3); 21008, (vol. 4); 21009, (vol. 5); 21010, (vol. 6);
21013, (vol. 7); 21014, (vol. 8); 21015, (vol. 9); 21016,
(vol. 10); 21019, (vol. 11); 21020, (vol. 12); 21021,
(vol. 13); 21022, (vol. 14); 21023, (vol. 15); 21024
(vol. 16)

Fasıl: Beyati Ferabnâk Fasılı. Aras LP 3523
Fasıl: Evic: Hicaz, Hicazkâr, Hüzzam. Egefon 3751
Fasıl: Hicaz, Hüseynî Faslı. Kervân Plakcilik LP 11
Fasıl: hicazkâr faslı. Melodi S-33-121-268
Fasıl: Hüzzam Fasıl. Aras LP 3526
Fasıl: hüzzam sultaniyegâh. Grafson LP 7034 (vol. 3)
Fasıl: Hicazkâr Faslı. Aras LP 3535
Fasıl: Puselik Acemkürdi. Egefon 3752
Fasıl: rast mahur. Grafson LP 7033 (vol. 2)
Fasıl: Muhayyer Suzınak Faslı. Klasik Türk Müziği Şaheser-
   leri. Rent LPSTX 114 (Serisi 7)
Klasik Saz Eserleri. Chamber Music. (Works by Turkish
   Composers) Aras CL 50002
Klasik Türk Müziği Korosu. (Choruses from the Turkish
   classical music). Aras C.L. 50001
Klasik Türk Müziği, Şaheserlerinden seçmeler. (Ausgesuchte
   Meisterwerke Türkischer Klassischer Musik). Radyofon
   RLP 90001
Lemi Atlı. Sayan LPFS 114 (büyük bestekârlar serisi, vol. 6)
Münir Nurettin Selçuk. Sahibinin Sesi TPLP 111
Şevki Bey. Klâsik Türk Müziği Korosu. (Choruses from the
   Turkish classical music). Neva CL 50004
Tarihî Mehter Marşları. Pathé XPTX 607
Türk San'at Müziğinden Seçmeler. (Turkish Hit Parade).
   Request Records Inc SRLP 10075
Yılların Sesleri. (Longa ve Sirtolar). Regal LRZTX 709

Religiöse Musik

Mevlâna. Acem Aşiran Mevlevi Ayini. Ersak LP- 201
Mevlânâ, Beyâti Mevlevi Ayini. Aras LP 21005
Mevlâna. Instrumental Dervish Music. Aras LP 3532

230

Mevlâna, saba ayini (Dede Efendi). Melodi LP 33-103 (2)
Mevlût- Süyleyman Celebi. Melodi 33—101
Sure-i Yasin. Fonex LP 33-FU 164
Kur'an ve Dua. Melodi LP 33—107 (Arşiv Serisi 5)
Uşşak Mevlevi Ayini. Aras L.P.S. 3539

Register

Türkische und ausländische Stichworte erscheinen kursiv, um einen Überblick über die entsprechenden musikalischen Begriffe und Namen zu erhalten. Alle Schlagworte wurden erläutert, außer den allgemein bekannten.

Die meist aus mehreren Worten zusammengesetzten Namen der älteren Komponisten werden, da es in früherer Zeit noch keine Nachnamen gegeben hat, nach der in der Türkei üblichen Benennung im Register aufgeführt. Um dem Leser längeres Suchen zu ersparen, wird für diese Komponisten noch ein weiteres Stichwort an anderer Stelle verzeichnet. So ist z.B. Buhûrizade Mustafa Itrî unter B und ein zweites Mal unter I notiert, da der Komponist meistens Itrî, aber öfter auch Buhûrizade Mustafa genannt wird. Nicht berücksichtigt wurden Beifügungen wie bey, efendi („Herr"), paşa („General"), hanım („Frau") u.ä.

A

Abdülbâkı Nâsır Dede
(Komponist, Theoreti-
ker u. Erfinder einer
Notenschrift, 18./19.
Jhdt.) 70, 156, 193,
204, 211

Abdulkadir Merağı (Kom-
ponist u. Theoretiker,
14./15.Jhdt.) 24, 35,
69

Abdullah, Hızır bin, s. Hızır
bin Abdullah

Abendland (Musik und
Einflüsse), s. auch
Europa 25, 40f., 47ff.,
55f., 61, 64, 68, 71, 79,
84, 89f., 93, 109f., 137,
179f., 182ff., 194

Ağır semaî ("langsames
semaî", Liedgattung)
102, 117, 205ff., 214

Ahmed, Musahip Seyyit,
s. Musahip Seyyit

Akathistos-Hymnos (grie-
chisch-orthodoxe
Hymne) 156; vgl. auch
Hymnen

Aksak (asymmetrischer
Rhythmus) 40, 65ff.,
114, 205ff.

Aksak semaî (Liedgattung)
100ff., 113f., 205ff., 214

Alevi (schiitische Religions-
gemeinschaft) 19f., s.
auch bektaşi

Al-Farabî, s. Farabî

Al-Kindi (Philosoph u. Musiktheoretiker, 9. Jhdt.)
53, 194ff.

Al-Mausili (Musiktheoretiker, 8./9. Jhdt.) 52

Ali (Schwiegersohn
Mohammeds) 19f.

Ali Sirügânî Derviş (Kom-
ponist, 17./18. Jhdt.)
30

Ali Ufkî (Musiker, Kom-
ponist, 17. Jhdt., mit
polnischem Namen Al-
bert Bobovski, schrieb
erstmals türkische Mu-
sik in europäischer No-
tenschrift auf) 28,
174, 189

Alla-turca-Musik 185

Ambitus 145ff., 151f.,
214

Arabische (Musik u. Ein-
flüsse) 21, 78, 89f.,
104, 115, 122ff., 161,
192

Arabisch-persische (Musik
u. Einflüsse) 16, 21,
94ff., 109, 192

Aranağme ("Zwischen-
phrase", Zwischenspiel) 97

C

Celâleddin-i Rumî (Dichter u. Gründer des Ordens der „Tanzenden Derwische", 13. Jhdt.) 15, 20ff., 81, 176ff.

Cemil, Tanbûrî, s. *Tanbûrî Cemil*

Cents 191ff., 197ff., 212ff.

Chor 117, 131, 168, 171, 190, 193

Chromatisierung, s. Kolorierung

Cumhurbaşkanlığın senfoni orkestrası (Symphonieorchester des Staatspräsidenten 166

Çâğana (Schellenbaum) 78, 174

Çatkı perde (Gerüstton) 134

Çelebi, Süleyman, s. *Süleyman Çelebi*

D

Daire, s. *def*

Darb-î fetih („Schlagart der Eroberung", rhythmisches Muster) 111 205ff.

Darülelhan, s. Musikschule

Davul-zurna (Trommel u. Oboe) 172ff., 190; vgl. in Band 2 „Musik der Türkei"

Dede Efendi, s. İsmail Dede, Hamamîzâde

Def (einfellige Rahmentrommel) 77f., 131, 170

Dellâlzade İsmail (Komponist, 19. Jhdt.) 37f.

Dem (durchgehaltener Baßton) 136; vgl. auch Bordun

Deszendenz 143, 145, 151

Devri hindi („indischer Kreis", rhythmisches Muster) 65, 205ff.

Devri kebir („großer Kreis", rhythmisches Muster) 131, 151ff., 205ff.

Devri revan (asymmetrisches, rhythmisches Muster) 65

Divan-Dichtung (Kunstdichtung) 41, 94ff.

„Dominante", s. *güçlü*

Donizetti, Giuseppe (kaiserlicher Hofkapellmeister) 36, 71, 166, 174

Dügâh (*makam*) 199ff.

238

239

U

Ud (Kurzhalslaute) 89,
131, 170, 178
Unterhaltungsmusik 44,
89ff., 166ff., 182; s.
auch *piyasa musikîsi*
Usul (rhythmisches Mu-
ster) 24, 63ff., 69,
93, 101, 104, 111,
128ff., 140ff., 147,
151, 170, 205ff., 214
Uzun hava („Lange Melo-
die", Volksliedtyp)
125; vgl. d. in Band 2
„Musik der Türkei"

V

Vals („Walzer") 35, 113f.;
vgl. auch *semaî*
Varianten 48f., 57, 69,
109f., 137, 142
Vefa, Şeyh, s. *Şeyh Vefa*
Violoncello 131
Volksdichtung 29, 32, 94,
133, 186
Volksmusik 30ff., 40ff.,
47, 63, 76f., 79f., 90,
98, 104, 114f., 125,
136, 140, 154, 162,
166ff., 181, 185ff.,
189, 205

W

Walzer, s. *vals*

Y

Yahyâ Kemâl Beyatlı
(Dichter, 20. Jhdt.)
95
Yürük semaî (Liedgattung,
rhythmisches Muster)
29, 100ff., 117, 131,
179, 205ff., 214
Yunus Emre (Mystiker,
Dichter, 14./15. Jhdt.)
25
Yusuf bin Nizameddin
(Musiktheoretiker, 14.
Jhdt.) 24
Yusuf Dede (Komponist,
1. Ney-Spieler bei den
mevlevi, 17. Jhdt.) 28
Yusuf Paşa (General u.
Musiker, 19. Jhdt.)
164

Z

Zaharya (Dichter u. Komponist, Musiktheoreti-
ker, 18. Jhdt.) 31
Zâkiri, Hasan Hatip, s.
Hasan Hatip Zâkiri

Bildnachweis

Die Titelabb. ist aus der Handschrift Kaşf al-gumūm va'l-kurab fi şarḥ ālat aṭ-ṭarab, A 3465. Bibliothek des Top Kapı Saray in Istanbul.

Die Abb. 2, 3, 11, 12, 13, 14, 16 sind aus der Handschrift III. A. 3594 (38—56), einer Parallelhandschrift zum Surname-i Vehbi von Abdülcelil Çelebi (Levni), um 1711) der Bibliothek des Topkapı Saray.

Abb. 10 ist von Levni aus der Handschrift H. 2164 derselben Bibliothek und Abb. 15 ist aus dem Şehinşahnâme-i Murad III von Schülern des Nakkaş Osman 1592; B. 200, Bibliothek des Topkapı Saray in Istanbul.

Die Namen der Instrumente werden nach der Vorrangigkeit in den Ensembles wiedergegeben. Denjenigen Namen der Instrumente auf den türkischen Miniaturen, die seit ca. 100 Jahren und länger ausgestorben sind, und solchen, auf denen im Text nicht näher eingegangen worden ist, sind die deutschen Bezeichnungen in Klammern angefügt. Zu den Miniaturen vgl. Reinhard 1982.

Photos: Titelphoto, 1—16, 20—22, 24, 25 von Volker Reinhard

Photos 19 und 20 von B.Mauguin, Paris

Photo 17 von H. H. Touma, Berlin

Photo 18 von Jacques Cloarec

Photo 23 von Mukadder Sezgin. Bureau de Tourisme et Information de Turquie de Paris